Le mysticisme d'Henri Bergson

アンリ・ベルクソンの神秘主義

William James

Henri Delacroix

Jean Baruzi

Maurice Blondel

Jacques Maritain

Lucien Lévy-Bruhl

Edouard Le Roy

Pierre Janet

平賀裕貴

Hirotaka Hiraga

論創社

目次

凡例

・引用文は原則として拙訳を用いるが、既訳がある場合は適宜参考にした。
・引用文中の強調は傍点で示し、特記のない限り原文によるものである。また、［ ］〔 〕内は筆者による注釈・補遺などである。
・引用に際し、繰り返し参照する書籍に関しては以下の略号を使用した。略号に続く数字は頁数を表す。

【ベルクソンの著作と略号】

DI : *Essai sur les données immédiates de la conscience* (1889), édition critique, Presses universitaires de France, 2007.

MM : *Matière et mémoire* (1896), édition critique, Presses universitaires de France, 2010.

R : *Le rire* (1900), édition critique, Presses universitaires de France, 2010.

EC : *L'évolution créatrice* (1907), édition critique, Presses universitaires de France, 2009.

ES : *L'énergie spirituelle* (1919), édition critique, Presses universitaires de France, 2009.

DS : *Les deux sources de la morale et de la religion* (1932), édition critique, Presses universitaires de France, 2008.

PM : *La pensée et le mouvant* (1934), édition critique, Presses universitaires de France, 2009.

Œ : *Œuvres* (1959), textes annotés par André ROBINET, introduction par Henri GOUHIER, Presses universitaires de France, 1984.

M : *Mélanges* (1972), textes publiés et annotés par André ROBINET, avec la collaboration de Rose-Marie MOSSÉ-BASTIDE, Martine ROBINET et Michel GAUTHIER, avant-propos par Henri GOUHIER, Presses universitaires de France, 1984.

C : *Correspondances*, textes publiés et annotés par André ROBINET avec la collaboration de Nelly BRUYÈRE, Brigitte SITBON-PEILLON, Suzanne STERN-GILLET, Presses universitaires de France, 2002.

EP : *Écrits philosophiques*, édité par Frédéric WORMS, Presses universitaires de France, 2011.

序論

本書の目的は、アンリ・ベルクソン（一八五九〜一九四一年）の『道徳と宗教の二源泉』で語られる神秘主義（mysticism）を論じることにある。本書では、ベルクソン哲学と神秘主義との交差を入り口にすることで、ベルクソン哲学においていままで顧みられることの少なかった角度から、神秘主義が果たす役割に光を当て、ベルクソン哲学にいかなる変容がもたらされたのかを探る。

この作業を通じて、神秘主義に当てられた光が、翻ってベルクソン哲学全体を照らすことになるだろう。つまり、ベルクソンが用いるさまざまな哲学的概念、あるいは彼の思考そのものへ神秘主義が直接的な影響を与えていることが明らかになるだろう。彼の生涯の後半は、常に神秘主義と対峙し思索を重ねていった。ベルクソンの神秘主義に焦点を当てることは、彼の哲学そのものを考察することに他ならない。それにより、ベルクソン哲学になぜこれほどまでに神秘家という存在が必要だったのかという問いに答えることができるだろう。

神秘主義をめぐる考察はベルクソンの個人的な関心事に留まることなく、ヴァレリー（一八七一〜一九四五年）、バタイユ（一八九七〜一九六二年）、サルトル（一九〇五〜八〇年）、ヴェイユ（一九〇九〜四三年）や、その他にも複数の思想家が論じ、二十世紀フランス哲学におけるひとつのトポスを形成している。そうしたトポスの基盤のひとつとしてベルクソンの思索があると言うことができるだろう。そしてベルクソンの神秘主義という主題は現在においてなお注目を集めるものである。

先行研究としては次のものがある。アンリ・グイエ（一八九八〜一九九四年）がベルクソンにおける宗教の問題を扱った『ベルクソンと福音書のキリスト』（*Bergson et le Christ des évangiles*, 1962）は、キリスト教とベルクソンの哲学とのあいだにどのような整合性が確立できるのかという問いが掲げられ、ベルクソンが発した「キリスト教の哲学」という言葉の意味が探求される。[1] その一方で、ベルクソン自身による神秘経験解釈にはそれほど手がつけられていないように思われる。神秘主義を中心に考察した、マリー・カリウの『ベルクソンと神秘的事象』(*Bergson et le fait mystique*, 1976)は、よりいっそう具体的にベルクソンの神秘家像に迫る充実した研究である。[2]『道徳と宗教の二源泉』(*Les deux sources de la morale et de la religion*, 1932. 以下『二源泉』と略記)で言及された「暗夜(nuit obscure)」を十字架の聖ヨハネ(一五四二~九一年)の言説に遡り分析し、ベルクソンの神秘家への理解不足を指摘しつつ、「信仰」という枠内で導き出された神的啓示にベルクソンが着目した点を重要視する。『二源泉』の「暗夜」への言及箇所は、ベルクソンが直接的に神秘経験を描写した、数少ない場面である。ところがカリウは、ベルクソン自身がこの「暗夜」について語った描写に触れながらも、神秘家における「信仰」の重要さを十字架の聖ヨハネの言説から抽出することに徹しており、ベルクソンによる神秘経験の読み解きへの言及が不足しているように映る。ギラン・ワテルロの研究は、神秘家にまつわる第一次世界大戦中のベルクソンの発言を『二源泉』の議論へと接続するという、これまで触れられてこなかった点を扱ったものだ。この接続に関しては、神秘家をめぐるベルクソンの思考の変遷とどのように合致するのかを本書でも吟味する必要があるだろう。[3] アントニー・フヌイユも、その『ベルクソン、神秘学と哲学』(*Bergson: Mystique et philosophie*, 2011)内で、ベルクソンによる「神人同形論」批判を論の軸に置きつつ、『二源泉』における「愛」や、それを形容する比喩としての「音楽」について論じる。[4] 以上のように、一概にベルクソンの神秘主義と言っても、多種多様な角度からベルクソンの神秘主義は考察されてきた。神秘主義が、彼の哲学のなかでも欠くべからざる位置を占めていたことがわかる。

それでは、本書はどのようなアプローチでベルクソンの神秘主義を読み解くべきだろうか。本書では改めて『二源泉』の神秘主義を直接的に論じるために、ベルクソンが神秘主義を検討する際に用いた諸々の概念を整理し、その概念を通じてベルクソンがどのように神秘主義を把握したのかを探りたい。それゆえ、ベルクソン自身が思考する際の手がかりとした三つの主題について論じたい。まず〈事実の複数線〉、そして〈創話機能〉、最後に〈機械〉である。これらのテーマは先行研究でも言及はされている。しかしながら、依然として議論の余地を残しており、充分な掘り下げがなされていないようにみえることも否定できず、またベルクソン哲学全体のなかでのこれらの主題の評価も、いまだ明確には定まっていないと言える。したがって本書では、以上の概念を用いて、いまなお議論が尽くされていないベルクソンの神秘主義解釈を丹念に追うことを目指す。

まず本書の構成を簡単に確認したい。第一章では、同時代の思想家たちによる神秘主義研究の流れをたどりながら、ベルクソン自身がどのように神秘主義に接近していったのかを明らかにし、その後の議論の前提となる状況を確認したい。第二章では、〈事実の複数線〉という概念と神秘経験との関連を読み解くことで、ベルクソンが〈事実の複数線〉によってどのように神秘家たちの経験を「実証的」なものとして論じようとしたのかを追う。第三章では、いままでの研究においては神秘家と関係づけられることの稀な〈創話機能〉を、神秘家が経験を伝播させる手段として分析し、神秘経験の伝播における〈創話機能〉の作用について論じたい。第四章では、キリスト教神秘主義のうちで「もっとも教えに富むもの」とベルクソンが語る「暗夜」と呼ばれる合一経験の只中に、ベルクソンが〈機械〉の姿を目撃しているという特異な事態に着目し、『二源泉』最終章で論じられる神秘主義と〈機械〉とが築く関係について考察したい。

以上の段階を経ることで、ベルクソンにおける神秘主義という主題がより立体的に浮き彫りとなり、より踏み込んで言えば、神秘主義がベルクソン哲学の核であることが次第に明らかになるだろう。

以下がより仔細な手順である。

第一章　神秘主義というエニグマ

第一節ではベルクソンと同時代の、主にフランスの心理学者、哲学者、神学者、文化人類学者たちの活動を取り上げる。当時神秘主義が論じられたいくつかの舞台を確認し、それによりベルクソンの神秘主義解釈の特徴を強調したい。具体的には扱うのは、ウィリアム・ジェイムズ（一八四二〜一九一〇年）、アンリ・ドラクロワ（一八七三〜一九三七年）、ジャン・バリュジ（一八八一〜一九五三年）、モーリス・ブロンデル（一八六一〜一九四九年）、ジャック・マリタン（一八八二〜一九七三年）、リュシアン・レヴィ＝ブリュル（一八五七〜一九三九年）らの研究である。

第二節では、『二源泉』で展開される神秘主義解釈に至る、ベルクソンの軌跡を追う。ベルクソンの教師時代の講義での言及や、一九〇一年の「心身並行論と実証形而上学」と題された講演に続く討議で、ベルクソンに向けられたエドゥアール・ル・ロア（一八七〇〜一九五四年）の発言について確認したい。討議の数年後、そして『創造的進化』（*L'évolution créatrice*, 1907）出版後に神秘家の著作を読み始めたことを、ベルクソンは後年告白している。その後も段階的にベルクソンは神秘主義へと接近し、その内奥に深く入り込んでいった。以上の道のりを通って、次第にかたちをなしていく神秘主義へのベルクソンの眼差しを確認していきたい。

第二章〈事実の複数線〉と神秘家

第一節では、ベルクソンが神秘経験の検証方法とみなす〈事実の複数線（lignes de faits）〉について論じる。当初この方法を、哲学の「実証性」を検証する手段としてベルクソンは発案した。彼は、哲学の「実証性」に対して科学者などから疑念が向けられていることは理解していた。この問題に向き合うために、〈事実の複数線〉という方法が提示されたのである。この方法によって、さまざまな哲学的経験の「蓋然性」が加算され、「確実性」と同価値のものが獲得される、とベルクソンは説明する。

そして、ベルクソンが神秘主義へ接近していくにしたがって、〈事実の複数線〉も方法論として次第に確立されていく。『二源泉』では、神秘経験の「確実性」を検証するために〈事実の複数線〉の使用をベルクソンは主張する。個別のものである各神秘経験も、〈事実の複数線〉を適用することで、神秘経験が共通して示すものがみえるとベルクソンは言う。こうした〈事実の複数線〉という概念が、ベルクソン哲学のどのような基盤から生まれてきたのかを明らかにしたい。それにより、神秘経験の検証方法としての〈事実の複数線〉が彼の哲学の根幹部分から導き出された点が確認できるだろう。

第二節では、〈事実の複数線〉によって証明されるとベルクソンが主張する、〈生き延び（survie）〉

について言及する。〈生き延び〉とは、身体が滅びたのちにも魂が存続することを意味するベルクソンの概念である。〈生き延び〉こそが、神秘経験の「蓋然性」を積み上げることで得られるものだと彼は言う。〈生き延び〉が重要なのは、死後にも存続する精神とは記憶を意味するものであり、こうした記憶の形態によって神秘家の経験はひとびとに受け継がれるとベルクソンが考えるからだ。こうした〈生き延び〉として残存する神秘家の記憶について考察する際、『二源泉』で提示される「人類の記憶」という共同体的記憶が導きの糸になるだろう。この共同体的記憶こそが、神秘家がひとびとに影響を与えるための媒介となっているからである。記憶論がベルクソン哲学の核である以上、共同体的記憶のなかに重要な位置を占める神秘家もまた、ベルクソンの思考にとって欠かさざる存在と言える。

第三章　〈創話機能〉と神秘家

第三章では、〈創話機能（fonction fabulatrice)〉を分析し、いかなるプロセスで神秘家の「イメージ」がひとびとによって捉えられるのかを検討する。第一節で、ベルクソンと同時代の心理学者ピエール・ジャネ（一八五九〜一九四七年）の〈創話〉研究を取り上げる。ジャネの研究を通してベルクソンの〈創話機能〉を眺めることで、その特徴を把握できるだろう。不条理な出来事や予測不可能な事象を、ひとつの因果律をもつ物語へと回収する人間の思考をベルクソンは〈創話機能〉と呼ぶ。われわれが生活を営むときその基礎となる「静的宗教」を作り上げるのは、物語を生み出すこの〈創話機能〉であると彼は述べる。

第二節では、ベルクソンが述べる「創話機能が提供するイメージとシンボル」の意味を分析し、どのように神秘家の経験が伝播されるのかを検討する。「創話機能が提供するイメージとシンボル」についてベルクソンは多くを語らない。しかし、彼が明示的には説明しなかったこの点を検討することこそ、本書において最重要の課題である。この「イメージ」に関しては、〈創話機能〉が人格をつくりだす性質から考察を加える。「シンボル」については神秘家が用いる言語表現を分析する。ベルクソンが「シンボル」という言葉を使用するとき、それはまずは言語を指している。人格としての「イメージ」と言葉としての「シンボル」がひとつになり、神秘家の声となってひとびとに呼びかけを発すると解釈することができるだろう。

第四章　〈機械〉と神秘家

第一節では、十字架の聖ヨハネの神秘経験である「暗夜」をベルクソンが描写する際の特徴的な表現を読み解く。「暗夜」のなかにいる神秘家を、ベルクソンは「組み立て途中」の〈機械（machine）〉という比喩で描写する。こうした描写を『創造的進化』の「眼という機械」をめぐる記述を手がかりに読解する。それによって〈機械〉が、必ずしもベルクソンの生命哲学からは排除されない要素であることを論じたい。

第二節では、『二源泉』第四章で神秘家と〈機械〉とが築く関係を探る。社会の機械化によって起こる、戦争を含んだ問題の解決をベルクソンは神秘家に求める。〈機械〉の利用により拡大した身体を制御し、真なる方向を与えることが、ベルクソンが規定する神秘家の役割である。神秘家のこうした働きを「魂の代補」という表現を用いてベルクソンは説明する。第一節の考察を踏まえ、「魂の代補」が意味するものを読解していきたい。その結果、ベルクソンが同時代の社会的傾向に対して、どのような角度から神秘家の重要性を提示していたのかがわかるだろう。

以上の考察により、『二源泉』で構築された神秘主義の論理を読み解いていく。その結果「記憶」や「イメージ」といった概念が、神秘家の存在と深く連関していることも明らかになるだろう。神秘家との関わりのなかで、『二源泉』以前の著作で論じられた「記憶」や「イメージ」は、別の姿へと変容し、『二源泉』において独自の転回をみせる。〈機械〉といったこれまでの著作では評価の変遷がみられた概念も、『二源泉』においては新たな姿態となっていることがわかる。

このように『二源泉』における神秘主義は、ベルクソン哲学のさまざまな概念と浸透し合いながら、ベルクソン哲学そのものを刷新していった。こうした視点のもと、本書ではベルクソンにおける神秘主義の新たな読解を目指す。

本論

第一章　神秘主義というエニグマ

第一節　二十世紀前半期フランスにおける神秘主義研究の諸相

十九世紀が知性や理性を基盤とした自然科学の時代という側面があるならば、ヨーロッパで二十世紀前半に神秘主義研究が活気づいたのはその反動だったとも言える。辞典的な定義をみれば、『十九世紀ラルース大辞典』(*Grand dictionnaire universel du XIXe siècle*, 1866-1876) の「mystique (神秘家)」や「mysticisme (神秘主義)」の項には、病や盲目といった言葉や、神秘主義を反理性的とみなす言説が溢れている。[5] 二十世紀の神秘主義研究はこうした言説との対決の様相を呈し、心理学・哲学・神学・文化人類学など学問領域をまたぎ、さかんに議論された。

たとえばエミール・プーラ (一九二〇〜二〇一四年) の『神秘学に直面する大学』(*L'Université devant la mystique*, 1999) は、当時の神秘主義研究の隆盛を網羅的に捉えた著作である。[6] 反面、この研究では各思想家の個別の研究が詳細になされているわけではない。

それゆえ本節の主眼は、ベルクソンが神秘主義を研究するにあたってその背景となった学説、もしくは議論内でベルクソンの哲学の影響がみいだされる研究を追い、どのような思索が繰り広げられていたのかを考察することにある。まずは、心理学の領域で神秘主義と病とが同一視されなくなっていった流れを、ウィリアム・ジェイムズとアンリ・ドラクロワの研究に求めたい。続いて、神秘主義が哲学の領域で取り上げられ、哲学に貢献するものとみなされた議論を、ジャン・バリュジとモーリス・ブロンデルに探る。次に、神秘主義と神学との共存を主張するジャック・マリタンの思索を辿っていく。最後に、神秘主義が社会形成に必須であると考えたレヴィ＝ブリュルの所論を追う。

こうした手順を踏むことで、当時の膨大な神秘主義研究群に大まかながらひとつの見取り図を配し、直接的にベルクソンに関連づけられる論点を抜き出すことができるだろう。こうした手順を踏むのは本節の目的が、西洋において脈々と現代まで続く神秘主義研究の全体像やその変遷を俯瞰することではなく、あくまでベルクソンと神秘主義との関係を解きほぐすことにあるからだ。

まずは、心理学が舞台となる考察をみてみよう。二十世紀の宗教心理学の変遷を語る際、まず触れねばならないのがウィリアム・ジェイムズである。彼がその後の神秘主義研究の方向性を定めたと言っても過言ではない。

一　ウィリアム・ジェイムズ――病からの解放

神秘主義が病であった十九世紀の終わりに、神秘主義を別の角度から考究しようとする者たちが次第に現れる。そのひとりがウィリアム・ジェイムズだ。十九世紀末、ヴィルヘルム・ヴント（一八三二～一九二〇年）等による実験心理学の成立により、心理学は科学的性質を向上させていった。ヴントやヘルマン・フォン・ヘルムホルツ（一八二一～九四年）の影響を受けつつ心理学の道に進んだジェイムズは、『心理学原理』（*The Principles of psychology*, 1890）や講義録『信じる意志』（*The Will to believe*, 1897）の出版を経て、ギフォード講演をまとめた『宗教的経験の諸相』（*The Varieties of religious experience*, 以下『諸相』と略記）を一九〇二年に世に出す。この著作は、賛同されるにせよ否定されるにせよ、それ以後の宗教に関わる心理学に強い影響力をもつことになる。

『諸相』でジェイムズは、神秘経験や「回心（conversion）」の内実に迫ろうとした。その対象は古今東西の宗教家、ユダヤ教やキリスト教やイスラム教の神秘家にとどまらず、詩人ホイットマンやトルストイのような作家にまで及ぶ。というのもジェイムが宗教において関心を向けるのは、宗教の歴史や教義の体系や組織といった枠組みではなく、個人の心的感覚だからである。

> 宗教はそれゆえ、［……］各々の孤独のなかで、なんであれ神的とみなされるものと関係していると気づく限りでの、個人の感覚、行為、経験を意味するだろう。[7]

あくまでも「神的とみなされるもの」を注視しつつも、彼が重点を置くのは「孤独」であると言える。それゆえ『諸相』では宗教教義に言及することは少なく、むしろ個人経験における幻覚、強迫観念、興奮、見神、抑鬱等の分析が優先される。個人経験が優先される理由として、『諸相』自体がジェイムズの個人経験を端緒としている点が挙げられる。ジェイムズは大学卒業直後から憂鬱症や体調不良に悩まされ、回復のきっかけとなったのはシャルル・ルヌヴィエ（一八一五～一九〇三年）の哲学との出会いだったとしばしば語られる。[8] 神秘主義研究に決定的な影響力をもつ著作の出発点が、個人的経験だったことは示唆的である。というのも神秘主義研究には絶えず、神秘経験は普遍化できるものなのか、神秘経験を客観的に把握できるのか、という命題がつきまとうからだ。

ジェイムズの分析の特徴をみてみよう。たとえば彼は、宗教的神秘経験が生じる原因が病的なものだとみなす見解を否定しない。ジェイムズの姿勢はきわめて柔軟なものだ。たとえば、「神秘経験やそのなかにみられる見神などは単なる病の現れにすぎず、その原因は身体的要因に求めることが可能である」という批判は、どの時代でも神秘主義研究に絶えずついてまわる。ジェイムズは、この種の批判を「医学的唯物論」と呼びつつも一方的に否定せず、いったん認めたうえで神秘経験が有する病とは異なる「価値」について述べる。

彼の論はこうだ。たしかに神秘経験を経た神秘家の身体を診断すれば、病者と同様に癲癇や遺伝的性質、諸々の臓器や血液の異常などが認められるかもしれないし、その点では病者と神秘家に差異はないと言える。しかしながら、病者にとって病という経験は価値をもたず、治療を要し改善されるべきものである一方、神秘家にとって神秘経験はその生涯において重要な価値をもつ。外部からみて幻覚に思えるものは、病者にとっては治療の対象であり、神秘家にとっては自身の活動を拡げる重要な転機になる。つまり、ジェイムズにとって、神秘経験の要因が病的であっても、神秘経験そのものの価値を損なうものではまったくない。肝心なのは経験の原因ではなく、その後の生涯で、その経験がいかなる意味をもち、どのように人生に反映されるのか、という点である。原因ではなく結果に重きを置いた、回心についての価値判断が、まずはジェイムズの研究の特徴と言える。[9]

回心を人生における価値転換とみなすジェイムズは、「二度生まれ（twice-born）」の経験のヴァリアントのひとつとして、神を目にし、あるいは神と接触し、最終的には神とひとつになる神秘家たちの経験を捉える。それでは、神秘家および回心経験者は、その経験内で具体的には何に触れ、何と結ばれるのか。ジェイムズは回心や合一経験を経過する者たちが接触するものを、仮説と断ったうえで、「意識生活の潜在意識的延長」と呼ぶ。

> 仮説として以下のことを提唱させてほしい。わたしたちが宗教的経験で結ばれると感じる「さらなるもの」は向こう側ではなんであろうと、こちら側ではわれわれの意識生活の潜在意識的延長である。[10]

日常的感覚とは異なる次元、つまり「精神のなかに隠された能力」に、意識が「潜在意識的延長」として接続されることで、ひとは「新たな人間」へと生まれ変わる、とジェイムズは主張する。回心や合一経験で感得されるものを、心理学的文脈にもとづくとはいえ、「意識生活の潜在意識的延長」と言語化したことは、ジェイムズの功績だと言える。

以上のように、ジェイムズは個人経験を分析し神秘主義の価値の再評価をはかった。神秘体験が病と同質であっても、ジェイムズにとって神秘経験の価値は揺るがない。それはあくまでも個人的苦悩を癒す貴重な経験なのだ。そして、神秘家の合一対象を心理学的に説明するジェイムズの方法は、宗教的経験を心理学へと還元することを単に意味しない。なぜなら、むしろこうした姿勢の背景には、「多元的宇宙」をめぐる彼の哲学があるだからだ。

一九〇九年の「多元的宇宙」によれば、「意識生活の潜在意識的延長」は、通常の心理状態以上の感覚をわれわれがもちうること、また宇宙は一元的世界として構築されるのではなく、一元的絶対の外部にも多元的宇宙が存在することとの証拠となる。[11] 個人的神秘体験や超感覚的存在との遭遇は、宇宙そのものへの態度と密接に結びついており、宇宙を受け入れることが安堵と救済の感覚を与える、とジェイムズは述べる。[12]

別言すれば、ジェイムズにとって回心や宗教的合一体験は、苦悩の原因であった宇宙がまったく異なる姿をわれわれにみせる過程なのだ。それゆえ、宇宙そのものに対する「降伏」や「犠牲」が必要とされるのだが、宗教においては「降伏」や「犠牲」は苦痛ではなく、むしろ積極的におこなわれるとジェイムズは語る。

この視点に立てば、ジェイムズは心理学的知見のみにもとづいて神秘主義を語るのではなく、自身の哲学に深く関連するかたちで神秘主義を読み解いていることがわかる。ジェイムズは神秘主義研究に新たな一歩を加えた。それは神秘主義の再評価だけでなく、神秘主義はさまざまな思考をうながす媒介となりうることを暗示している点だ。だからこそ、神秘経験における「意識生活の潜在意識的延長」という考えは、多元的宇宙論にも適用されるのである。

二　アンリ・ドラクロワ――経験の体系化

二十世紀フランスで神秘主義を病から救ったひとりがアンリ・ドラクロワだが、彼もまた神秘主義を哲学的に考察することから出発している。彼はまた、ベルクソンのアンリ四世校教師時代の生徒でもある。ドラクロワは一九〇〇年に博士論文として『十四世紀ドイツにおける観照的神秘主義試論』(*Essai sur le mysticisme spéculatif en Allemagne au XIVème siècle*) を執筆する。彼は十四世紀の神秘家エックハルト(一二六〇年頃〜一三二八年頃)の哲学を、神秘主義とスコラ哲学との結合である「観照的神秘主義」とみなし[13]、ドイツ哲学の源をエックハルトに求めていく。エックハルトの思考の宗教的性質を無視することなく、彼をひとりの哲学者として提示することが試みられている点からも、宗教や心理学にとどまらず哲学的視点をもってドラクロワが神秘主義に対峙していることがうかがえる。

一九〇三年には、『形而上学・道徳評論』において、ジェイムズの『諸相』の書評をドラクロワがおこなう。書評内で『諸相』は高く評価されているが、これは単なる書評であるにとどまらず、あえて言えばドラクロワ自身の方法論確立への意志もそこに読み取ることができる。書評では、宗教的生の価値をめぐる問いは、神学的問題ではなく実践の問題であり、それゆえ宗教は欲望や感覚に基礎づけられるものであり、神学のなかだけで構築されたものではないと述べられる。ドラクロワがジェイムズ同様に、神秘主義を狭義の神学や宗教学から解放し、心理学的に考察しようと画策していたことがうかがえる。ゆえに「孤独」における「個人の感覚、行為、経験」というジェイムズの表現が注目される際も、そこで出会う「神的なもの」とは存在や真理の優位的形態であり、必ずしも神そのものではないと説明される[14]。なぜならドラクロワによれば、ジェイムズの方法論とは古今の宗教経験を列挙して「経験によって経験を判断する」[15]ことにあり、宗教上の教義や制度と引き合わせて経験を吟味することではなかったからだ。しかし、「経験による経験の判断」という方法に疑念が向けられることにも、ドラクロワは当然気を配っている。つまり、個人的かつ内的な経験に客観性を付与できるのかという疑念だ。「われわれは客観的基準を発見することの不可能性に常に立ち返る」とドラクロワも自戒している。

では、こうした疑念を払拭するためにどのような方法を選ぶべきか。ここで着目されるのが、宗教的生における「コンテクスト」である。ドラクロワの論理をひとつずつ追ってみよう[16]。彼いわく、人が外的世界において生じる事象の真理を認識できるのは、その真理を、経験をめぐる「全体のコンテクスト」と比較対照させるからである。内的世界に対してもその方法を用いるべきであり、無限に種類のある宗教経験から偶発的なものを退けて、内的な世界のなかにも「コンテクスト」をみいだすことで、われわれはひとつの仮説にたどり着く、とドラクロワは説く。

そしてジェイムズが語った、合一体験における対象と考えられた「意識生活の潜在意識的延長」も、宗教経験を把捉していくための手がかりとなりうるとドラクロワは考えた。「意識生活の潜在意識的延長」あるいは無意識も、われわれの意識的生の閾下の連続であると彼は論じる。この議論はもちろん、ジェイムズを含んだ同時代の心理学研究における、意識は必ずしも意識外の領域と分断されていないという説を反映したものだ。そのうえでドラクロワは、宗教経験も「意識生活の潜在意識的延長」であるのならば、それは外部にありながら内部にあるものであり、意識生活にあるわれわれもその「潜在意識」の「堅固な地表」にはすでに到達していると述べる[17]。彼は「意識生活の潜在意識的延長」を「神秘的領域」とも呼び変えており、そこから「インスピレーション (inspirations)」や「活力 (tendances)」が発生すると語る[18]。こうした主張からは、ドラクロワがジェイムズの研究を継承しながら、新たな要素を付加しようとしていたことがうかがえる。たとえばドラクロワが経験における「コンテクスト」を明確化しようとしたのは、ひとつの論理として「コンテクスト」を神秘経験から抽出可能だと考えたからだ。こうして彼は、次第に「コンテクスト」に即して神秘経験を俯瞰しようと試みることになる。この展開を追うために一九〇五年のフランス哲学会での講演をみてみよう。

一九〇五年にフランス哲学会で焦点が当てられたのは、アビラの聖テレサ（一五一五〜八二年）である。[19] この講演は、その後ドラクロワ自身の著作『神秘主義の歴史と心理学研究：キリスト教大神秘家たち』（*Études d'histoire et de psychologie du mysticisme : Les grands mystiques chrétiens*, 1908）に、第二章の一部として組み込まれた。ここでは、世界が一変する契機として回心を捉えていたジェイムズとは違った見解が示される。「忘我」つまり「意識の喪失」は、神秘的生において最終段階でも頂点でもないとドラクロワは説く。[20] 回心の特徴である「忘我」は神秘的生において最終段階ではなく、以下で語られるようにそれに続く段階がむしろ重要なのだ。

［……］聖テレサは忘我が破壊したものを再構築し、より豊かな広がりをもつ綜合を実現する。この綜合は、いっそう力強い統一性のなかに最大数の要素を含んだものである。[21]

ドラクロワにとって「忘我」は通過点にすぎない。むしろ聖テレサが示す合一経験の構造そのものに関心を寄せるドラクロワは、彼女の神秘経験を体系的に解釈することを目指し、その経験は主に四段階に整理可能だと唱えた。[22] 第一段階は、主体が何かに導かれると漠然と感じる、受動的「不安」や

「動揺」の段階である。第二段階は、受動的なままに、そこに「神的至福」に満ちたヴィジョンが含まれる状態。第三段階は、「衰弱」や「苦痛」の状態であり、ここで主体は前段階でえた「歓喜」を剥奪され苦しむ。最終段階は主体自身が「拡張」する感覚を安堵のなかで味わう状態である。

これら「きわめて厳密な順序」が多くの神秘家たちに共通してみられることから、神秘体験について論理を構築し、経験の体系化も可能だとドラクロワは訴える[23]。忘我が破壊したものを再構築し、より多くの要素を統一させ、よりいっそう広がりをもつ「総合」の実現を目指すのが、ドラクロワの考える聖テレサの姿である。聖テレサ自身も、彼女の合一経験をひとつの「城」とみなし、そのなかの七つの館をめぐることで合一が完遂されると語り、自らの経験をひとつの体系のように描写する[24]。

神秘家の経験から共通の「コンテクスト」を取り出し体系化することにドラクロワがこだわるのは、神秘経験と知性との両立が目指されているからだ。ここでの両立とは、事後の分析によって神秘体験を論理的に説明することだけでなく、神秘家の経験の最中にも知性的側面が働いていることを意味する。というのも、「祈りの知性」とドラクロワが呼ぶところの知性によって、神秘家たちは自身が浸っている状態の価値を認識しているからだ[25]。したがって、以下のように、経験の最中にも論理的なものが作用し続けると彼は主張する。

経験が進展するにつれて論理的性格が高まる。継起する諸々の状態は互いを照らし合う。そして、それらの継起がひとつのプログラムの実現のようにみえる瞬間が訪れる。そこでは、これらの総体の設計というものは、諸要素からは逃れている。この瞬間に教義が構築され、経験は決定的に確かなものになる。[26]

このような瞬間を招くことで、神秘家も自身の「法則」を発見し、一貫性のもと経験を体系化できるとドラクロワは考えた。知性の有用性を重視する彼の姿勢は、場合によっては知性偏重とも取られかねないが必ずしもそうではない。ドラクロワは神秘経験を体系化し知性との共存を唱えながらも、あらゆる規定から逃れる直観こそが忘我の根底にあると考えた。[27]ドラクロワにとって知性にもとづく論理とは、神秘体験の分析において論理的思考の限界を明らかにしたうえで、それを超えて直観の必要性を示すものでもある。

以上のようにドラクロワは、病という次元から抜け出し、神秘主義における理性および知性と経験との両立の可能性を提示しようとした。科学的・実験的方法により心理学の刷新をはかり、哲学や形而上学から心理学を分離して実証科学にしようと当時の心理学者たちが目論むなかで、ドラクロワは、むしろ「哲学を心理学的に取り扱ったのである[28]」。つまり、彼にとって心理学の諸問題も哲学の問題であり、心理学と哲学とのあいだに境界線を引くことは意味をもたない。ドラクロワが、神秘主義研究に続いて『言語と思考』（*Le langage et la pensée*, 1924）や『子供と言語』（*L'enfant et le langage*, 1934）などで言語研究に向かうことは大変興味深く、神秘主義を哲学的に探究するうえで、いわば言語による経験の体系化を目指すなかで、ドラクロワが言語の問題に徐々に惹きつけられていったことがわかる。『言語と思考』でドラクロワは、「あらゆる神秘家の技芸」は「言い表せぬもの（ineffable）」を示すために用いられると語った。[29]神秘家が経験において感得するものを表現する際の、ときとしてステレオタイプな言い回しと考えられがちな「言表不可能なもの」という表現を、ドラクロワは「言い表せぬもの」でしか満たされない感情が存在すると説きながら、「言い表せぬもの」それ自体を、言語をめぐるひとつの問いとして提出しようとしたのではないだろうか。ドラクロワは神秘主義研究を経ることで、神秘家の言語表現が秘める、哲学に新たな転回をうながす可能性を感じ取ったと言える。

三　ジャン・バリュジ——神秘家の言語

ドラクロワが直面した神秘経験と言語との関係を新たな角度から考察したのが、ジャン・バリュジだと言える。彼の博士論文『十字架の聖ヨハネと神秘経験の問題』(*Saint Jean de la Croix et le problème de l'expérience mystique*, 1924) は一九二四年に出版され、翌年にフランス哲学会で「十字架の聖ヨハネと神秘経験のノエシス的価値の問題」と題された講演がおこなわれた。

講演の要点を以下でみてみよう。[30] バリュジはドラクロワ批判から論を始める。ドラクロワのように各神秘家の経験を心理学的分析によって比較することは、各経験を抽象化することに他ならならず、ドラクロワ以上に対象を絞り込み、特定の神秘家に徹底的に集中せねばならないと語られる。バリュジの主張によれば、神秘家の心理状態を知ることはもはや争点でなく、哲学者の立場で神秘主義に取り組まねばならない。むしろ神秘家が発見した精神的生が、いかなる哲学的修練でも到達できなかったものではないかと哲学者は自問せねばならない、と彼は断言する。[31] なぜバリュジが心理状態の観察を重視しないかと言えば、心理状態を心理学者が再構成したとしても、それ自体が別の課題を生むことに自覚的だからだ。それは、経験と経験を描写する言語との齟齬である。おそらくここでバリュジは言語をめぐりドラクロワと同じ視点に立っている。そこでバリュジがフォーカスを当てるのが、十六世紀スペインの神秘家十字架の聖ヨハネが創り上げた詩作品である。

聖ヨハネを神秘家の基準に定めることで、神秘経験と他の宗教経験とを峻別できるとバリュジは主張する。とはいえ神秘家の経験は描写不可能であり、だからこそ言語による経験の「翻訳」という神秘家の試みを哲学者は看過してはならないと彼は言う。十字架のヨハネの場合、経験の「翻訳」は彼が用いる「象徴表現」のうちに現れ、彼の詩作における「イメージ」と「象徴」、そしてその「註釈」を解釈せねばならないとバリュジは語る。[32] ゆえに彼にとっては、神秘家のテクストは支離滅裂でも、宗教教義を敷衍したものでも、病理的痕跡を探すためのものでもない。むしろ神秘家のテクストこそが神秘経験へたどり着く糸口であり、神秘家が彫琢した詩は「忘我さえも越えた」ものだと彼は述べる。[33] こうした過程を経ることで十字架の聖ヨハネの「神秘主義の論理」が明らかになると主張される。

神秘家の言葉から彼らの心理を再構成する心理学者の手法と、経験の「翻訳」である「イメージ」や「象徴」を通じて神秘経験を理解するバリュジの手法の差異をここで確認する必要がある。エミール・プーラによれば、バリュジは神秘家の言語表現を介して神秘経験の再構成を目指したのではなく、彼にとって重要なのはひとりの神秘家がどのように神秘主義を「前進」させたかを知ることだ。[34] その際彼は言語に焦点を当てることで、同じく言語によって思考する哲学者と同じ水準において、神秘家を理解しようとしたのではないだろうか。

では具体的に十字架の聖ヨハネの詩的表現を、バリュジの分析とともにみてみよう。聖ヨハネは神秘家であると同時に優れた詩人であり、スペイン文学史においても確固とした位置を占める。「彼の名を欠いたスペイン文学史はありえない[35]」とまで言われる。バリュジが注目した聖ヨハネの詩のひとつが、主著『カルメル山登攀』(*Subida del Monte Carmelo*, 1584-1587)の第一部十三章十一節に記された以下の詩だ。この詩は、弟子の修道女たちへ自らの考えを理解させやすくするために描かれた「カルメル山図」の素描にも書き加えられており、いうなれば聖ヨハネの思想の骨子をなす。

その全てを味わうに到るためには
何ものにも味わいを得ようとしてはならない。
その全てを知るに到るためには
何ものも知ろうとしてはならない。
その全てを所有するに到るためには
何ものも所有しようとしてはならない。
その全てであるに到るためには
何ものかであろうとしてはならない[……][36]。

おそらく聖ヨハネのもっとも著名な詩であり、「全て」と「何ものにも~ならない」という語句の反復が特徴的な詩である。「全て(todo)」「無〔何ものにも〕(nada)」という言葉が織りなす聖ヨハネの詩の「否定のリズム」と彼の「神感状態」とにより、そこには他の思考法では得られない認識が秘められている、とバリュジは述べる。[37]『十字架の聖ヨハネと神秘経験の問題』でバリュジは、こうした否定の語句が喚起する、聖ヨハネの詩に現れる諸々のイメージを以下のように説明する。

われわれは無についての刺すような味わいに見当をつける。しかし、十字架の聖ヨハネはこの無のなかでどのようにすべてがあるのかを、具体的方法によってわれわれに理解させようとする。そして彼は、きわめて濃密な箴言により、まず感覚的秩序に応じて理解しなければならない貧しさを打ち明ける。しかし、この貧しさは次に霊的秩序の見地から理解せねばならない。[38]

バリュジにとって、聖ヨハネの詩で反復される否定の言葉は、あくまでも「すべて」を理解させるための媒介である。「無」を、つまり「貧しさ」を「味わい」という「感覚的秩序」において感得し、次にこの領域から離脱し、神を把握するための「霊的秩序」のなかでこの「貧しさ」を了解する、というのがバリュジの解釈だ。このように彼は十字架のヨハネの詩に、「無」との対比によって、「すべて」が強固なものになるプロセスを読み解く。要するに、「感覚的秩序」から「霊的秩序」へと段階を経る神への道が、聖ヨハネの言葉によって刻まれているのだ。

バリュジの講演後におこなわれた出席者たちの討議を追ってみよう。ドラクロワは「ほとんどすべての点に喜んで同意する」と述べ、バリュジを評価する。[39] オラトリオ修道会の司祭リュシアン・ラベルトニエール（一八六〇〜一九三二年）は、聖ヨハネの詩に焦点を当てるバリュジの方法に疑問を付した。ラベルトニエールは、詩によって聖ヨハネが直観や経験を表現することが可能になる一方で、聖ヨハネを依然として「曖昧さ」のなかに留めるのもまた詩であると指摘する。[40]

次にエドゥアール・ル・ロワは、「神秘家の論理」や「観相の技術」といった言葉遣いに苦言を呈しつつも、おおよそバリュジの見解を認める。そして、神へと至るためにあらゆる表象を越えて精神を高めねばならないと聖ヨハネが考え、言説がもつ枠組みの根本的な不充分さやその不動性に、聖ヨハネは留意していたとル・ロワは講じる。この観点に関してル・ロワは、「同一視するわけではない」と保留しつつも、「運動の表象」ではなく「表象の運動」を理解するという限りで、ベルクソンが語った「動的図式」が、聖ヨハネの思考法を言い当てるものだと語る。[41]ル・ロワは、ベルクソンが論文「知的努力」で展開した、思考内で連想的に表象が連結されるのではなく、努力によってひとつの表象をより具体的なイメージや言葉へと変容していく図式を、聖ヨハネに見出している。[42]「同一視」は避けつつも、神秘家十字架の聖ヨハネのうちにベルクソン的思考をル・ロワが読み取ったことだけは確かである。続くレイモン・ルノワール(一八九〇〜一九七二年)も、神秘家の思考を読み解く際に、ベルクソンが定めた「共感」を方法論として苦もなく承認できると語る。[43]ベルクソンの哲学と神秘家たちの思考との比較にはここではまだ踏み込まないが、複数の哲学者がすでにベルクソンと神秘家とのあいだに類似性を覚えていることを確認しておこう。

最後にモーリス・ブロンデルの見解をみてみよう。彼はこの会に出席はできず、書面での参加となり、バリュジの著作にコメントを寄せた。バリュジが、心理学や形而上学は常にひとつの例の「徹底的」分析に回帰すると述べたことに対して、そもそも外的である分析を徹底化することが原理的に不可能であること、個別例を通じて普遍的なものの確立を目指すべきであること、聖ヨハネの理論的視点と実践的意図を分離しないことなどを進言した[44]。

このように、出席者の反応に限って言えば、バリュジの講演に対する評価は決して批判的なだけではなかった。むしろ充分にその正当性が認められ、バリュジの試みが当時のフランスの哲学界にひとつのインパクトを与えたことは確かだと推測される。おもに心理学的領域で探究されていた神秘経験を、彼はもうひとつ別の次元に移行させたのだ。バリュジがこの講演の冒頭で、神秘経験の「現象学[45]」の解明という目的を掲げるのは、神秘経験がもはや心理学の領域に限定されないという彼の宣言であると言っても過言ではない。それゆえ、バリュジは神秘家の詩に含まれる比喩の読解に専念し、また出席者たちはベルクソンの哲学との類似を示唆したのである。

しかし、神秘主義的思考およびその表現と、ベルクソン哲学に限らず哲学全般とのあいだの関係はいかなるものか、という問いに、ここで早急に答えることはできない。本書における中心的課題であるこの問いへの回答のためには、いまだ踏まねばならない手順が多く残されている。だが、じつはこの本質的な問いは、バリュジより年長の別の哲学者によっても問われていた。それが彼に対して厳しい指摘をおこなったモーリス・ブロンデルである。こうした神秘主義と哲学との関係への手がかりとなる見解を探るために、モーリス・ブロンデルの思考を覗いてみよう。

四　モーリス・ブロンデル――哲学への寄与

博士論文『行為』(*L'Action*, 1893) で、すでにブロンデルは、自己否定を通じて自己と異なる超自然的な神を受け入れることなくして、行為は成就されないと語っている。[46] 神の問題は、このときからブロンデルにとって根源的で不可避のものとなっている。彼が同時代の神秘主義研究に反応する際も、神の問題は重要な論点を占める。まずは彼がどのように神秘主義を考察していったのかをみよう。

先に挙げた一九〇五年にドラクロワがフランス哲学会で聖テレジアをめぐる講演をおこなった際にも、ブロンデルは出席することができず、バリュジの講演時と同様に書面でドラクロワへ質問を寄せている。

ドラクロワの講演に応じてブロンデルは三つの点でドラクロワに同意を示した、とハイナー・ヴィルマーは指摘する。歴史的・心理学的・医学的視点から経験を考察した点、神秘経験が「脈絡のあるひとつの流れ」として提示され、実証科学の対象となりえることを示した点、最後に、個別の神秘家の生涯に割かれた記述を比較することで堅固な結論を導き出した点である。[47] だが、反面厳しい指摘もおこなう。神秘主義の哲学的研究は、ドラクロワがおこなったように研究方法への問いに終始してはならず、神を含めた宗教哲学全体に挑まなければならない、とブロンデルは助言する。神との対峙という問題は、のちに彼自身により進められることになる。

その後ブロンデルは一九一一年に、ドラクロワ講演時の哲学会の出席者でもあったアンドレ・ラランド(一八六七〜一九六三年)が編纂した『哲学語彙辞典』(*Vocabulaire technique et critique de la philosophie*, 1927）の「神秘主義」の項に、「神秘学、神秘主義」に関する注釈を執筆する。[48]

そこでは最初に、ドラクロワらの研究成果を参照したと思われる、神秘主義における特徴的な心理的諸状態の区分が言及され、さらに神秘家の精神を芸術家の精神によって喩えつつ、神秘主義という言葉の出自を『神秘神学』（*Theologica mystica*）を記した偽ディオニシオス・アレオパギテス（五〜六世紀）に求めている。同時代の研究成果や、ドラクロワをはじめ多くの者が指摘する神秘家と芸術家との親和性という基本的理解を記述し、それに加え言語上の起源を示すことで、当時の研究の全体像をブロンデルがひとつずつ丁重に、そして多角的に記述していることがわかる。

そして一九二五年五月にバリュジの哲学会での講演で、ブロンデルは先述のようにバリュジへ辛辣な意見を述べた。おそらくこのときブロンデル自身が神秘主義と正面から格闘し、彼なりの論理を構築しつつあったことがその理由のひとつと考えられる。ブロンデルは同年一月に、『新日手帖』の第八号「神秘学とは何か」特集号に「神秘学の問題」と題された長文の論考を掲載した。[49] 論考内で、神秘主義研究は現在「復興」し「花ざかり」であると告げられている。神秘主義を取り巻く環境の成熟のなかで、ブロンデルは第一節のタイトルを以下のように掲げ、論を開始している。

いかなる方法によって、いかなる尺度によって理性の検証に近づきうるだろうか。そしてこの分野における哲学の貢献とは何か。[50]

このようにブロンデルは神秘主義と理性とのあいだの距離を測ることで、神秘主義へと哲学が「貢献」しうる部分を明らかにすることを目論む。その一方で「神秘主義における哲学的問題」は二次的であり、それは考察を深めるうえでの導入にすぎないとも語る[51]。このように、哲学から神秘主義への「貢献」が二次的であると述べながら、反対に神秘主義から哲学への働きかけが存在することをブロンデルは示唆する。それゆえ、ブロンデルにおける神秘主義と哲学との関係を検討する場合、哲学による神秘主義の解明よりも、むしろ神秘主義からも哲学への寄与があるという彼の発言の方に着目するべきである。

〔……〕それ〔目下の研究〕は、下方から、そして哲学的側面において、神秘主義をその特殊性あるいは独自性において定義するのに役立つだろう。しかしまた、きわめて頻繁に、そしてきわめて不当に四方から狭められた哲学領域の限界を探究することに役立つだろう[52]。

これが、哲学全体ではなく、あくまで神秘主義研究における哲学の「限界」を述べたものだとしても、ブロンデルにとって、哲学の「限界」を明らかにし哲学が本来もつ可能性を示す役割を、神秘主義は担う。もはやバリュジのように、神秘主義を哲学の対象にするだけでは不充分であり、神秘主義に対して哲学がいかなる態度をもちうるのか、あるいは神秘主義が哲学にどのような変容をもたらすのかを検討せねばならない、というのがブロンデルの主意だ。この難題に答えるため、ブロンデルはひとつの概念に立脚する。それは「共本質性（connaturalité）」という概念である。「共本質性」概念はトマス・アクィナス（一二二四／五～七四年）が、『神学大全』（*Summa Theologiae*）

第二部‐二部第四五問第二項でとなえた文言に由来する。「然るに、判断の正しさは二通りの仕方で生じることが可能である。一つの仕方では、理性の完全な使用に基づいてであり、いま一つの仕方では、それについていまや判断がなされるべきところのことがらに対する或る種の共本質性のゆえにである」[53]とトマスは記す。辞典的定義によれば、「共本質性（connaturalitas）」とは、第一の意味では、本性そのものを指す。第二の意味では、対象への本性的関係あるいは一致、対象への本性的傾向、対象への本性的誘引などを意味する。[54]要するに、本性に基づいた関係性を指し示し、とりわけ神の三位格相互の関係の本質性を含意する言葉だ。[55]

とはいえ、じつのところブロンデルは必ずしもトマス的用法に厳密にのっとって「共本質性」を導入するわけではない。むしろ、この言葉の語源的意味だけに執着することには注意が必要だと彼は考える。彼は「共本質性」を以下のように説明する。「共本質性」は「省略的でしばしば恣意的であるわれわれの観念」の「狭い枠組み」を乗り越え、諸存在そのものの性質へと即融し、そして諸存在をわれわれに適合させるものなのである。[56]つまり、この「共本質性」こそが、人間と神とを、同一本性の力によって結合へと誘うものなのだ。「共本質性」によって、本性それ自体が誘引性を発することにより神と子と霊が結ばれるように、互いの本性によって存在同士が結ばれるというのがブロンデルの解釈だ。さらに人間と神との合一の方法の考察を進めるために、ブロンデルは「受動的（passif）」という言葉の本来の意味を探る。

彼によれば、中世において、「passif」とは「無気力（inerte）」を意味しなかった。「passif」とは自己において「運動原理」ではないが、ひとたび「揺り動かされる」と作用し始める何ものかを指す言葉だった。ブロンデルにとって神秘家の「観相（contemplation）」がまさにこの状態である。それゆえ「観相」は停止ではなく、純粋な「行為（action）」である。[57]だとすれば、神秘家の観相とは神を外的表象として受容することではなく、神に「揺り動かされる」ことによって自らの「行為」へと接続されていく状態と理解するべきである。つまり行動としての「passif」という状態が、「actif」と「passif」との対立を乗り越えて、行動としての対象の認識による、主体と対象との対立の乗り越えを思考することを可能にするのだ。[58]

以上が、ブロンデルが神秘家について集約的に述べた論文「神秘学の問題」内で展開された主張の簡単な要約である。こうしたブロンデルの視点に立ちつつ彼の仕事を回顧すると、ブロンデルが神秘家の問題に取り組んだ必然性に気がつく。彼の博士論文『行為』からしてすでに、「神の先行的な恩恵の必要性」との「人間の自由な協働」が必要であることを議論しているからである。[59]こうした議論の延長線上に、論文「神秘学の問題」で繰り広げられた思考を位置づけることができる。むしろブロンデルが自らの哲学を紡ぐうえで、この議論が重要な役割を担っていると指摘できる。たとえばヴィルマーは、神秘経験において「行為」と「認識」とがひとつになる議論に取り組むことで、自身の哲学全般が基礎づけられている「経験」の性質を提示し、その結果ブロンデルは『行為』内の「欠如」を改善したと言明する。[60]この視点を考慮すれば、ブロンデルの神秘主義研究は、神秘家による神との合一構造の解明に寄与すると同時に、自身の哲学をさらに先に進めるためのものであったことがわかる。この意味で、ブロンデルにとって神秘主義は、「狭められた哲学領域の限界」を突破するための足がかりとなったとも言える。

そして、神秘主義が「哲学領域の限界」を探ることに役立つというブロンデルの発言にいま一度立ち戻れば、神秘主義は単に宗教的枠内および哲学的枠内で議論されるものではなく、むしろ神秘主義は哲学の限界そのものの拡張に他ならない。だからこそブロンデルは、神との合一経験から、主客の超克という争点へのひとつの応答を引き出す。たしかに主客の超克だけによって神秘主義と哲学との捉えがたい関係を結論づけられないが、それでもブロンデルの試みは、神秘主義と哲学との交差のひとつの重要な帰結と言える。

五　ジャック・マリタン――神秘主義と神学

二十世紀前半に神秘主義が考察される際、考察の中心となった神秘家の多くがキリスト教神秘家だった。既述のようにブロンデルもトマス神学の概念により神秘主義にアプローチした。だが、神学にもとづく哲学によって神秘家の意義を探るジャック・マリタンは、ブロンデルの議論を批判する。マリタンにとってブロンデルの解釈は納得できるものではなかった。ジャック・マリタンの思考の轍を追うことは、キリスト教神学との関連において神秘家の位置を確認する助けになるだろう。では彼の批判に入る前に、まず彼がキリスト教神学、特にトマス・アクィナスの神学に至るまでの歩みを簡単にみてみよう。

プロテスタントの家に生まれたマリタンは、一九〇六年六月十一日にカトリックの洗礼を受け、スピノザやニーチェなどを学び、その後ベルクソンの哲学にかなり熱中し、一九〇一年から一九〇二年の冬期のコレージュ・ド・フランスでのベルクソンの講義にも出席していた。[61]
しかし、結果的にはマリタンの哲学的欲求はベルクソンにも満たされることがなかった。彼は一九一四年にベルクソンの哲学をめぐって『ベルクソン哲学：批判的研究』（*La Philosophie bergsonienne : étude critique*, 1914）という著作を出版する。この著作でマリタンは、ベルクソンの思考に対する疑問を二点挙げる。それはベルクソンの知性批判的側面と、彼の持続概念についてだ。マリタンによれば、ベルクソンは直観の側に立つことで、悟性や理性がわれわれを欺くゆえに知性は現実に適合できていないと主張するが、[62]これに対してマリタンは、ベルクソンによる知性と直観との二元論は、トマス・アクィナスが指摘する世界を二分する「マニ教」的方法論に陥っていると論難する。[63]またベルクソンは「持続」「深層の自己」「意識の流れ」を「実体」として語るが、それは明らかな誤解であり、ベルクソン哲学は本来の「実体」概念を根本的に排除している、と併せてマリタンは批判する。[64]マリタンの見解によれば、ベルクソンがこうした思考に没入してしまう原因は、感覚や内省へと現れるものによって、知性の現実対象を置き換えてしまうからだ。[65]すなわち、ベルクソンは物質の偶有的な第二性質を「実体」として了解してしまっているのだ。[66]
このようにマリタンは、ベルクソンの哲学を深く理解しつつも反発を覚えていた。そして、すでにして至る所にトマス神学への言及が鏤められていた『ベルクソン哲学：批判的研究』の最終部で、次第にベルクソンからトマスへと思索の重心が移されていく。興味深いのは両者には「奇妙な一致」があり、ベルクソン哲学はトマスの命題の「屈折」として示すことが可能だとマリタンが説く点だ。[67]さらに彼はトマスの「共本質性」をベルクソン哲学のうちに見出していく。人間的知性と物質とのあいだに「共本質性」を認める点で、ベルクソン哲学はスコラ哲学との付号を果たすとマリタンは論じる。[68]ベルクソンとトマスとのあいだを橋渡ししようとするマリタンの姿勢は、彼の思想形成をなぞるものであり、ベルクソンを経てトマス神学へと至ったマリタンは両者のあいだにひとつの途切れぬ連関をみている。じつのところ、一見すると対立し合うようにみえる二つのものの共存を探る手法は、マリタンが神秘主義と対面した際も彼の基本姿勢となっている。

同時代の神秘主義研究に対しても、マリタンがトマス神学という明確な軸にもとづいて発言することとは変わらない。彼が神秘主義について論じたのが、一九三二年出版の『合一のための区別、あるいは知の階梯』(*Distinguer pour unir ou Les degrés du savoir*, 1932)である。おもな考察対象は、他の研究者と同様に十字架の聖ヨハネであるが、マリタンは先行者たちへの批判から始める。たとえば第一章でマリタンはバリュジへ抑えきれない苛立ちを向ける。

我が親愛なるバリュジ、貴方に対する私の友情がいかなるものであれ、こう告白せざるをえない。[……]貴方は聖人のイメージを書き出したが、それは聖人本人なら嫌悪するようなもので、それが備える甚だしい誤謬は熱意をもって記されているが、われわれにとって困惑と苦痛の対象である。[69]

マリタンは、十字架の聖ヨハネをプロティノスに近づけて解釈するバリュジを非難する。[70] マリタンはさらにブロンデルにも批判を加える。論文「神秘学の問題」は多くの混乱と誤解に満ちており失望させられたとマリタンは記す[71]。マリタンが批判するのは、ブロンデルによる「共本質性」の独自解釈だ。ブロンデルは「共本質性」から知性や認識としての性格を排除し、「われわれの内的性質を感じる相」に仕立ててしまっており、それは「まったくの誤解」だとマリタンは語る。「共本質性による認識」は、情動ないし欲求にもとづく力や行為が誘因になったとしても、それがひとつの「認識」であることは揺るがない、というのがマリタンの持論だ[72]。マリタンが「共本質性による認識」をどう了解しているのかをみてみよう。

たとえば事物を純潔さによって判断する二つの方法がある、と聖トマスは語る。ひとつ目はわれわれの知性において道徳的学を有することだ［……］。あるいは、われわれの欲求能力において純潔さの徳そのものを有することだ。受肉し、われわれの心底に入り込んだこの徳を有することであり、もはや学の相ではなく、本能の相によってわれわれの適性をさぐりながら、純潔さによってわれわれの共本質性への的確な応答を可能にするものを手にすることだ[73]。

このように、マリタンにとって「共本質性」を媒介とした知的認識は、「学（science）」に依拠した認識ではなく、「受肉」し「心底」に侵入した、「本能」にもとづく認識である。これはまったく自然的次元を超えていることを意味する。そして、彼にとって神についての認識である神秘経験も、現実と関わりをもつ「自然的認識」とは異なる。マリタンにとって「共本質性」による知的認識は、判明な概念や明晰なものへの執着を放棄し、自然的・人間的な相を超越することで可能になるゆえに[74]、聖ヨハネの神秘体験も超自然的な知的認識そのものなのである。このように、超自然的な知的認識という平面において、「天賦の観相の汚れなき光が、闇夜に光る愛の熱情からしか生じない[75]」ように、聖ヨハネの神秘経験とトマス神学との共存可能性をマリタンは提示する。

だとすれば、神秘経験がもつ認識としての性格、その認識の中心をマリタンはどこに求めていたのだろうか。ここで彼が、芸術や詩作を重視していた点を指摘しよう。神的インスピレーションのもとに書かれた数々の詩において、「澄んだ詩的象徴」を介して、聖ヨハネは自らが感じた経験を表現している、とマリタンは述べる[76]。つまり、彼にとって聖ヨハネが代え難い人物なのは、彼が詩的営為により自らの経験を発信しているからだ。マリタンはバリュジらと同様、「そのすべてを味わうに到るためには」で始まる『カルメル山登攀』の詩句を引用する[77]。詩で反復される否定の語句は感覚に含まれる「不純」を治癒することを表現する、と彼は解釈する。「感覚の夜」に現れる「空虚」こそが、治療薬だと彼は語る。つまり感覚の抑制こそが治療薬であり、そしてこの夜のなかで観相への呼びかけを聴解することをマリタンは経験の中心に置く[78]。このように、神秘経験のなかで感覚が弱まり次第に認識へと移行していくことを、マリタンは聖ヨハネの詩から読み取る。

マリタンが神秘主義をさまざまな角度から検討し自身の哲学内に吸収していった過程を追うことで、当時の神秘主義研究の射程の広がりを確認することができる。しばしば神秘経験は、心理学的アプローチにもとづき不安や幸福の感覚から分析されがちであり、すでにみたように二十世紀初頭まではそうした方法が用いられた。だが、マリタンにとって神秘経験は観相以外の何ものでもなく、神秘経験における神は感覚ではなく超自然的知性によって認識される。こうした思索によって、マリタンは十字架の聖ヨハネの経験を、キリスト教神学の集成ともいえるトマス神学と両立させることをはかった。

六　リュシアン・レヴィ＝ブリュル――神秘主義による社会形成

次に、文化人類学の分野において一九一〇年代から三〇年代にかけて発表された、レヴィ＝ブリュルの研究を通観する。彼は、『二源泉』で「未開社会」における神秘性に焦点が当てられる際に、真っ先に言及される人物だ。レヴィ＝ブリュルは哲学や社会学の学徒として出発し、次第に文化人類学を自身のフィールドにしていった。一九一〇年刊行の『未開社会の思惟』（*Les fonctions mentales dans les sociétés inférieures*）では、オセアニアやインド洋の諸島の習俗および「集団表象」を対象に、現地民の「原始心性」がもつ働きについて記されている。レヴィ＝ブリュルは現地民のある思考法を「神秘的」と形容する。

最適なものがないのでこの語を用いるが、これは極めて異なっている、われわれの社会における宗教的神秘主義をほのめかしているのではない。そうではなく、狭義に規定された意味において「神秘的」というのは、感覚では知覚できないにもかかわらず現実である、諸々の力や影響や行為に対する信仰のことである。[79]

レヴィ゠ブリュルは、必ずしも「神秘的」という語を積極的に使用してはいない。また、「神秘的」思考体系をレヴィ゠ブリュルは総じて「前論理（prélogique）」とも言い換える。こうした「前論理」概念は、いわゆる西洋的論理と比較されて使用されたものだろうか。この問いには否定的に答えたい。レヴィ゠ブリュル自身、論理というものに単純な二項対立で優劣を示すのが不可能なことに自覚的だ。加えて、論理と「前論理」を明確に分離すること自体が困難なことを彼は認めている。死後刊行の『手帖』（*Carnets*, 1949）で、「未開人のみに固有の心性」を認めることも、心性にもとづいて未開社会とその他の社会を根本的に区別することも、さらにはひとりの人間の頭脳の働きにおいてさえ論理と「前論理」とを分離することもできない、とレヴィ゠ブリュルは告白する。[80] 論理と「前論理」との区分不可能性にもとづけば、あらゆる人間に「前論理」的なものがみいだせると考えることもまた可能だ。レヴィ゠ブリュルも「前論理」的なもの、あるいは「神秘的」なものが必ずしも、いわゆる未開社会に限られた現象でないことを徐々に明らかにする。そしてレヴィ゠ブリュルは未開社会の神秘経験を分析していく。

キリスト教的文脈で神秘主義を語る際、神との合一経験が重要な要素であることはこれまでみてきた。その一方、未開社会でもある種の合一状態および混淆状態がある。それは一部族または一氏族内で、現地民がひとつのトーテムである動物や植物ないし聖霊と結ばれる状態である。これを指して、ひとがトーテム動物あるいはトーテム植物との「融即（participation）」状態にある、とレヴィ゠ブリュルは説明する。[81] この言葉はプラトンの「分有」概念の訳語だが、レヴィ゠ブリュルはマルブランシュ（一六三八〜一七一五年）経由でこの概念に触れていたと考えられている。[82]

仮に、西洋哲学のみならず西洋の諸文化を眺望するときに、「分有」が本質的概念のひとつだと言えるならば、西洋の本質的概念を念頭に置きつつ、レヴィ＝ブリュルは未開社会の分析を試みたと言える。その場合西洋的概念を強引に未開社会に当てはめたというよりも、むしろ「分有」概念あるいは「神秘的」という言葉の意味を、結果的には西洋社会とは別の文脈においてレヴィ＝ブリュルが拡張していったと言えないだろうか。その証拠に、未開社会における「神秘的」状態によりいっそう接近して取り組んだ以下の著作でも、あらゆる社会にみられる「神秘的」状態の普遍性をレヴィ＝ブリュルは探っている。

レヴィ＝ブリュルが「神秘的」という言葉を経験という尺度から論じることになるのが『未開人における神秘経験と象徴』（*L'expérience mystique et les symboles chez les primitifs*, 1938）においてだ。これまで同様に彼が眼前に据えるのは、いわゆる未開社会の事例である。『未開社会の思惟』では「知覚できない」諸力の存在を現地民が信じるさまが、「神秘的」と呼ばれていた。『未開人における神秘経験と象徴』では、神秘経験という言葉が指すものがより明確化される。

この著作で神秘経験とみなされるのは、「僥倖（chance）」「偶発時（accident）」あるいは「偶然の出来事（hasard）」との遭遇である。これらの事象は「奇異なもの（insolite）」あるいは「超自然的なもの（surnaturel）」と総称される。[83] というのもそれらが非日常的事象であるからだ。レヴィ＝ブリュルによれば、こうした事象が構成する神秘経験は、日常経験との対比においてその特徴が示される。これらの事象は日常生活において不吉なことの徴候になりえる。未知のものや新奇なものとの出会いは、現地民にとって恐怖を生む要因となるからだ。レヴィ＝ブリュルが挙げる例では、通常と異なる時間に鳴くニワトリや、日中にもかかわらず地表に這い出るモグラは、近親者が死ぬ徴候であり、魔術師が変装しているものだと考えられている。これらの例はいずれも、日常的に目撃される身近な動物や植物が非日常的な様子を見せる瞬間である。こうした瞬間との遭遇が、レヴィ＝ブリュルにとって神秘経験と呼ばれる。

　レヴィ＝ブリュルにおいて特徴的なのは、ニワトリの鳴き声が近親者の死へと結びつく現地民の思考回路の解明には向かわない点だ。むしろ彼が注目するのは、こうした神秘経験が日常的経験に対してもつ関係性である。フレデリック・ケックによれば、『未開人における神秘経験と象徴』の神秘経験とは、日常経験からの離脱の瞬間を意味する。この場合に日常経験は「記号制度」[84]の影響下にある。ここでケックが「記号」と呼ぶのは、不吉な結果を招く諸々の「奇異なもの」の徴候のことだ。日常に現れる非日常的徴候を目撃することが、レヴィ＝ブリュルにとっての神秘経験である。すなわち、それは非日常的な徴候を感じ取ることを通じて、日常的経験とは異なる経験が立ち現れてくる瞬間なのだ。経験のこの種の変容は、他の神秘主義研究者と同様に、レヴィ＝ブリュルにとってもあらゆる種類の病的状態とは区別される。それに加えて、彼は神秘経験を動物が有する経験と区別することを強調する。

　なぜ人間と動物との区別が必要なのか。それは神秘経験が人間社会固有の経験であることを示すためだ。たとえば動物も「奇異なもの」の出現を感じるが、動物には情動的反応しか生じない、とレヴィ＝ブリュルは言う。その一方で人間の反応には、知性的なものや社会的なものが含まれる。人間は受動的に「奇異なもの」に反応し恐怖するのではなく、多様な形でそれに対処しようと努力する。[85] レヴィ＝ブリュルにとって、こうした対処に向けた努力は道具発明や技術発展と地続きのものである。「奇異なもの」の出現において、動物たちが対象に張り付いたままなのに対して、人間にとってそれはあらゆる心的発展の契機となりえると彼はつけ加える。したがって、レヴィ＝ブリュルの論理にとって、神秘経験は「奇異なもの」との遭遇を意味するが、その遭遇は技術発展の誘因となるという視点が常に伴う。

物事がそれらのあり方とは別様になりえる。こうした考えは神秘経験からしか生まれなかっただろうし、この考えは、ホモ・ファベルの分節言語、社会制度、心的進展によって可能となる。[86]

世界が「別様に」なりえることを、つまり世界が新たなものへと変化しうることを、ひとは神秘経験を通して感じ取るのだ。レヴィ＝ブリュルにとって神秘経験とは、人間が社会内で非日常的な対象に遭遇したとき、その対象への対処に向け人間が知的努力をおこなうことまでも含む。こう語ることでレヴィ＝ブリュルは、神秘経験を特異的というよりも、むしろ社会が進展するうえで必須の経験として規定する。人間社会を、日常生活を維持することによる膠着状態から、別種の新たな進展へと開いていく経験を、レヴィ＝ブリュルは神秘経験と呼ぶ。神秘経験と日常的なものとの対照が生まれたときに、「決定的な一歩が踏み出された」と彼は語る。[87]

彼の研究は、一瞥しただけでは同時代の神秘主義論争から隔たっているようにもみえる。たしかにレヴィ＝ブリュルの領域は、これまで確認してきたものと趣を異にする。とはいえ、彼が神秘主義に見出したものは、他の先駆者たちが見出したものとけっして無関係ではない。いずれの場合も、神秘主義を精神の停滞として描くのではなく、むしろ精神のみならず人間そのものを賦活し、人間に本来的に備わった一能力として神秘主義を提示している。だからこそ社会が進展していくうえで必須の経験なのだ。上記の引用でも、ベルクソンも用いる人間の定義のひとつである「ホモ・ファベル（*homo faber*）」という表現が使用されていることが確認できるうえ、さらにレヴィ＝ブリュルが「分節言語」「社会制度」「心的進歩」という人間社会を構成する基本要素を神秘経験の条件として挙げていることがわかる。十九世紀に病として扱われていた神秘主義の姿はもうそこにはない。レヴィ＝ブリュルによって、神秘経験は普遍性を確保し、人間に不可欠の経験としての位置を与えられたのである。

以上、本節では、神秘主義研究がさかんだった二十世紀前半の各研究を概観することで、哲学者や思想家たちが、どのように神秘主義を思考していったのかを追った。研究全体の流れは直線的ではなく、紆余曲折を経ながら批判的に継承され、絶えず新たな局面をみせつつ進展していったことがわかる。おそらくこうした神秘主義研究の展開を要約的に語ることは難しい。その反面、特筆すべきは、神秘主義を媒介として繰り広げられた言説の多様性であり、そのつど形態を変化させていくようにみえる神秘主義の姿である。心理学者や哲学者や神学者が一様に神秘主義研究に没頭したのも、神秘主義のこうした柔軟な可塑性ゆえではないだろうか。もちろんこの点は、神秘主義が曖昧模糊としたものであると批判される原因でもある。とはいえ、神秘主義に対峙していった思想家たちは、それぞれ独自の方法で神秘主義を捉えようと試み、それぞれに固有の方法で、新たな思考を紡ぎ出していったことは本書でみたとおりである。より踏み込んで言えば、神秘主義への取組みが、結果的には彼らの思想形成にとって不可避のものとなっていたのだ。

ブロンデルが「神秘主義再生」と呼ぶような、こうした研究の隆盛にあって、ベルクソンはどのように自身の思索を築きあげていったのか。次節ではベルクソンが神秘主義へと接近し、独自の神秘主義解釈を展開していった軌道を追う。本節では神秘経験と言語との葛藤、ベルクソン哲学との類似性、社会における神秘主義の価値といった各論点を取り上げた。こうした論点は、ベルクソンが試行錯誤しつつ神秘主義へ接近するプロセスを追う次節においても、そして、彼の神秘主義解釈が全面的に展開される『二源泉』について論じる際にも、繰り返し論じる必要がある。そこでは、直接的影響関係が問われるのではなく、神秘主義という強烈な磁場のもと、同時代の哲学者たちとベルクソンが築き上げる多彩な光景を、眼にすることになるだろう。

第二節　ベルクソンにおける神秘主義との遭遇

本節では、『二源泉』に至る以前の段階で、ベルクソンがどのように神秘主義に関心を抱き始め、いかなる角度から神秘主義に対する考察を深めていったのかを確認する。

なぜ改めてこうした作業が必要なのか。なぜなら初期から中期にかけての主要著作『意識に直接与えられたものについての試論』(*Essai sur les données immédiates de la conscience*, 1889. 以下『試論』と略記)、『物質と記憶』、『笑い』(*Le rire*, 1900)、『創造的進化』には、神秘主義や神秘家への直接的言及はみられず、したがって生前刊行された著作のみでは、神秘主義へ接近の歩みを理解することが難しいからだ。とくに『二源泉』が執筆される前段階では『創造的進化』以降、論文集『精神のエネルギー』(*L'énergie spirituelle*, 1919) を除いて、二十五年ものあいだ著作は出版されていない。また『精神のエネルギー』にも神秘主義という言葉は記されていない。

その一方で、死後刊行資料からは、ベルクソンによる神秘主義へのさまざまな言及が発見できる。主要著作を次々刊行する舞台裏で、ベルクソンが次第に神秘主義に傾倒していく過程を具体的にみていきたい。とはいえ、ベルクソンが神秘主義に取り組み、そこにみいだしていった問題は、主要著作でも展開された、物質から独立する精神、内的経験と言語との軋轢、そして運動の単純さの顕現といった、ベルクソン哲学の主要テーマである。つまり、ここで扱う資料によって、改めてベルクソンが主著で展開した思考を裏打ちすることを目指す。まずはベルクソンによる神秘主義に関する語彙の使用についてみていきたい。

一　初期ベルクソンにおける「神秘主義」と「心身並行論と実証形而上学」

神秘家への言及は、たとえばクレルモン＝フェランのリセ教授時代の一八八七年から一八八八年にかけての「形而上学講義」にみられる。ベルクソンは講義内で神について論じ、そこで「神秘家」という言葉が発せられるが、これは教育的立場における言及といえる。人間の人格とは異なりながらも神は人格を有しているのだが、神を一人格に限定することを恐れた観念論者や神秘家がこれを否定した、と述べられる[88]。この時期の神秘家への言及は限られたものであり、哲学史における事実を講義において確認しているにすぎないと言える。こうした消極的な言及を、後年展開される彼の神秘主義解釈への嚆矢とみなすことは難しい。その一方で神に関する考察はさまざまな角度からおこなわれる。

物質の諸関係により世界を説明する世界像ではなく、ライプニッツに代表される唯心論的世界像のなかで、ひとは神という結論にたどり着くと、ベルクソンは説く。つまり、単なる物質の連なりではなく、それを組織し統合する魂が必須であり、あらゆる被造物を超えたひとつの存在を措定する必要があると、ベルクソンは言う。さらに、人間が自由であるのは、神の内なる創造の力をわれわれはわずかであるが所有しているからだと述べられる[89]。じつをいえば、唯心論の系譜にベルクソンも属すとみなされる傾向が多く、のちの『二源泉』での神をめぐる思考を先取りする議論、つまり人格性、自由、創造といった概念が、この時点ですでに触れられていることがわかる。しかし、こうした言及は神についての唯心論的解釈を最良とみなすよりも、講義の流れで複数の説を並置しているにすぎない。ベルクソンは唯物論と唯心論を説明したのちに、両者のあいだには汎神論がある、といろいろな説を網羅的に教えることに努めている。「あらゆる世紀の最も卓説したひとびとを味方につけている」[90]とベルクソン自身がここで形容する唯心論的神解釈も、あくまで一学説としてここで提示される。ベルクソンが神秘主義、そして宗教の経験のなかに重要性を見出すのは、ジェイムズの『諸相』との邂逅を待たねばならない。

同じく講義において神秘家が言及される箇所をもうひとつみてみよう。クレルモン＝フェランのリセののちに勤めたアンリ四世校時代に、「マルブランシュ」と題された講義で、「神秘主義的」や「神秘主義」という言葉が使用される。[91]講義では、マルブランシュはデカルトを神秘主義的方向において解釈したと語られる。この解釈とは、デカルトが唱えた心身の結合の要因をマルブランシュは神に求めた、ということを意味する。ベルクソンによれば、マルブランシュは心身をめぐるデカルトの論理に不満を覚え、そして、霊魂と身体との結合および霊魂から肉体への影響が、自然のうちでは説明不可能であるがゆえに、神の介入によってこそ心身の相互作用が確立されると考えた。じつのところマルブランシュ自身は、心身の結節点においてプラトンの「分有」概念を援用する。[92]講義録ではベルクソンによる「分有」について言及は確認できない。いずれにせよ、レヴィ＝ブリュルやベルクソンの視点を通してマルブランシュを注視した場合、マルブランシュの論理はフランスの神秘主義研究においてひとつの重要な起点をなしており、またベルクソンの哲学形成の揺籃期ともいえる時代に、今後ベルクソン自身何度も立ち返る心身問題への応答として神秘主義の名が刻まれていることは、『二源泉』での展開を考えるうえで無視できないものだ。

とはいえ、「形而上学講義」やマルブランシュ講義で用いられる神秘主義という表現からは、ベルクソン自身がどれほど神秘主義というテーマに関心を向けていたのか判断するのは難しい。その一方で、アンリ・グイエによれば、ベルクソンと神秘主義との対峙が決定的となった日が存在する。

グイエによれば、ベルクソンにとって転換点となったのは、一九〇一年五月二日のフランス哲学会での講演「心身並行論と実証形而上学」後におこなわれた討議である。[93] とはいえ講演は、神秘主義が中心を占めるわけではない。講演タイトルの通り、心身並行論と形而上学との関係が検討されている。では、神秘主義に触れられる討議のやり取りをみるまえに、まずはベルクソンが掲げた各命題と、ベルクソンが形而上学の名で呼ぶ思考法について確認しよう。というのも、神秘主義についてのベルクソンの発言は、この講演に向けて出席者から発せられた質問がきっかけとなっているからである。

講演でベルクソンは、心身並行論に否定的見解を述べる。第一に、並行論は厳密ではなく、並行論の精度を上げるためには「経験」による検証が必要だと主張される。続けて、こうした「経験」にもとづいた「経験的探究（recherche empirique）」は、思考と身体的条件の隔たりを計測し、思考する人間と生きる人間との関係、すなわち「生命の意味（*signification de la vie*）」を明らかにすると語られる。そして、この「生命の意味」が「経験的に」規定されることになれば、「実証的形而上学（métaphysique *positive*）」が可能になる、とベルクソンは説く。思考の側にも物質の側にも傾倒することなく両者のあいだの距離を把握することで、意識が身体的条件からどのように解放されているのかを示す形而上学が可能になる、というのが彼の説である。[94]

ベルクソンは、心身という二つの極において、内的にしか把握されないものとしての精神と、外部から観察されるものとしての身体をまず区別し、両者間に並行関係を認めない。ベルクソンにとって、この区別は根源的である。『物質と記憶』はこの区別に立脚して論が展開され、このフランス哲学会の講演においても、記憶をめぐって『物質と記憶』の内容を再度取り上げつつ論が進められる。

心身並行論をあつかうにあたって、身体と精神を理解するために、『物質と記憶』と同様に、両者の極に置くものをベルクソンは限定する。身体の側には高度な複雑性を有する言語機能を司る脳、精神の側には最も単純化された単語の記憶、これらがベルクソンにとって心身並行論を論じるための二極となる。精神がなぜ単語の記憶によって代表されるのかといえば、ベルクソンは思考を精神における高次の能力と考えており、思考の最小単位として単語の記憶がここに置かれている。単語の記憶という思考の状態から脳という身体の部分を眺めてみると、思考は脳内の現象に「おおよそ」触れながらも、それでも隔たりが存在する、とベルクソンは述べる。[95] 要するに、ベルクソンにとって物理的身体と精神との関係は、「結合（*attachement*）と分離（*détachement*）」[96] とのあいだを揺れ動いており、どちらにも固定されない。脳内の事象に動機づけられる精神的事象もあれば、そこからは自由な精神的事象もあるというのが、観察によってえられたベルクソンにとっての事実だ。哲学者が専念すべきなのは、「結合と分離」のあいだに身を置き、精神と身体とが接続される瞬間を明確にし、反対にどの瞬間で精神は身体から解放されるのかを考究することだ。この精神の解放の地点を探索することが、

「生命の意味」だとベルクソンは告げる。[97]

この講演で以上のように提示される「実証形而上学」の特徴を、今度は少し角度を変えながら確認しよう。実証科学との比較を通じて形而上学の方向性が示されるこの講演と同時期の一九〇三年に発表された論文「形而上学序説」に触れておきたい。そこでベルクソンは、実証科学は対象そのものを扱うのではなく対象が還元された諸々の「シンボル」にもとづいて構築される学である一方、形而上学は「シンボル」なしにすませる学だ、と説く。[98]別言すれば、実証科学は、実在そのものではなくア・プリオリな概念により対象を捉える方法であり、それに対して形而上学は、対象の動きや持続そのものを直観によって把握する方法である。ここでも形而上学は、実在の推移に身を置き判断を下すのである。

だが、この主張は、実証科学を排除し形而上学的方法だけを採用すべきだということを意味しない。というのも、形而上学にも概念は必要だとベルクソンは語るからだ。肝心なのは、ア・プリオリに規定されている概念から出発するのではなく、まずは実在に身を置く努力を果たし、そこから、「それがまだ概念かどうか言うことのできない概念」をつくることだ、と告げられる。[99]実在から概念へと降りていく際に必要なのが、実在と概念との適正な対応を正確に見極めることである。そして、物質に寄り添う科学的思考から、実在に寄り添う思考へと移行していくことこそベルクソンにとっての形而上学である、とさしあたって言えるだろう。[100]

この観点に立てば、講演「心身並行論と実証形而上学」における「実証的形而上学」が意味するのは、科学的に検証可能な形而上学という意味ではなく、実在を蓋然的に把握する形而上学だということとを了解できるだろう。ベルクソンにおける実証性は、まさにこの蓋然性と不可分な関係にある。実在の経験的把握とは、既成概念を実在に当てはめることで思考を完結させることではなく、その実在のあるべき姿、つまり実在の運動状態における把握であり、その持続において暫定的に把握し、場合によっては修正を施す方法のことだ。ベルクソン哲学において、実在は不変な何かではなく、生成しつづけるものであり、それゆえに絶えざる接触が要求されるのだ。そしてベルクソンは蓋然性を付与する具体的な方法について語っているが、それについては次章で確認する。

実証的形而上学の射程をここでわれわれは概観したのだが、じつはベルクソンはこの講演で心身並行論をめぐって、はっきりしたかたちの結論を述べていないように思われる。すでにみたように、講演冒頭で心身並行論は否定されるものの、最終的には新たな形而上学の兆しが提示され論が閉じられる。ベルクソン自身、「私のできることは、私の研究が私を導いてくれた暫定的結論を短い言葉であなた方に向けて要約することです。この暫定的結論はあまりに漠然としており、充分に新しいものはあなた方に何も教えません[101]」と告白する。だとすれば、当講演でベルクソンは心身論に最終解決をもたらそうと試みたのではなく、彼にとっての思索手段である実証的形而上学の確立を望んだのだと考えるべきである。

彼の論証に対して、討議で意見が交わされ、討議の要のひとつとなったのが、「生命の意味」とベルクソンが呼ぶ形而上学の展望についてだ。出席者である哲学者ギュスターヴ・ブロ(一八五九～一九二九年)は、ベルクソンへ強い懐疑を呈した。じつのところ、ベルクソンが最初に示した諸命題にブロが反論を述べ、さらにそれに向けてベルクソンが再度説明を加えるかたちで講演は進んだのだが、その説明に対してブロは以下のように述べた。

現実ではすべてが混淆していかなる排除も可能でないという点、思考に対して生命が犠牲になる、もしくは生命に対して思考が犠牲になるのは不合理である点、いずれも私はまったく疎かにしておりません。しかしながら、もし行動の可能な諸方向を峻別して、彼［ベルクソン］が要請し望むように、「生命の意味」について意見を述べることが可能であるならば、対立し合う諸方向のひとつを本質的なものとみなし、他の方向を、前者を取り巻く現実的な単なる条件とみなすことから着手せねばなりません。［……］いずれにせよもし生命の意味について語るなら、生命についての対立し合うさまざまな解釈を、無分別に放っておくことも、等しく区別のなく有効なものとして同一平面に置くことも不可能です。[102]

身体と思考が「結合と分離」を繰り返しつつ存続することが「生命の意味」だというベルクソンの発言を、ブロは是認できない。ブロの立場は、現実には混淆し合っていても、理論化する際には混淆を放置すべきでなく、対立し合う異なる方向性を「生命の意味」というひとつの範疇に回収することは不可能だというものだ。しかし、ベルクソン哲学における持続の立場をとれば、生命の流れが時間に沿って、あるときは一方に傾き、またあるときは他方に傾くことは、決して矛盾ではない。ベルクソンの発言からも確認したように、そうした相反し合う方向性の混在こそがひとつの経験として出現するのだ。むしろ、心身並行論ないしその反対の立場を概念化し、その概念に依存することこそ、べルクソンが批判するものだ。既述のように、経験を介して心身の距離を手探りで測り、適宜その距離に合致する概念を生み出すことこそが、「経験の導きの糸」[103]をたどることで可能となる「真の経験論」[104]なのだ。そして、この「生命の意味」について、哲学者エドゥアール・ル・ロワから改めて質問が発せられる。そこでル・ロワは形而上学と神秘家の方法との類似に触れる。

ベルクソン氏に「生命の意味」について語っていただきました。[……]ところで、生命を共同的生命、実践的生命、肉体的生命と解釈することが、ベルクソン氏の思考をまさに理解することになるのでしょうか。もしそうならば、内的生命、精神的生命を考察することがまだ残されているでしょう。形而上学は生命から独立したものでも生命を超越したものでもありません。なぜなら、ひとは生命を知識に生気を与えるものと定義できるでしょうから。形而上学の第一段階で、日常生活の営みが思考に与える制限からの解放をひとは目指します。いわば、ここに神秘家の「浄化の道」と似たものがあります。しかし、この第一段階に第二段階が続きます。「浄化の道」ののちに「照明の道」があります。ベルクソン氏が語った方法は、それゆえ準備にすぎません。[105]

ル・ロワは形而上学と生命との結びつきを強調しつつも、形而上学における日常生活的思考からの解放を説く。そこで言及されるのが「浄化の道（*via purgativa*）」と「照明の道（*via illuminativa*）」だ。これらの表現は、ボナヴェントゥラ（一二二一〜七四年）が著書『三様の道について』（*De triplici via*, 1259）内で説いた、神へと至る三つの段階のうち一つ目と二つ目の段階の名称である。[106]「浄化の道」

と「照明の道」を経て「完徳の道（*via perfectiva*）」へと至ることでひとは神と対面すると説明されている。

ル・ロワの解釈に対してベルクソンは、「生命（vie）」という言葉の意味はあくまで「生理的生命（vie physiologique）」であり、これを「生命の意味」という言葉で語っているにすぎないと告げて、いったんル・ロワへの返答を保留する。たしかにベルクソンが「生命の意味」という言葉で表現しようとしたのは、ル・ロワの語るような、「日常生活の営みが思考に与える制限からの解放」ではなく、まさしく日常の営みに現れる心身関係を動的に捉える、つまり心身関係の「結合と分離」を捉える作業である。後年、より広い範疇における「生命」にもとづいて哲学を展開させていくベルクソンをみたあとでは、ル・ロワとベルクソンはここで不幸なすれ違いを起こしているようにみえる。そしてここで、ベルクソンは印象的な表現も用いてル・ロワに返答する。

> あなたは神秘家について語りました。もし神秘主義を（現在でもひとは依然としてそうしているように）実証科学への反動と解するならば、私が擁護する学説は徹底して神秘主義への抗議です。というのも、この学説は形而上学と科学とのあいだの（カント以来断絶した）要点を回復しようと目論むからです。［……］もし仮に神秘主義を内なる深遠な生命へのある種の呼びかけと解するなら、その場合はあらゆる哲学は神秘主義的なものでしょう。[107]

グイエいわく、ベルクソンが初めて神秘主義に関心を向けた瞬間である。すでに見たように、ベルクソンは講義で神秘主義には何度か言及していた。だが、自分に突きつけられたものとして神秘主義と対峙したのがこの瞬間であるとグイエは考えている。

　まずベルクソンはここで、神秘主義について直接的な価値判断を下していない。神秘主義を「実証科学への反動」だとみなす視点も、「内なる深遠な生命へのある種の呼びかけ（un certain appel à la vie intérieure et profonde）」だとみなす視点も、両者ともに「もし」という仮定からわかるように、あくまで仮説的にベルクソンによって述べられたものだ。両主張ともにベルクソンは判断保留の状態に置いている。さらに、「もし仮に神秘主義を内なる深遠な生命へのある種の呼びかけと解するなら、その場合はあらゆる哲学は神秘主義的なものでしょう」という主張を、ベルクソンによる哲学の包括的定義として強調することも勇み足だろう。というのも、即座にル・ロワによって、「あらゆる哲学が神秘主義的だというのは、権利的に認められても事実としては認められない」と否定されるにもかかわらず、ベルクソンはその点にこだわって反駁することもなく、議論は別の点へと移行していくからだ。108

　以上の点からわかるように、ここで神秘主義という語に触れながらも、ベルクソンは本質的な議論を展開しているわけではない。ここでベルクソンは神秘主義に接近しながらも、決定的な合流を果たしたとまでは言い切れない。

　にもかかわらず、討議においてベルクソンが、神秘主義が「内なる深遠な生命への呼びかけ」である可能性を示唆し、あらゆる哲学を「神秘主義的なもの」と形容したことは、『二源泉』を論じるうえできわめて重要な事実である。たとえば、単語レベルでみれば、「生命」や「呼びかけ」という語が使用されていることがわかる。おそらく、フランス哲学会でベルクソンが用いた「呼びかけ」という語も、「内なる深遠な生命」を召喚するものとして用いられていると推察できる。「呼びかけ」が、『二源泉』でどのように神秘主義論でベルクソンによって用いられるかは、本書第三章で踏み込んで検討したい。少なくともここには、『二源泉』の神秘主義論の予兆を読み込むことができる。

同様に着目すべきは、神秘主義という語がベルクソンに投げかけられた文脈である。つまりこのフランス哲学会の論点は、宗教や神学をめぐるものではなく、哲学における古典問題ともいえる心身並行論である。ベルクソンはそこで、ア・プリオリに並行論を認めるのではなく、経験による心身の隔たりを測ることを主張した。結果、その主張に向けて神秘主義という言葉がル・ロワから発せられた。フランス哲学会で是非が問われていた「身体」と「思考」との並行論は、「身体」と「精神」とのベルクソン的二元論へとかたちを変えながら、ベルクソンの生涯を通じて何度も変奏され、ベルクソンの哲学の根幹をなしていく。もちろん『二源泉』に至ってもそれは同様であり、『二源泉』でも二元論の乗り越えをめぐって「経験」が焦点化され、「経験」がベルクソンにおける神秘主義論の中心となる。

以上のように、複数の問題系が絡む神秘主義という問いが、ル・ロワからベルクソンに投げかけられたのだった。この講演に話を限定すれば、ベルクソン自らが自発的に神秘主義という問いに向き合ったわけではない。だが、哲学的考究の場を共有するル・ロワから放たれた神秘主義をめぐる問いが、これ以後、ベルクソンの思考の内部に場所を占めていったことは確かだ。いわば、ベルクソンにとっては、非意志的で受動的な問いである。神秘主義論として実を結ぶひとつの種が、このようにベルクソンのうちに蒔かれたのである。この種は、その後同時代の神秘主義研究の勢いのそばで、ときに間接的に、そしてときに直接的に育まれていった。

二　同時代の神秘主義研究との接触、およびトンケデクへの反駁

もしル・ロワの質問が、グイエの指摘のように、ベルクソンにとっての神秘主義との決定的な出会いでないならば、はたしてどの時点でベルクソンにとって神秘主義への扉が開かれたと考えるべきか。この点を見極めるために、同時代の神秘主義研究者たちとの交流に触れたい。ジェイムズの『諸相』は、フランス哲学会でのベルクソンの講演の翌年出版される。ベルクソンはジェイムズ本人からこの著作を送付され、一九〇三年一月六日にジェイムズへ書簡を送っている。書簡によれば、ベルクソンはこの著作を広く宗教感情を扱ったものとして読みながら、とりわけジェイムズが合一経験について述べた部分に着目している様子がうかがえる。そしてベルクソンの言葉遣いは、一九〇一年の講演とは大変異なったものである。

送ってくださいましたご高著——『宗教的経験の諸相』——をいままさに読了し、この読書から得た深い感銘をお伝えしたいと思います。少なくとも十日前に読み始めましたが、ご高著にあまりにも心を奪われ、このように言うのをお許しいただければ終始情熱的であったので、読み始めてから他のことを考えられませんでした。あなたは宗教的感動の真髄そのものの抽出に成功した

と思われます。たしかに、この感動というのは独特の喜びであると同時に高次の力との合一の意識でしょう。とはいえ、この喜びとこの合一の性質はいかなるものでしょう。これは分析することも表現することもできないように思えます。ですが、一致についての諸印象の連続を、この諸印象は読者の時間のなかで衝突し合うと同時に混じり合うものですが、これを読者に与えるという極めて斬新な方法によって、あなたは分析し、表現しました。[109]

もともとベルクソンは、ジェイムズの哲学に親近感を覚えていた。ここでも、返礼の書簡であることは差し引いても、ジェイムズの著作に魅了された様がうかがえる。何がベルクソンを捉えたのか。先述のように、ジェイムズは、合一経験の対象を日常感覚とは別次元にある「さらなるもの」と名指していた。ここではベルクソンはこれを「高次の力（puissance supérieure）」と言い換えながら、合一経験の性質を「独特の喜び（joie *sui generis*）」の状態だと言う。宗教的感情を「喜び」とみなすこと自体は、取り立てて特別ではなく、古今の宗教家の記述や宗教研究者の指摘をみれば、宗教的経験で「喜び」が感じられることは稀ではない。しかし、ベルクソンにとって「喜び」は単なる諸感情のひとつに収まらない。『試論』内の記述をみてみよう。

喜びや悲しみの強度の増大が何によるものかを解明してみよう［……］。最終的に、極限の喜びのなかで、われわれの知覚と記憶は、熱や光に比される、定義できない質を獲得する。この質は大変新奇なものであるあまり、ときにわれわれは自分自身を振り返り、この質を、存在することの驚きとして体験することになる。[110]

『試論』は、生理学的感覚の諸状態を丹念に掘り下げ分析した著作であり、「喜び」もひとつの分析対象だった。ここで「喜び」は「存在することの驚き（étonnement d'être）」の「体験」だと説明される。この記述に注目したい。なぜなら、ベルクソンにとって「驚愕」が彼のうちに訪れる瞬間とは、重要な哲学的契機なのだ。たとえばベルクソンは持続を発見したとき、「驚き」を感じたと語っている。

高等師範学校を出た後、ベルクソンはハーバート・スペンサー（一八二〇～一九〇三年）の哲学と格闘しながら、諸々の科学的概念を検討していた。そして、時間の概念に取り掛かったとき、「大きな驚きを伴って（à mon grand étonnement）」、科学的時間が持続しないことに気がついたと語っている。[111]この「驚き」は別の箇所でも強調される。自らの哲学的方法についてつまびらかに述べた一九二二年の論考「序論」内でも、「このようにしてわれわれは時間の観念のまえに導かれた。そこには、ある驚き（surprise）がわれわれを待っていた[112]」と述べ、持続を発見した「驚き」を打ち明ける。[113]加えて、ベルクソンは、「驚き」を出発点にして、持続を欠いた「科学的時間」の考察を『試論』で要約的に記述したと述べる。[114]このように、ベルクソンにとって「驚き」を伴う発見は、彼の哲学を発展させる重要な契機なのだ。したがって、ジェイムズの著作を通じて宗教経験のうちに見出された、驚きを惹起する喜びについてベルクソンが語っているという事実は軽視できない。宗教という問題がベルクソンのなかで明らかに比重を増していったと言える。マリー・カリウも、ジェイムズの著作にある種ベルクソンが「熱狂」し、ベルクソンが神秘主義を熟考するきっかけとなったことを強調している。[115]『諸相』の読書を通じて受けとった「極限の喜び」への共鳴によって、ベルクソンは宗教経験を「驚き」をもって発見したのである。そして宗教をめぐる問いへのベルクソンからの応答が、一九〇七年に刊行された『創造的進化』のある箇所に刻まれる。そこでは、「高次の力」とベルクソンが理解していたものは、明確に「神」として記されることになる。

『創造的進化』は、多彩なテーマに焦点が当てられる著作だが、主軸となるのは生物進化である。著作では、目的に沿って生命体が組織されると考える目的論も、さまざまな変化の綜合によって生命体ができあがると考える機械論も、生物進化の謎を解明するものではないとベルクソンは訴える。では、ベルクソンが考える生物進化、あるいは生命の姿とはいかなるものか。ベルクソンの生命観に立てば、生命という自由な創造性の流れは、それがじっさいの生物となるには、いくぶん自由という性質を失う必要がある。ベルクソンは、本来的に備えている性質を失いつつ物質のなかを通過する生命の流れを、「自ら解体される創造的動作（*geste créateur qui se défait*）」[116]と呼んでいる。このように生命をひとつの力として、あるいは自由で創造的な流出としてベルクソンは思考する。

そして、ベルクソンはこうした生命が無から誕生したとは考えない。その代わりに彼は、ひとつの生命の根源を措定する。ベルクソンはその根源を説明する際に、「神」という言葉を使用する。この表現が用いられる文脈をみてみよう。ベルクソンは少し遠回しな言葉遣いで、慎重に、われわれの世界とは異なるさまざまな他の世界で、われわれの世界と類似する創造がおこなわれていると語りつつ、「神」について言及する。

もし、自己解体するのであれ自己を再び作るのであれ、いたるところで同種の作用が実現されるのであれば、膨大な放射状の束の噴射のように諸々の世界が湧出する中心を語ることで、私はこのもっともらしい類似を簡単に表現できる。——ただし、私がこの中心を事物ではなく湧出の連続としてみなす場合である。このように定義される神は、いかなる出来合いのものももっていない。つまり、この神は絶え間ない生命であり、行為であり、自由である。このように考えられた創造は謎めいたものではなく、われわれが自由に行動するやいなや、われわれにおいて経験するものである。[117]

この箇所でベルクソンは、神に世界の創造の中心として一応の定義を与える。「湧出の連続」「絶え間ない生命」「行為」「自由」という言葉を列挙し、ベルクソンは神を「事物」ではなく、ひとつの運動として積極的に規定しようとする。というのも、さまざまな運動が行き来するための不動の背景としての神、つまりベルクソンが「アリストテレスの神[118]」と呼ぶものから区別するために、ベルクソンは神が運動に他ならないことを強調したのだ。したがって、『創造的進化』における神を端的に言い表せば、生命が創造的に湧き上がる運動そのものである。ベルクソンのこうした解釈をみればわかるように、ベルクソンの神は生命の根源であって、ここではいわゆる宗教教義の次元において語られてはない。別言すれば、むしろ神および宗教も、生命との関連から考究されるべきだとベルクソンは表明しているのだ。

しかし、ベルクソンの見解は、即座に批判に晒された。批判を展開したのは、主にカトリックの神学者たちだったが、批判の原因はきわめて多重的である。まず、理性の代わりに内的感覚や偶然性、あるいは生そのものを哲学の本質に定める「新哲学」を神学者たちが攻撃していた時代状況が挙げられる。[119]「新哲学」と呼ばれたのはベルクソンだけではなく、ポワンカレ（一八五四〜一九一二年）やピエール・デュエム（一八六一〜一九一六年）、ル・ロワやアルフレッド・ロワジー（一八五七〜一九四〇年）など、科学哲学者や神学者なども含まれた。つまり、ベルクソンだけがカトリック勢力の攻撃の矢面に立たされたのではない。ただし、『創造的進化』の出版は決定的だったという指摘もある。クリスティーヌ・バーカー・オクポベの見解によれば、カトリック神学者たちは、彼らが慎重を期して語る自由や心身の合一や創造の問題について、『試論』や『物質と記憶』は唯物論の方向へひとびとを導いていると感じていた。そして、彼らの眼には矛盾に映る、神的「創造」と科学的「進化」を結合させる『創造的進化』の上梓に至って、カトリック神学者たちはベルクソンに批判を集中させた。[120]こうしたカトリック神学者たちからの非難によって、最終的にベルクソンの三著『試論』『物質と記憶』『創造的進化』は禁書目録に入れられた。[121]

こうした批判を積極的に繰り広げたひとりが、イエズス会士ジョゼフ・ド・トンケデク（一八六八〜一九六二年）である。トンケデクの批判を要約すると、ベルクソンは神を世界に内在する存在と考えており、その結果、神と人間とのあいだに連続性を認めてしまっている、というものだ。[122]トンケデクはベルクソンの考えを以下のように形容する。

創造に関しては、ベルクソン氏は創造を天上から地上へ、超越的なものから内在的なものへ帰着させることに専念している。彼は、たえず自己創造するものとの関係から創造を定義し、創造をおこなう者との関係からは定義をしない。これを読めば、創造は完全にわれわれの世界に属しており、天界とはなんの関係もないとひとびとは言うだろう。[123]

トンケデクにとって、あくまでも創造は超越的存在である神が司る。そうした彼にとって、自律的に創造がおこなわれると考えるベルクソンの見解は看過できない。自律的に創造がなされるのであれば、創造の原因としての神は不要だからだ。

トンケデクが考える神と、ベルクソンが考える神との違いを確認しておこう。なぜなら、ベルクソンが『創造的進化』で思考した神の性質は、『二源泉』で神が語られる際も受け継がれているからである。まず、トンケデクはベルクソンの創造という概念を取り逃がしているように思われる。トンケデクの言うように、ベルクソンのなかで創造する神が創造される世界に属するという関係が築かれていたとしても、そこには、生み出すものと生み出されたものといった原因と結果の関係があるわけではない。

先に引用した『創造的進化』内の記述で、「神」を「事物ではなく湧出の連続」とベルクソンが述べていたことをいま一度思い起こそう。また別の箇所で、「習慣的におこなうように、また悟性がそうせざるをえないように、創造されるだろう事物と創造する事物のことを考えると、創造概念のすべては不明瞭になる」[124]とも彼は語る。要するに、ベルクソンにとって創造は、創造するものと創造されるものとのあいだのなんらかの作用を意味しない。ベルクソンにとっての創造を理解するためには、創造と切り離せない「持続」概念とともに理解すべきであり、彼自身、「したがって、宇宙の持続は、そこに居場所をみつけた創造の自由さと一体になっているだろう」[125]と述べる。

［……］もしそれで、同じ結果を同じ原因につなぐ因果律を呼び起こすとしても、それでもわれわれは常に純粋持続に身を置く。純粋持続の各瞬間は互いに内的かつ異質的であり、そこではひとつの原因が結果を生むことはできないだろう。なぜなら、原因自体が繰り返されることがないからである。[126]

ベルクソンの持続とは、きわめて単純に言えば、諸瞬間が続々と立ち現れて内的に結びつきながら、それでも各瞬間の「異質性（hétérogénéité）」が保たれる状態を指す。それゆえ、ある瞬間は次の瞬間の生成を保証するものでも、次の瞬間の構成を決定するものでもなく、それゆえ各瞬間は独立性、ないし各瞬間の革新性を保持する。こうした持続が、創造の根幹にある。つまりベルクソンが神を「湧出の連続」や「絶え間ない生命」と形容するのは、神が織りなす創造は、トンケデクの考えるような原因と結果により構成されるのではなく、創造それ自体が途切れることなく各瞬間に質を変化せていくことだからである。だからこそ、神は事物のように静止したものではなく、反対に「行為」や「自由」としてベルクソンの前に現れるのだ。

三　神秘家という人、道徳という運動

だが、『創造的進化』刊行の一九〇七年の時点では、ベルクソンは神についての言及をこれ以上進めることはなく、集中的に神を論じる理論を築くこともしていない。彼にとって神の存在がより差し迫った問題として意識されたのは、おそらくトンケデクからの批判を受けた後からだ。ベルクソンはトンケデクの批判に反論し、神と創造との関係については議論の余地があると訴える書簡を、トンケデク宛に送っている[127]。そこでベルクソンは、一元論も汎神論も提唱していないと主張しつつ、新たな種類の問題に取り組まなければならないことを告げる。

しかし、この結論をよりいっそう明確にし、それについてさらに論じるためには、まったく別種の問題に着手せねばならないでしょう。それは道徳の問題です。この主題について、いつの日かわずかなものを公表できるのか確証がありません。それができるのは、私の他の研究同様に証明可能、ないしは「提示可能」な帰結に至ったときだけでしょう[128]。

トンケデクからの批判が「道徳」という新たな課題をはっきりと打ち出したことを示す、重要な文面である。ではこの道徳を、ベルクソンはどのような手がかりをもとに探究しようと考えたのだろうか。

後年ベルクソンは、一九〇八年頃から神秘家自身の著作を読み始めたと告白するが、これはちょう

どトンケデクの批判の時期と重なる。[129]道徳に関して、神秘家に注目するベルクソンの姿勢は、一見すると反時代的なものにも思われる。総じて第三共和政における道徳は、完全に分離されないにせよ、宗教から一定の距離を保つように次第に変化していったと考えられる。[130]とはいえ、宗教の影響力の低下と反比例するかのように宗教家たちが新たな活路を探り、神秘家の研究についても、第一節で確認したとおりさかんになった点をふまえれば、ベルクソンが神秘家に接近していったのは、時代と呼応する思考であると言える。

そして、ベルクソンが公の場で神秘主義について語る機会を得る。一九〇九年に道徳政治学アカデミーで、ドラクロワの『神秘主義の歴史と心理学研究：キリスト教大神秘家たち』について、ベルクソンによる短い報告がおこなわれる。ドラクロワが指摘する神秘家の創造的側面、あるいは偉大な神秘家においては観相と行為とが対立しない点などが指摘され、ドラクロワの心理学的方法が高く評価される。さらにベルクソンが関心を寄せるのが、神秘家同士の類似性である。時代や場所を異にしながら、神秘家たちは本質的な類似をみせているとベルクソンが述べる。

このように神秘主義は、ある方向性におけるいくつかの魂のある種の運動として現れる。つまり、この運動が多少なりとも遠くに推し進められると、その停止点がいくぶんかはっきり目立った形になる。しかしその方向性は、運動そのものの一般的側面と同じように、一貫したままである。[131]

ベルクソンはここで、神秘主義をひとつの方向性をもつ運動として言い表す。ベルクソンがここで言いたいのは、各神秘家に着目した場合、彼らは停止点のようにみえるかもしれないが、それらを貫き神秘主義がひとつの運動となっている、ということだ。

この表現は、ベルクソンがたびたびおこなう、「飛んでいる矢は止まっている」というゼノンのパラドックスに対する批判を思わせる。飛ぶ矢の運動は直線で表すことが可能であり、直線は理論上無限の点に分割できるのであるから、矢は無限の点を通過しなければならず、したがって矢は目標に到達することができない、というのがゼノンのパラドックスである。これに対してベルクソンは各主著で批判をおこなった。運動が無限の点に分割可能だとしても、それらの点は運動とはまったく性質が異なるものであり、あくまでも運動は妨げられない、というのがベルクソンの主張である。ゼノンのパラドックスへの反論は、ベルクソン哲学における運動の特性を端的に示すものであり、ベルクソン哲学を基礎づける思考である。この点に立てば、このドラクロワの著作への報告においてベルクソンは、神秘主義を自らの哲学によって解読していることになる。『創造的進化』で直面した神の問題への直接的な回答はいまだみることはできないが、ベルクソンによる神秘主義への歩みをここに読むことができる。

このように徐々に神秘家への関心を強めていったベルクソンは、一九一〇年三月三十一日のジェイムズ宛の手紙で、ある告白をおこなう。ベルクソンはジェイムズの「神秘主義についての提言」という論文を評価しつつ、ベルクソン自身におけるある経験について語る。

神秘主義に関するあなたの論文は、多くの考察と新たなる研究の起点となると確信しています。

私自身はこれまでに露呈を経験したかどうか確証がありません。ですが、以下の事象においてこの種のものがあったかもしれません。この事象は何度か（というより稀に）夢のなかで私に起こったことです。私は壮大な光景を目撃したと思っています。――それはたいてい強烈な色彩を伴う風景であり、それを通って私は全速力で旅をし、またそれがきわめて深い現実の印象を与えるあまり、目覚めてしばらくそれが単なる夢だったとは信じられませんでした。ところが、夢が続いていると思われた大変短い時間（長くとも二、三秒）に危険な経験をしている最中であり、それを引き伸ばしてその続きをみるのも私次第であるが、何かが私のなかで徐々に緊張し膨張していき、目覚めの際にそれを整理しなければ最後には炸裂するだろうという、はっきりした感覚をいつももっていました。目覚めたとき、このような夢が中断されたのをみたという後悔と、私がそれを中断するよう欲したとても鮮明な感覚とを同時にもっていました。この経験が役立つもののために、あなたにこの経験を提供します。この経験は、あなたが知るそのほかの経験と、なんらかの関係があるかもしれません。[132]

ここで「露呈（*uncovering*）」と呼ばれるのは、ジェイムズの論文「神秘主義についての提言」で語られた、現実が一挙に開示される感覚を指す。[133] またこのジェイムズの論文では夢に関する議論があることから、単に論文の内容に沿った話題をベルクソンがジェイムズに投げかけているだけとも言える。しかし、もし論文の内容に応じてベルクソンが自身の逸話を話しているだけだとしても、神秘主義をめぐりベルクソンが自己言及しているのは無視できない点だ。あくまで夢の経験だと断りつつ、ベルクソンは何かが「緊張」して「膨張」し、最後には炸裂しそうになっている感覚を覚えたことを明かす。また、この感覚が中断されたことへの後悔と中断する意欲という二重の感情を味わったことを訴えている。先にみたように、ドラクロワは神秘経験内の「緊張」などを含んだ多様な感情の出現、および自己が拡張する感覚を指摘していた。ベルクソンはここで、自分が神秘家と類似した経験をしたのかどうか自問している。

　ベルクソンのこうした発言は、従来それほど注目を集めてこなかった。その理由として、おそらく以下の点が挙げられる。まずは、ベルクソン研究ではベルクソン自身を神秘化させるべきでないという傾向がある。そもそもベルクソンが『二源泉』で全面的に神秘主義を論じる以前から、ベルクソン哲学は神秘主義的性格のものと判断され、批判にさらされていた事実がある。[134]また、バートランド・ラッセル（一八七二～一九七〇年）は論考「神秘主義と論理」で、直観に潜む誤謬性に目をつむりながら直観を重視するベルクソンへの批判を述べた。ベルクソンに向けられたこうした批判は、神秘経験への反省を可能にする知性よりも、むしろ神秘経験に含まれている直観を優先している神秘主義への批判と結果的に同列に扱われている。[135]このように、ベルクソンと神秘主義との結びつきは幾度となく批判の対象となっていた。

　だが、じつはベルクソン自身、自分が神秘家としての素質をもちうるのかを語っていたという証言もある。シュヴァリエによれば、ベルクソンは後年、「突然の天啓という意味での回心」はなかったと語りながら[136]、その一方で神秘家としての「芽生え（commencement）」があり、それゆえ神秘家の著作を読み始めたと語ったと伝えられている。[137]じっさいにベルクソンが、デカルト（一五九六～一六五〇年）やパスカル（一六二三〜六二年）やメーヌ・ド・ビラン（一七六六〜一八二四年）のように神秘主義に啓示や回心の経験があったかについては、推測の域をでない[138]。だが、ベルクソンがどのように神秘主義に接近していったかを確認する作業を通じて理解されるべきは、ベルクソンが自分の経験と神秘経験を照らし合わせながら、神秘経験を内的に把握しようと模索していた点である。持続や直観と同様に、神秘経験も内的観察以外に把握の方法はないとベルクソンは考えたと言える。

ベルクソンによる神秘経験のこうした内的観察は、どのように神が把握されるのかという神学的ないし認識論的問題には向かわない。ベルクソンが神秘経験に取り組む主要な目的となるのは、トンケデクへの書簡で明かした「道徳の問題」を考究するためだ。ジョゼフ・ロッテ（一八七五〜一九一四年）は、知人宛の書簡に一九一一年四月十一日のベルクソンとの対面時の会話を記している。ロッテは道徳に関する本をいつ出すのかベルクソンに訊ねた[139]。ベルクソンは道徳をめぐる本を書くためには何年も時間がかかるだろうと答える。その返答のなかで、ベルクソンはさまざまな神秘家の著作に取りかかっていることを明かす。

神秘家たち！……ああ！神秘家たち！私は彼らを知らなかった……。いま私は彼らについて研究し、大変興味を引かれている。聖フランチェスコ！小さき花！……そう、ギュイヨン夫人は非常に教えに富んでいる。五歳の頃から死ぬまで、彼女はその魂をわれわれに開いている。彼女は手ほどきを受けなかった。自発的なのだ。これは見事な経験だ。十字架の聖ヨハネは大変深遠であるが、彼は自分の直観をあまりに知性的に仕立てている。アビラの聖テレサは大変興味深く、魅力的な人物だ。私は新たな世界を発見した。
……「美学」もまた私を魅了する。これも大変学んでいるところだ。「美学」と道徳、そこには類縁性が、共通点がおそらくあるだろう。だが、大変おぼろげで、きわめて薄暗いものだ[140]……。

伝聞における誇張はあるだろうが、非常にエモーショナルな口調がみてとれる。ベルクソンが多様な神秘家の著作に触れ、そこに「新たな世界」を感じ取っていたことがわかる。ここでベルクソンが神秘家たちのうちに、とりわけギュイヨン夫人のうちに「魂」の開かれた態度を看取していることに注意しよう。つまりここで、ベルクソンはなんらかの概念や思想を受け取ったというよりも、神秘家という人物たちを媒介にして、彼はある特定の魂の態度を垣間見たのである。

また、彼の神秘主義解釈がいかなる進路へと向けられているのかも、予感させる文章である。その進路とは「道徳」と、そして「美学」である。とはいえベルクソンは、両者のあいだを逡巡しているのではない。端的に言って、両者は不可分のものであるとベルクソンは考えている。一九〇九年のイザック・ベンリュビ（一八七六～一九四三年）との対話では、準備中の著作が「美学になるか、道徳に関するものになるか、あるいはおそらくその両方になるか」まだわからないとベルクソンは語った[141]。彼の発言を文字通りにとれば、ベルクソンは『二源泉』執筆にあたって「美学」と「道徳」の両立の可能性を探っていたとも言える。それゆえ、『二源泉』を読解する際には、前景に現れる「道徳」の問題のなかに、どのように「美学」が溶け込んでいるのかを理解するため、両者の「類縁性」ないし「共通点」を把握する必要がある。

一見すると具体的なかたちでは語られない、ベルクソンにとっての「美学」が、『二源泉』の「道徳」を介してどう関わるのか。一九〇四年に道徳政治学アカデミーでベルクソンによるフェリックス・ラヴェッソン（一八一三〜九〇年）に関する講演「ラヴェッソン氏の生涯と業績」を読むことで、ベルクソンにとって「美学」についての理解が深まるだろう。そして、この講演は『創造的進化』以前のものだが、『創造的進化』以後の神秘家像にも付与される、ひとつの役割が提示される。

講演ではラヴェッソンの「美学」について語るために、哲学的功績から彼のデッサン教育までが包括的に言及される。そのなかで、「美は形態に属するが、あらゆる形態はその形態を描写する運動に起源をもっている」とベルクソンは語る。[142]デッサンにおける幾何学の使用を嫌っていたラヴェッソン同様、[143]この運動は幾何学的なものではなく、自然のなかに本来的にある運動がデッサンによって抽出されたものを指す。いわばラヴェッソンにとって、そしてベルクソンにとっても「美学」とは、この運動を描き出す行為に他ならない。そして続けてベルクソンは、「では、美しい形態を生む運動はいかなるものかを問えば、優美な運動がそうであることがわかる」と述べる。ベルクソンはここで「優美な運動（mouvements *gracieux*）」、つまり「優美（grâce）」に着目するのだが、ここに道徳的なものと美学的なものとのあいだの架け橋があるように思われる。

また、運動にみられる魅力と神の善意の特徴である寛大さを同じ優美の名で呼ぶことは誤りとは言えない。優美という言葉の二つの意味はラヴェッソン氏にとって、ひとつのものである。[144]

ここでの「神」への言及は、第一にラヴェッソンの諸々のキリスト教研究を指すとしても、同様にベルクソン自身も運動の「魅力」と神の「寛大さ」とがもつ「優美〔恩寵〕(grâce)」という「類縁性」や「共通点」に関心を向けていることは、確実である。『二源泉』において神との合一を果たす神秘家の道徳を議論するなかにも、「優美な運動」の「魅力」を見通していることは、ドラクロワの著作を評論する際、ベルクソンが神秘主義をひとつの運動として形容していたことからも推察できる。つまり、ここでは「美学」を介して、神秘家が見出す神の「寛大さ」が運動であることが、「優美」を帯びる運動によって裏打ちされていることが示されているのである。

また、先に挙げたロッテへの書簡で記されていたのは、美学と道徳との類似性を探る発言だけではなかった。神秘家たちへの純粋な憧憬をベルクソンが表明している様子も報告されているが、これは単に自分の興味の拠り所について語られているのではない。じつを言えば、ひとつの哲学的姿勢がそこでは表明されているのである。たとえばラヴェッソンについての講演の以下の箇所を読んでみよう。

優れたひとびとは、自分の好む師の内奥により入り込むにつれて、ますます自分を発見することになる。散らばった鉄の削り屑の粒が、磁石の影響でそれぞれの極へと向きを変えられ、調和した曲線状に並ぶように、それ〔魂〕が愛する天才の呼びかけに応じて、魂のあちこちで眠っていたさまざまな潜在性は目覚め、ひとつに合流し、共通の行動を目指し協力する。そして、精神と心のすべての力が一点に集中することにより、人格が構成される。[145]

ラヴェッソンにとってのアリストテレスという「師」をめぐるこの記述では、ロッテの書簡内のベルクソンの言葉同様に、ある特定の人物に対する憧憬が描かれている。ここでは、「師」であるところの「愛する天才」は、「呼びかけ」を発するという役割を担い、その「呼びかけ」により魂のうちに眠る「さまざまな潜在性」が、目覚め、ひとつに集結し、「人格」となるという図式が描かれる。講演「心身並行論と実証形而上学」で語られた「内なる深遠な生命への呼びかけ」という言葉は、ここでは完全にベルクソンの思考展開と重なるものになっている。こうして、なんらかの理念や概念に立脚するのではなく、ある卓越した人物像の「呼びかけ」を出発点にして、内なる生がひとつの転回を迎える。

『二源泉』の要点を先取りするかたちになるが、ここでベルクソンが紡ぐ言葉は、まさに神秘家とその模倣者に差し向けられたものであり、両者の関係が結晶化されたものだと言える。いわば、これから本書で踏み込んで論じるベルクソンが描く神秘家の諸々の姿は、こうした記述の変奏と言える。この記述を吟味していくよりも、続く本書の各章でこうしたベルクソンの思考を解きほぐしていきたい。

以上のように本章では、ベルクソンが神秘主義にどのように接近し、解釈していったのかを、生前刊行された著作以外の資料も用いて確認した。同時代の研究者が、心理学や神学や文化人類学などさまざまな観点から、神秘家という存在と格闘していったことがわかった。ひときわ問いが付されたのは、神秘経験と内的感情の関係、神秘経験と言語との葛藤、神秘主義と哲学および神学との対話、社会形成における神秘主義の位置などだった。一方ベルクソンも、こうした研究状況とは別のかたちで、自身の考察を深めていった。本節ではあくまでも『二源泉』に至る準備過程を追いながら、次章以降に述べる、神秘家における内的感情や言語、そして社会における神秘家の価値といった観点を論じるための土台となる部分を概観した。

こうした準備過程の特徴と言えるのが、まずはベルクソンが自身の経験に引き寄せて神秘経験についてジェイムズに語る箇所である。とはいえ、彼は神秘家を自認するのではなく、神秘家へと向けられるのは哲学者としての視線である。その証拠に、彼が哲学の問題として取り組んでいた、運動と停止の問題を通して神秘家たちの活動を描写したことが挙げられる。それと同時に、それでも哲学者としての自らの内的経験に接近させて神秘家を捉える場合もある。それがラヴェッソンをめぐる講演だったわけだが、そこでは先駆者を研究することが先駆者の「呼びかけ」に応答することとして記されていた。こうした見地がどのように『二源泉』において開花するのかを、まず次章で、神秘家の経験の確実性を保証するものとベルクソンが説明する〈事実の複数線〉という概念から考察したい。そして最後に、本節で扱った『二源泉』以前のベルクソンの神秘家への言及という課題において忘れてはならないものがある。それは第一次世界大戦中になされた、兵士と神秘家とのあいだにアナロジーがあるというベルクソンの発言だ。ベルクソンにおける神秘主義を研究するうえで無視できないこの発言は、当時の状況も含めて本書第四章で仔細に論じていきたい。

第二章　〈事実の複数線〉と神秘家

第一節　哲学的方法としての〈事実の複数線〉

前章では、二十世紀前半期のフランスにおける神秘主義研究を概観し、あわせてベルクソンがこうした研究の潮流に影響を受けつつ、彼自身の神秘主義観を築き上げていった過程を追った。

第二章では、『二源泉』内で神秘主義をめぐって展開される分析をより具体的に検証するために、〈事実の複数線〉というベルクソンの思考の方法を取り上げ、彼が神秘主義をめぐる哲学を築いていくうえでこの方法をどう駆使しているのかを検証する[146]。〈事実の複数線〉という方法によってベルクソンが主張するのは、人間一般は身体という枠を超えた魂の生を備えているという点である。加えてベルクソンは、神秘家は〈生き延び（survie）〉という別種の生のかたちを有する可能性について触れる[147]。〈事実の複数線〉と〈生き延び〉とは、ベルクソンのなかで密接な関係にあるとひとまず言える。ベルクソンの主張を読み解くために、まずは第一節で、〈事実の複数線〉という方法が、なぜ哲学的方法として採用されているのかを確認する。第二節では、〈生き延び〉という概念が、単なる宗教教義ではなく、ベルクソン固有の記憶の概念が反映されたものである点を検討したい。

『二源泉』で〈事実の複数線〉という言葉は、動的宗教を論じる第三章中盤で一度だけ用いられ、そこから神秘主義をめぐるベルクソン独自の理論が立ち上がっていく。その推移を追うにつれて、〈事実の複数線〉が『二源泉』の思索における重要な基礎的思考であることが徐々に明示されるだろう。まず『二源泉』で〈事実の複数線〉について語られる場面をみたあとに、『二源泉』までに至る〈事実の複数線〉の前史を遡っておきたい。

一　〈事実の複数線〉とは何か

『二源泉』第三章では、神秘経験が「確実性」をもつことを証明するために、〈事実の複数線〉という方法が提示される。ベルクソンによれば、それぞれの神秘家の経験は、それがひとつだけ孤立した状態にある場合は、たんなる「蓋然性」しかもたないが、複数の経験の「蓋然性」が「加算」されると、「蓋然性」の集積が「確実性」を帯びたものとなる。[148]「確実性」を得るためには、ひとつひとつの経験の事実がもつ方向性を線状に延長させ、それぞれの経験から延長された各線が交差する一点を探る必要がある。経験から延長されたこれらの各線が交差する点においてこそ「確実性」が得られる、というのが〈事実の複数線〉とベルクソンが呼ぶ思考の方法である。

ベルクソンにとって、なぜ経験は「蓋然性」しかもちえないのか。これは、経験についての「観察」が、「蓋然性」しかもたらさないと言い換えることができる。元来ベルクソンにとっては、神秘経験に限らず非宗教的な経験ですら外的観察を受け入れない。要するに、外的観察で経験者本人の感覚を知ることはできないというのが彼の主張だ。最初の著作『試論』の時点でこの主張は強調されている。たとえば、ひとつの内的な感情の強度は、その感情を抱く個人にとっては無限のニュアンスに富むが、「もしわたしがあなた方にこの心理状態を説明しようとするとき、数学的な性質の明確な記号によってでなければその強度を理解させることはできないだろう」[149]とベルクソンは述べる。経験そのものは、そこに含まれる内的感情の強度を含め、数値や記号へと翻訳されなければ外部に伝達できない。しかし翻訳された数値や記号は、内的感情とは似ても似つかないものへと変質している。だからこそ、経験についての観察は「蓋然性」しかもたらさないとベルクソンは説く。それゆえ、ベルクソンにとっては、経験的「蓋然性」を乗り越えて、哲学的「確実性」を獲得するための方法が必要だったのである。

『二源泉』で神秘経験をめぐり展開される〈事実の複数線〉は、決して急拵えのものではない。ベルクソンが初めて〈事実の複数線〉という語を用いる以前から、この方法は段階を経て構築されていった。その一端がうかがえるのは、ベルクソンが一八九七年に書いた、哲学者ポール・ジャネ（一八二三〜九九年）の『形而上学および心理学の原理』（*Principe de métaphysique et psychologie*, 1897）の書評内の記述である。そこでジャネの哲学的方法を以下のように説明する。

この方法が全面的に着想を得ているのは以下の考えからである。つまり、哲学は、他の諸学同様に科学であり、科学のように段階的に証明される諸々の真理のゆっくりした集積により進められねばならない、という考えだ。なぜ実証科学は進歩するのか。それは学者が既存の成果から出発して、そこに何かを加えようともっぱら努めるからだ[150]。

ベルクソンは、ジャネの哲学のうちに「真理」の「集積」により哲学を前進させる方法をみる。あるいはむしろ、ジャネの哲学に言及しつつ、自らの哲学の方法論を開示する箇所にもみえる。[151]「科学のように段階的に証明される諸々の真理のゆっくりした集積」という方法が採用されるのは、科学の正確性を備えた哲学の確立の必要性をベルクソンが感じたからに他ならない。ベルクソンがジャネからくみ取ったのは、「実証科学」と同様に多様な学者がそれぞれの観点から蓋然的事実を集積し、ひとつの「真理」を共同的に探究せねばならないという信念である。[152]この考えに立つがゆえに、哲学とは最初から完全なものを求めるのではなく、「仮説の学」であり、「最終的真理に向けた継続的近似の学」だと、ベルクソンは続けて書評内で語る。[153]いわばベルクソンは、真理への待機としての哲学をここで構想している。[154]

同様に指摘せねばならないのは、ポール・ジャネの哲学がベルクソンによって唯心論〔スピリチュアリスム〕の系譜に明確に位置づけられることだ。ベルクソンはジャネの哲学に彼の師であるクザンの折衷主義の影響を認めつつも、むしろメーヌ・ド・ビランのスピリチュアリスムに結びつける。[155]ジャネを、マテリアリスムを避けてスピリチュアリスムを擁護する陣営の一員とみなすことは、ある種、適切な判断であるといえるが、〈事実の複数線〉という手法がベルクソン哲学内でどのような推移をたどるかを追ってみると、ベルクソンがここではっきりとスピリチュアリスムへと目配せをしている事実は見逃せない。というのも、〈事実の複数線〉はベルクソンにとって、まさに精神の自律性を証明するからだ。こうした背景が、〈事実の複数線〉と魂の〈生き延び〉という概念との結びつきを支えている。

二 「心身並行論と実証形而上学」における〈事実の複数線〉

ポール・ジャネの哲学を経たのちに、〈事実の複数線〉がひとつの方法としてはっきりと表明された地点に目を移そう。そこでは〈事実の複数線〉がベルクソンの思索の本質を形成していることがわかる。一九〇一年の講演「心身並行論と実証形而上学」で、神秘主義が自分に向けられたひとつの問いのかたちで初めてベルクソンに突きつけられたことは、すでに本書第一章第二節で確認した。じつのところ、この講演において、〈事実の複数線〉という語も用いられている。なぜここで〈事実の複数線〉が必要とされ、これにより何が導き出されたのかをみてみよう。

しかし、真理は経験的性質をもつからといって、すぐさま真理を経験的に検証できるわけではありません。ときに真理の周囲を回り、真理へ向けて数多くの道を開かねばなりません。その道のいずれもが最後まで続くわけではありませんが、それらの収斂は充分な正確さをもって到達するだろう点を示します。こうして、到達しえない点からの距離を、手に入る各点から代わる代わる狙うことで測定します。蓋然性の集積によってのみ獲得できる科学的確実性というものがあります。いずれの線も、それだけでは真理を規定するのに不充分ですが、「事実の複数線」におけるこれらの線の交差により真理を規定します。わたしは、こうした「事実の複数線」をブロ氏が触れてくださった著作内で遂行しました。[156]

ここで〈事実の複数線〉という方法が仔細に語られ、「蓋然性」の集積が「確実性」に到達するという〈事実の複数線〉の構造について明らかにされる。このように科学と同等の「確実性」を付与する〈事実の複数線〉という方法こそが、既存の心身並行論に抗するための実証的形而上学を構築すると、ベルクソンは目論んでいるのである。[157]

出席者の「ブロ氏」（ギュスターヴ・ブロ）が触れたとされる著作とは、『物質と記憶』のことである。前章でも概観した『物質と記憶』で詳説された心身関係は、この講演の前提をなす議論である。『物質と記憶』の内容にのっとって、ベルクソンは改めて心身の並行関係を否定する。その際、俎上に載せられるのは、デカルトではなく、ライプニッツやスピノザの並行論である。[158]

なぜ、彼らの並行論がベルクソンには受け入れられないのか。ライプニッツの並行論は、ひとつの「モナド」である精神と複数の「モナド」の集合体である身体とが「予定調和」により均衡を保ち並行関係を築くもの、他方スピノザの並行論は、ひとつの「様態」が異なる視点から眺められることで身体と精神という「属性」上の差異が生じるというもの、と両者に対するベルクソンの見解をさしあたり要約できる。ベルクソンが感じる問題点は、両者の並行論が、精神と身体とは均衡を保つという意味で心身に対等の関係を措定していることにある。ベルクソンの批判は、ライプニッツもスピノザも精神と身体とのあいだに同等性をもたせ、それを画一的メカニズムに仕立てつつ普遍化する限りで、経験的思索の欠落した並行論にすぎないというものだ[159]。ギュスターヴ・ブロが挙げるさまざまな批判は、こうした並行論にとらわれたままのようにベルクソンの眼には映る。

では『物質と記憶』で、心身関係に関して何が導き出されたのか。別言すれば、精神という線と身体という線を交差させることで、どのような帰結が得られたのか。「事実の複数線の収斂によって[160]」洞察されたのは、「運動図式（schéma moteur）」と言われる、身体と精神をつなぐ調整装置としての脳の働きである。『物質と記憶』では、とりわけ第二章において、身体と精神との関係をもっとも単純な単位で考察することが目指され、身体による言葉の聴解と、精神におけるその言葉を記憶する過程とを連結する「運動図式」の機能が説明された。

ベルクソンによれば、言葉は発せられたままの形態がすぐさま聴取可能となるのではない。言葉が発せられると、聴取者側に運動が惹起され、この運動は聞き取られた言葉を分解し再構成する。言葉が反復して発せられるうちに、聴取者側に惹起された運動が、言葉を単純化されたひとつの「図(figure)」として描き出す。すると、「図」内に話者側の発語の運動をみいだすことが可能となる。なぜ、言葉を聴解し記憶にとどめる過程に、話者の運動が感得されねばならないのか。なぜなら言葉の聴取は、聞き取られる音の修正や、音を記憶に直接連結するのでなく、「[……]耳からの印象に、発声の筋肉の運動傾向を調整し、運動が付随する行程を調整することである[161]」からだ。「運動が付随する行程」とは、言葉を聞くとすぐさま、聴取者が言葉を発声する筋肉感覚を抱くことを意味する。言葉を聴取し記憶するためには、すでにその言葉を話す運動が生じねばならないのだ。言葉から、単純化された「図」をつくりあげ、そこに看取される運動を模倣する調整機構が、ベルクソンが「運動図式」と呼ぶ脳の働きだ。つまり、ある未知の言葉を聞き、身につけ、記憶する作業が、模倣行為を介することで可能となる、とベルクソンは主張する。その際「運動図式」をもつ脳は、聴取を模倣へと接続する「中央電話交換局」[162]であって、記憶の貯蔵庫ではないと彼は付け加える。脳は体の末端で受けた刺激を別の運動機構へと接続する選択の臓器であり、記憶の保管所ではない、というのがベルクソンの記憶論である。『物質と記憶』でも何度も繰り返されるように、身体の一部である脳が唯一できることは、精神の働きを寸分違わず反映する代わりに、膨大な記憶の層から現在の状況に適合するものを選び取ることだけである。『物質と記憶』で示された心身の構図は、「心身並行論と実証形而上学」でも引き継がれ、心身並行論の不合理な点を明らかにするとベルクソンは考える。

加えて心身の各線の交わりから導き出されるのは、身体を構成する物質の性質である。ベルクソンにとって、物質は不動で不活性なものにすぎず、それ自体では活動しない。脳＝身体に活動をうながし行動にまで至らせるのは、あくまでも思考＝精神がもつ「創造的エネルギー」だ。こうした思考の「努力」によって物質が活動をうながされることもまた、ベルクソンが考える心身関係の本質のひとつである。[163]

こうして、ただ精神と身体とが並行的な関係にあるのではなく、物質に対する思考の優位が「心身並行論と実証形而上学」で強調される。その意味で、ポール・ジャネの哲学のスピリチュアリスム的傾向に賛同が示されていたのと同様に、ここでもベルクソンのなかにスピリチュアリスム的傾向がみられる。だが、たとえスピリチュアリスムであっても、もしそれがア・プリオリに規定されて経験を欠く場合、ベルクソンにとって回避の対象となる。講演内でもベルクソンは、精神と物質とのあいだにア・プリオリに区別を設けたうえで精神は物質に還元されないと説く「古いスピリチュアリスム」を、「不毛なもの」と評している。[164]

本書第二節で述べたように、ベルクソンの心身関係はきわめて柔軟な構造をもつ。その心身がどう「結合と分離」をおこなうのかを絶えず問うことが、本来的にベルクソンにとっての「生命の意味」であることは確認した。そのうえで、物質との関連のなかでの思考＝精神の自律性をベルクソンは確信している。

思考が生命に挿入され、（生命の目的そのものと思われる）行動に専念すると同時に、思考はそれ自体の固有性質を意識し、それゆえまた物質に対しての独立性を自覚する。[165]

思考の「創造的エネルギー」が、物質としての身体の行動を促進するにしても、やはりベルクソンにとって、物質からの思考の独立は揺るがない。あるいは精神が物質を利用し、精神が努力を果たすことで身体の自由な行動を生み出す。不動で不活性な物質と、努力によって物質に行動をうながす精神が共存する生命の状態を、「必然性によって自由をつくり出す」という「身体がもつ真のパラドックス」[166]とベルクソンは語る。こうしたパラドックスを乗り越えて自由を生むことこそが、ベルクソンにとっての新しいスピリチュアリスムと言える。

また、精神による物質の制御が、「もっとも低俗な有機的存在から人間のすぐ手前に位置づく脊椎動物」にまで、挫折を含めて何度も観察されると語るベルクソンの記述からは、単なる心身論に限定されない、その後『創造的進化』で全面的に展開されていく生命論的側面も垣間見ることができる。

いずれにせよ、再度『物質と記憶』の議論に戻れば、「運動図式」の働きが導き出されたのは〈事実の複数線〉によるものだ。これにより「心身並行論と実証形而上学」では心身並行論が批判され、そして「運動図式」を通じてベルクソンが訴えたのは、物質を踏み台にすることで新たな行動をうながす精神の努力の重要性だった。「生命の意味」とは、ときに物質に接近し物質を利用し、ときに物質からは独立して力を発揮する、ひとつの躍動である。物質と精神とのこうした関係を基盤にして、一九〇七年の『創造的進化』でベルクソンの生命論が結実するのだが、本節では『創造的進化』を検証するよりもむしろ、一九一一年の講演「意識と生命」を手がかりに考察を深めたい。その理由は、『創造的進化』の生命論を下敷きにしつつ、〈事実の複数線〉を用いて改めて心身問題を取り上げたのが、講演「意識と生命」だからだ。[167]

三　「意識と生命」における〈事実の複数線〉

講演「意識と生命」は、『創造的進化』における生命論がいま一度、要約的に語られたものだ。だが、さらに『二源泉』で論じられる主題を予感させる内容を含んでおり、その点でベルクソンの思考変遷を追ううえでも重要である。それだけにとどまらず、一九〇八年頃と推測されるベルクソンと神秘家の著作との出会いを、はっきりとこの講演内に読み取ることができる。

この講演でベルクソンは、まず体系哲学への懸念を表すことから始める。たとえば、講演テーマである意識と生命についても、体系哲学に頼る者は、最初に「存在一般、可能と現実、時間と空間、精神と物質」などの既存の上位概念から思索を始めて、しだいに下降して意識と生命を分析すると述べられる。[168]すなわち、抽象的概念から出発したあとで、事物や事象を吟味することになる。こうした従来の哲学者は、事物や事象そのものを「経験的」に学ぶまえに「単純すぎる概念」に向き合っている、とベルクソンは訴える。[169]

「即時的な確実性」を望むのではなく、徐々に「蓋然性」を高めることが必要だと彼は続ける。[170]それゆえ、〈事実の複数線〉が方法として導入され、複数の線を列挙しながら、意識および生命の本質がどこにあるのかが提示される。なお、「蓋然性」をいくら積み重ねたところで「確実性」にはなりえないのではないかという仮想的批判に対して、なぜ「蓋然性」が「確実性」となりえるのかが示唆されるのも、この講演においてだ。「蓋然性」の集積は、ひとつの「限界〔境界〕(limite)」[171]へわれわれを導くとベルクソンは語る。つまり、「蓋然性」の集積の増大は、ある瞬間に「限界」である臨界点をむかえる。そこでこそ真理が開示されるというのが、〈事実の複数線〉の仕組みである。「蓋然性」は「確実性」へと転回し、その結果、真理への道が開かれる、とベルクソンは考えている。

では、講演「意識と生命」で紡がれていく各線をみてみよう。第一の線で、意識というものは記憶を意味することが示される。[172]第二の線では、意識は脳の介入により働くが、脳は記憶を蓄積するのではなく選択の器官であることが主張される。[173]第三の線では、意識が選択に至るまでの未確定の領域において、生命は自由を獲得することが強調される。[174]さらにベルクソンはいくつかの線を加えながら、少しずつ生命の姿を描き出す。そしてこれらの複数の線が交わる地点がしだいに明らかになっていく。諸々の事実から導き出された複数の線が交わる地点において、生命は二つの視点から眺めることが可能だとベルクソンは語る。まずひとつの視点からみれば、生命は物質として現れる。これは記憶を欠き、絶えず生じる諸瞬間に連続性をもつことなくそのつど存在するものである。もうひとつの視点から眺めれば、生命とは持続しつづける意識であり、存続する記憶そのものである。この二つの側面が分離不可能な状態で構築されるのが、ベルクソンにとっての生命の形態である。物質と精神のこうした二元論は、すでにみてきたようにベルクソン哲学の特徴である。しかしながら、講演「意識と生命」の物質と生命との関係と、「心身並行論と実証形而上学」で提示されたものとのあいだには、重要な差異がある。

「心身並行論と実証形而上学」で、生命における行動は、精神が発揮する「努力」により物質に行動がうながされると明らかにされた。その反面、精神は「努力」によって物質を操作しながらも、同時に精神は物質の「罠」にかかり、精神が物質によって「渦」に引きずり込まれるとも語られていた。[175]いわば、「心身並行論と実践形而上学」では、精神が内包する自由への発露は、物質が帯びる不動性・必然性と対比された。しかし、「意識と生命」では、この構図は別の局面をみせる。そこでは物質が精神=思考のなかに「努力」を誘い出すように描写される。

> 他方、物質は努力を誘い、努力を可能にします。思考されただけの思考、着想されただけの芸術作品、夢想されただけの詩はいまだ労力を要しません。詩を言葉へと、芸術的構想を彫刻や絵画

へと物質的に実現することは、努力を要求します。努力は労力を要しますが、努力が成し遂げた作品と同じくらい、むしろそれ以上に得難いものです。なぜなら、努力により、ひとは自分がもっていたもの以上のものを自分から引き出し、自分を自分以上に高めるからです。ところで、この努力は物質なくしては不可能です。物質が設ける抵抗や、われわれが物質を取り入れることができるという物質の従順性ゆえに、物質は障害であると同時に、道具であり、刺激です。物質はわれわれの力を試し、われわれの力の刻印を残し、その力の強化を呼びかけます。[176]

ベルクソン哲学における物質の有益な役割がここに記されている。物質とは、「障害」であると同時に「道具」である。あるときは精神を阻害し、またあるときは精神を助ける。だからこそ物質は精神を誘い、鼓舞し、刺激し、精神と物質の混交である生命をさらなる高みへと前進させる役目を担う。むしろ生命が新たな段階へと歩むためには、物質が不可欠であることがここでの重要な指摘である。

物質に関するこうした見方にベルクソンが至った理由は、『創造的進化』で描かれた生命の流れであるエラン・ヴィタルの役割が大きい。ベルクソンは生命進化をまるでひとつの流れのように示すが、彼にとって生命進化は、ここで「芸術作品」として説明される事態と近いものだ。すなわち、生命というそれ自体では不可視で非物質的な流動は、生物種ないし個々の生体として物質化することで、かたちを備えたものとして世界内に存在できる。そして一度生物種を生み出した生命進化のうねりは、再度高みへと跳躍するためにつくり出した生物を「踏切板(tremplin)」[177]のように活用し、新たな種を生み出すために上昇していく。要するに、講演「意識と生命」で、生命進化のプロセスは、〈事実の複数線〉により浮き彫りとなった物質と精神との関係によって形成されている、とベルクソンは説いているのだ。とはいえ、あくまで物質は「踏切板」であり、生命に創造的エネルギーを注ぎ込むのは精神に他ならない。これが『創造的進化』を経ることでベルクソンが理解した生命の営みである。

とはいえ、講演「意識と生命」は『創造的進化』の論理をただ反復するだけではない。『二源泉』へとつながる、道徳について言及される。第一章第二節で、『創造的進化』後のトンケデクとの論争において、ベルクソンが道徳をめぐる問いに着手する必要に迫られたことを思い出そう。この「意識と生命」の道徳に関わる人間たちについての描写は、トンケデクとの論争後に神秘家の著作と出会ったことによる回答として読むことができるだろう。

四　高邁のかまどに火を灯すモラリストたち

〈事実の複数線〉によって生命進化を論じながら、なぜ道徳の問題が浮上するのか。それは、生命進化は人間種を創造する段階にまで至ると、ある種の行き止まりに陥ると考えられていることに起因する。その際、道徳という問いに応えることで、創造の行き止まりを突破する可能性をベルクソンは見出している。

ベルクソンの生命論では、生命は単細胞生物から高度な知能を備えた動物に至るまで、物質と精神とがそれぞれに見合った緊張状態を保っている。そしてそうした生物種の世界のなかで、人間が特別であることも、ベルクソンの生命論にとっての要である。というのも、彼にしたがえば、高度に発達した人間の脳こそが、物質の「障害」的側面を制圧し、物質を「道具」として活用することの証拠だからだ。端的に言えば、物質である脳をこれ以上ないほど活用することにより、人間は他の動物から一線を画す[178]。

けれども、人間種も、また一度出現してしまえば、物質的惰性に囚われる危険性をはらむ。既述のように、物質が「障害」であることも、ベルクソンにとっては否定できない。その結果、生命進化の推進力であるエラン・ヴィタルも、一時的にその躍動を止めざるを得ない状況に追い込まれる。そのとき、この停滞において、道徳の問題が前景にでてくる。

形態の豊かさと独自性は、まさに生命の開花を鮮明にします。しかし開花の美しさが力強さを意味する一方、生命はまたその躍動の停止、あるいはさらに前進する力の瞬間的無力化を表します。それは、子供が滑りつつステップをして踊り、最後に優美な円を描き回転するようなものです。より卓越したものはモラリストの視点です。人間においてのみ、とりわけわれわれのなかの優れた者たちおいてのみ、生命運動は障害なく存続し、通過途中で創造した人間の身体という芸術作品を通じて、道徳的生命の限りなく創造的な流れを放出しています[179]。

生命が、身体という名の物質を伴い、人間あるいは諸生物の多様な形態で実体化することは、生命の「開花」であると同時に「躍動の停止」でもある。すなわち、生命が形態をもつことは、反面、生命が形態に閉じ込められることであり、生命にそれ以上の進化をもたらさないことを意味する。この停滞にあって、ベルクソンは「モラリスト」に特異的位置を与え、「モラリスト」こそが「生命運動」を「障害なく」存続させると宣言する。「人間身体」という「障害」を抱えながらも、それを「道具」として駆使することで「道徳的生命」を解き放っていく役割をもつからこそ、「モラリスト」は傑出した者なのだ。いわば、生命進化を精神的進化の方向へと舵を切ることで、生命の流動を途切れさせず繋ぐ人物として「モラリスト」はここに置かれている。

とはいえ、ベルクソンにとって「モラリスト」とはだれか。ここで発せられる「モラリスト」という言葉を、内省的探究にふける観察者として、フランスの伝統的な「モラリスト」の意味に解することは避けなければならない。伝統的な意味での「モラリスト」とは、人間の習慣を観察し分析することで、人間の理想的な生き方を随想や箴言で執筆する作家の立場が挙げられる。だが、ベルクソンは「モラリスト」の視線を、たんに静寂に満ちた観察者の視点としては描かない。

ベルクソンがここで「モラリスト」に託すものを、手短ではあるが探っておく必要があるだろう。たとえば、ベルクソンが「モラリスト」とみなすパスカルについて、晩年ベルクソン自身が語った言葉をみてみよう[180]。精神と物質に関わる形而上学にたどり着いたのは、哲学によってか、宗教によってかと問われ、次のように彼は答えた。

> わたしの場合、哲学よりも宗教的なものがあったのだが、もっと漠然とした意味に解した際の宗教だ。最初に漠然とした神秘主義が、それからより厳密な神秘主義が、漠然とした宗教へとまず

わたしを導いた。その宗教はその後さらに厳密な宗教を生み出した。パスカルが、「アブラハムの神、イサクの神、ヤコブの神、哲学者と学者のものではなく」と言うとき、私はそれを完全に理解する。[181]

パスカルのこの言葉は、神の存在を感じた「歓喜」の体験を記した「覚書」のものである。パスカルのこの文章が引用されるがゆえに、「モラリスト」であるパスカルを神秘主義的文脈においてベルクソンは理解した、と結論づけるのは早計であるかもしれない。それでも、パスカルの神の「歓喜」の体験がここで取り上げられることは意義深い。ベルクソンが「モラリスト」という言葉を用いる際、背景には少なからずこうした神と接触する経験をめぐる思考が通底していると言えないだろうか。それゆえベルクソンは、「モラリスト」をそうした経験から「生命原理」をつかみ取り、それを波及される人物として示しているとつけ加えることもできるだろう。あるいはむしろ「モラリスト」という字義に固執せず、ベルクソンがいかなる視点でこの語を説明するかをみることも肝心である。次は、「モラリスト」についての先の引用に続く文章である。

ですが、傑出した創造者というのは行動のひとのことです。その行動自体が並外れており、ほかの人間の行動も同じく並外れたものへと強め、そして高邁のかまどに火をおこすことができます。偉大な善行のひとたち、とりわけ徳の新たな道を切り開く創意に富み、率直な英雄的行動の者たちは、形而上学的真実の啓示者です。彼らは進化の頂点にいながらも、起源のもっとも近くにおり、その奥底からくる衝動をわれわれの眼にみえるものにします。彼らを注意深く観察しましょう。われわれが生命原理そのものにまで、直観の行いにより侵入しようと欲するなら、彼らが経験するものを共感によって経験しましょう。奥底にある秘密を見抜くためには、ときには頂上を目指さねばなりません。地中にある火は火山の頂上からしか現れません。[182]

「行動の人」「偉大な善の人たち」「英雄的行動の者たち」「形而上学的真実の啓示者」など、さまざまな姿を借りて「モラリスト」が描写される。あるいは記述にそってしだいに先鋭化されながら、「モラリスト」の姿が描写されていると言える。ここで矢継ぎ早に描かれる「モラリスト」の諸特徴は、おそらくベルクソン自身も明晰な分析的記述を意図したものではなく、むしろ諸要素が渾然一体となって、ひとつの人物像を肉づけしていると考えることができる。細部を追いながら順にみていこう。

この人物は、生命創造の先端にいる他の人間たち以上に、生命創造の担い手だと明記される。それにも増して述べられるこの人物の特徴は、他者に対しての影響力である。だが「モラリストの視点」には、他者とのあいだに築かれる規範や格律や合意という要素は、ほとんど皆無だ。その代わり、他者を自分と同等の位置にまで高め、「他の人間の行動も同じく並外れたものへ」強めるという使命があると語られている。こうした状況を、ベルクソンは「高邁（générosité）のかまどに火をおこす」と表現する。「高邁」という語は必ずしもベルクソンの主要概念とは言えず、『二源泉』でもほとんど使用されない。その一方で、講演「ラヴェッソン氏の生涯と業績」に再度目を移せば、ラヴェッソンが使用する「高邁」概念にベルクソンが注目し、「高邁」という「美しい名」を授けた哲学者として、デカルトの名を挙げていることに気が付く。[183]

デカルトの『情念論』(*Les passions de l'âme*, 1649)で「高邁」の感情が説明される際、この感情は、「わたしたちの自由意志の行使」と「われわれの意志に対してわれわれがもつ支配力」をわれわれが備えることに由来すると説明された。[184]こうした意志を充分に保持することが、「完全に徳に従うこと」だとデカルトは語る。[185]デカルトの「徳」は、自由意志を自覚する者のみが実践するのではない。自己自身に自由意志があると認識する者は、他の人間たちも自分同様に自由意志をもつと自識していることを確信する、とデカルトは続ける。[186]

ベルクソンとデカルト両者の道徳に関する言説の類似性に目を向ければ、「高邁のかまどに火をおこす」というベルクソンの表現が、ある程度までデカルト的「高邁」や「徳」概念の影響を受けたと考えることもできる。したがって、ベルクソンはこの時点では自身の道徳論を確固たるものとして構築しておらず、自らの理念に近いデカルトの道徳論を自らの生命論に仮設的に接続したと言えるのではないだろうか。アンリ四世校時代のベルクソンの講義では、デカルトの書簡はとりわけ道徳を論じたものとして取り上げられる。ベルクソンが書簡内で記述される道徳に関する箇所を熟知していたことがうかがえる。[187]じっさいデカルトの「徳」に関する言説は、宇宙的規模の視野を有している点で、ベルクソン的生命観とも親和性があり、ベルクソンにとっては後ろ盾にしやすい言説だとも言える。たとえばデカルトは、一六四五年九月十五日にプファルツ選帝侯女エリザベト宛の書簡で、「事実、われわれは宇宙の一部であり、さらにとりわけこの地球の一部であり、この国やこの社会やこの家族の一部であり、それに対してひとは住まいや誓約や生まれを介してつながっています」と、人間の相互連帯をコスモロジックな視野を含んだうえで記している。[188] デカルトのこうした表現は、宇宙的生命観をもつベルクソンと共通するものがないだろうか。デカルトは同書簡内で、徳の行為として「すべての人に善を施すことを喜び」、「他人のために自己犠牲をなし、魂を失ってでも他人を救うこと」を「もっとも英雄的な行為の源泉であり起源」と語っている。[189] デカルトのこうした価値観も、「モラリスト」を「英雄的行動の者たち」と称するベルクソンにとって是認しやすい言説であっただろう。とはいえ、こうした人間同士の相互関係を、「住まい」「誓約」「生まれ」により構成されるとデカルトが語る一方、ベルクソンは別の水準によって人間の交流を描く。

ベルクソンの言葉に戻ろう。「モラリスト」という人物の視点に立つ者は、進化の起源から到来する「衝動」を「われわれの眼にみえるもの」にすると語られるが、これはまさに他者を同じ地平へと誘導する行為である。続いて、「われわれが生命原理そのものにまで直観の行いによって侵入しようと欲するなら」と仮定のかたちで、今度はわれわれの側から生命原理にアクセスしようと意欲が湧き上がるさまが描かれる。最終的にベルクソンは、「彼らが経験するものを共感によって経験しましょう」と聴衆に投げかける。要するに、「住まい」「誓約」「生まれ」といった外的因子による連帯ではなく、ベルクソンはここでは、われわれの内的原理と生命原理との照応によって、ひとびとの連帯を説いている。

このようにベルクソンは、「高邁」を支点にしつつ、ある種の感情的触発を構想している。その感情的触発によって揺り動かされた者たちが、「モラリスト」と同じものを眺めようと欲する行程を、ベルクソンは描こうとしている。『二源泉』では「開かれた道徳」の伝播が神秘家の重要な役割として提示されるのと同様に、ここでも「モラリスト」の役割は他者との関係のうえに築かれる。いわば神秘家同様に、「モラリスト」も他者なくしては存在し得ないとも言える。講演「意識と生命」を読み解くと、〈事実の複数線〉から出発して、自分がたどり着いた生命論にデカルトの道徳論を接ぎ木することで、自らの道徳のかたちを模索しているベルクソンの姿がみえてくる。こうした〈事実の複数線〉により開かれた道徳への道は、『二源泉』ではどのような変化を遂げるのだろうか。

五　『二源泉』における〈事実の複数線〉

『二源泉』でベルクソンは、責務の感情という圧力によって社会は構築されているが、その一方、神秘家の道徳は圧力として作用せず、「憧憬」となりひとびとを誘う、と述べる。彼は、神秘家の道徳をひとびとが手にするさまを、まるで灰を攪拌することで再び火の粉が吹き上がるようだと形容する。[190] 生命原理の現れが「火山」に譬えられていた「高邁のかまどに火を灯すモラリスト」の道徳は、『二源泉』では神秘家の「開かれた道徳」として成就する。

そして『二源泉』で〈事実の複数線〉が用いられるのは、こうした神秘家が神と接触する合一経験をめぐってである。『二源泉』では、諸々の神秘家の経験が示す事実から複数の線を引き、神秘経験の真理を明示しようと企てられる。こうした真理こそが、哲学における諸問題を解決するとベルクソンは考え、〈事実の複数線〉を用いることで、神秘主義がまさに哲学の延長線上に存在することを示そうとベルクソンは試みる。

『二源泉』第三章で神秘家の宗教経験が論じられる際に、まず争点となるのは、彼らの宗教経験が一般的な病理と区別されうるのか否かということだ。宗教経験は科学実験とは異なり、裏付けのための再検証が困難であるゆえに、神秘経験は病理の状態と区別しづらい。ゆえに神秘経験を考察することは非科学的だという批判を取り上げながら、ベルクソンは反論する。学問のなかの記録は必ずしもすべてが検証可能ではない、というのがベルクソンの主張だ。

> 中央アフリカが「未知の大陸」だった時代に、地理学は、冒険家が誠実さと専門性を充分備えた保証を与えるならば、このひとりの冒険家の話を信頼していた。リヴィングストンの旅の足跡は、長いあいだわれわれの地図上に記載されていた。検証は、事実上ではないが権利上は可能だったとひとは言うだろう。［……］私もこれに同意する。しかし神秘家も同様に、他の者たちが事実上ではなく権利上、再びたどることができる旅をおこなったのだ。[191]

　ここでもやはり、ベルクソンが目指す経験の学と科学とのあいだで確実性をめぐる対立が渦巻く。要するに、神秘経験内で感得されるものを検証する方法が問われている。そこでベルクソンが言及する例示はきわめて注意を引く。神秘家の経験を説明するにあたって「未知の大陸（*terra incognita*）」や「冒険家」や「旅」といった比喩がここで用いられる点をどう理解すべきだろうか。

改めてわかるのは、ベルクソンが考究するのが、実験で再検証可能な反復されうる現象ではなく、デイヴィッド・リヴィングストン（一八一三〜七三年）がおこなった冒険のような、歴史のなかで一度だけ生じた出来事の確実性を確保することだという点だ。実験室でおこなわれる科学的・実験的検証方法からかけ離れた思索が、ここでは追求されている。かつて講演「心身並行論と実証形而上学」などで、科学的思考に抗するように〈事実の複数線〉という方法が提示されていた地点から、さらに深化した態度である。

また、「未知の大陸」「地図」「旅」といった表現がつくるテーマ系は、神秘主義研究の文脈において無視できないものだ。十七世紀の神秘家ジャン＝ジョゼフ・シュラン（一六〇〇～六五年）は、著書『霊的導き』(*Guide spirituel pour la perfection*, 1661）内で、神秘主義の学知を理解することは、「航海術」「操船技術」などを体得するように、その事柄に精通せねばならないと論じる。[192]

シュランの残した記述に関し、十六世紀以降の航海や新世界の発見に影響を受け、経験という概念をめぐり認識論的転回が生じたという渡辺優の指摘を、要約的にみてみよう。当時スコラ神学者たちは、各神秘家の経験がそれぞれ異なる点をもつという理由により、「神秘家たちの経験は厳密な意味での「学知」の根拠にならない」という批判を展開した。しかし、スコラ神学者たちの論拠である「経験の一般性・普遍性と原理とするスコラ的学知」や、それにもとづく世界像は、新世界から相次いで報告される発見によってしだいに揺らいでいく。すると代わりに、「個々の「私の体験＝経験」を権威の源泉とする言説」が生じる結果となった。[193]

本書でもこの視点はきわめて有益である。これが、神秘経験の研究を待ち受ける困難のひとつを解決する糸口となりえるからだ。リヴィングストンの探検の成果が地図上に刻印された理由は、リヴィングストンの経験から提出された証言が信頼を獲得したからである、と仮定しよう。科学的事実の証明は、その事実が再現可能であるかが鍵となる一方で、経験的事実は、とりわけ宗教経験は、そもそも完全な同一状態で反復される可能性がきわめて低い。それゆえ多くの場合、経験的事実の承認は、リヴィングストンと同様に、信頼に比重を置かざるをえない。神秘家と神秘家に語りかけられた者とのあいだに存在する信頼の感情が、ここで重要視されねばならない。

　信頼という論点を、また別の角度からみてみよう。〈事実の複数線〉における事実の承認が、一種の協力関係によって構築されるという点を、ある類比を用いてベルクソンが語る箇所がある。そこでは、測量士の技術という類比が用いられ、〈事実の複数線〉が説明される。測量士は、未知点までの距離を測定するため、既知の二点から到達しえない未知点まで方向線を引き、二つの方向線のあいだの角度を測ることで、自分から未知点までの距離を測定する。この「交会測量法（méthode de recoupement）」ないし「交差法」と呼ばれる測量士の方法は、〈事実の複数線〉と同質のものである。

> 測量士は、近づきえない地点への距離を測るとき、彼は手に入る二つの点から交互に近づきえない地点に標準を定める。この交会測量法が、形而上学を決定的に前進させる唯一のものだとわれわれは考える。この方法によって、哲学者間の協力関係が築き上げられるだろう。形而上学は、採用か破棄するか絶えず論争を呼び、再びやり直しを課される完璧な体系である代わりに、科学同様に獲得された結果の段階的集積によって進展する。[194]

「測量士」の類比で浮き彫りになるのは、神秘経験において感得されるものが、「近づきえぬ地点」にあるという神秘経験の特異性である。神秘経験がわれわれの彼岸に存在するという接近不可能性こそ、〈事実の複数線〉が乗り越えなければいけない障壁である。

加えて着目せねばならないのは、こうした乗り越えに必要だ、とベルクソンが語る「哲学者間の協力関係」についてだ。神秘経験の解明には、「哲学者間の協力関係」が不可欠だ、とベルクソンは告げる。つまり、ベルクソンがここで導き出そうとする確実性を伴った真理は、ベルクソン個人の力により発見されるのでない。この真理は、哲学者たちの共同作業により見出されることが示される。とはいえ、この共同作業が意味するのは、同時代的・集団的な作業ではなく、時代も国も異なる哲学者たちの諸理念が継承され交差していくあいだに、しだいにひとつの真理が浮上していく過程だろう。こうした「哲学者間の協力関係」は、科学と同等の確実性を築くためのものである一方、ベルクソンが長年抱く体系哲学に抵抗するという意味ももつ。そしてベルクソンのラヴェッソン評をみれば、こうした共同作業は、なんらかの同意にもとづくものではないだろう。そこでは、「愛する天才の呼びかけに応じて」、それぞれの独学者が「共通の行動を目指し協力する」と語られていた。

そして、〈事実の複数線〉は、事実相互のあいだに否定の原理が働いていないことから、弁証法的思考と区別され、また一人の哲学者によって構築される体系的哲学とも区別される必要がある。他の哲学者たちが獲得した事実は、それ自体ひとまずひとつの蓋然性と言える。しかし、すでに「手に入る」蓋然性に納得し満足する段階に停止していては、神秘経験において把握されるものという「近づきえぬ地点」を探究する、新たな段階に足を踏み入れることはできない。それこそが、哲学者たちのあいだの共同的探究が重要な意味をもち得る理由だ。あたかも既成の生体を「踏切台」にして、新たな生命の誕生へと出発するように、既成の真理を手がかりに、新たな真理を獲得することが、「継続的近似の学」としての哲学に求められる。だからこそベルクソンは、即座に神秘経験を確実なものとして措定しない。それゆえに、「しかしながら、神秘経験はそれ自体に委ねられれば、哲学者に決定的な確実性を提供しないとわれわれは知っている[195]」とベルクソンは警告する。

では、哲学者はどのように神秘経験の確実性を検証すればよいのか。言い換えれば、哲学者はどのように神秘経験を信頼すればよいのか。そこでベルクソンは、「神秘経験が完全に説得的であるのは、哲学者が感性的経験とそれにもとづく推論という別の道を通って、人間が超越的原理と交流する傑出した経験の実在をありえるものとみなすに至った場合だけだ[196]」と付言する。神秘家の経験の証言を受け取るだけでは神秘経験は確実性をもちえず、その一方、哲学者が「感性」とそれにもとづき悟性を働かせた「推論」によって判断すれば、神秘経験の確実性も確証できると彼は言う。そしてベルクソンは次のように語る。

神秘家たちのうちに期待された、この「超越的原理と交流する」経験と出くわすことは、すでに獲得された諸結果につけ加わることを可能にする一方、この既得の諸結果に本来備わる固有の客観性のいくぶんかを、神秘経験にひるがえって波及させる。経験を除いて認識の源泉はない。しかし、事実を知的に描出することは、元の事実からはみ出さざるをえないのと同様に、すべての経験が同等に決定的で同一の確実性を許容するわけではまったくない。多くの経験は、たんに蓋然的な結論へとわれわれを導く。しかしながら、この複数の蓋然性は加算されうるので、蓋然性の加算は確実性とじっさいに同等であるような結果をもたらす。われわれは、かつてこの「事実の複数線」について語った。この各線は、充分遠くまでは進まず、真理の方向しか指し示さないが、それら二つの線を交差する点にまで延長すれば、ひとは真理そのものに到達するだろう。[197]

神秘経験の確実性を探究するために、こうして〈事実の複数線〉が適用されるが、この確実性は、たんに神秘経験が病的経験や狂気と区別するだけのために要請されるのではない。

じつは『二源泉』の〈事実の複数線〉は、ベルクソンのある主張を補強するために使用される。それが、「神秘主義は哲学を助けるものだ」という彼の主張である。ブロンデルが問うた、神秘主義が哲学領域の限界を乗り越えることを助ける、という問題と呼応するベルクソンの態度がここに見られる。ベルクソンにとって神秘経験がもつ各事象は、諸々の事実として配置されそこから線が延びていく出発点ではない。そうではなくて、哲学分野で「すでに獲得された諸結果」という出発点に、神秘経験が延長線として接合されるのだとベルクソンは唱える。そうした状況によって、「すでに獲得された諸結果」が帯びる「客観性」が神秘経験へと浸透し、同時に、これまで生涯をかけてベルクソンが思索してきた諸問題を延長する役目を、神秘経験が果たすことになる。『二源泉』で語られる「すでに獲得された諸結果」とは、ベルクソンがこれまでの著作を通じて考察してきた、「偽の問題」「表現不可能なもの」「生命創造」という二つの課題に整理することができるだろう。こうした数々の哲学的問題に、新たな回答を付与し哲学に貢献するのが、ベルクソンにとって神秘主義と神秘経験なのだ。こうした観点で、「［……］幻視やアレゴリーや神秘主義を表現する神学的形式から解放されたかたちで、神秘主義を純粋状態で取り出せば、充分に哲学探究の強力な補助となる」[198]というベルクソンの言葉を理解せねばならない。

六　哲学の延長としての神秘主義

ではいかなる線により、神秘主義が哲学の延長となるのか。ベルクソンは、『二源泉』に至るまで、思索が重ねられた三つの問題を挙げ、そこに神秘家をめぐる考察でえられた事実を接続し、それを既存の三つの問題の延長として思考する。

まずひとつ目は、『創造的進化』第三章と第四章で論じられた「偽の問題」と呼ばれる哲学的主題だ。「なぜ無ではなく存在があるのか」「なぜ無秩序ではなく秩序があるのか」「なぜあれが可能でなくこれが可能なのか」といった問いをベルクソンは「偽の問題」と呼ぶ。なぜなら、たとえば「なぜ無ではなく存在があるのか」という問題は、「存在」があることを確認したあとに、「回顧的な見方」[199]によって「無」を「存在」に付加するのであり、問いを提起する方法がすでに錯覚にもとづくからである。それに対して、神秘家はこの種の「偽の問題」に陥ることはないとベルクソンは語る。

［……］神秘家は、神性の「形而上学的」属性のまわりに哲学が積み上げた諸難題を、これ以上気にかけることはない。というのも彼は、否定による規定、否定的でなければ表現できない規定を、まったく必要としないからだ。彼は神が何であるかをみているかと信じており、神が何でないかをまったく目にしない。したがって、哲学が神秘家に訊ねねばならないのは、神の性質がもつ肯定的なもののなかで、無媒介に把握される神の性質、つまり魂の眼に認識されうる神の性質についてである。[200]

哲学者が「偽の問題」にどう対応すべきかは、神秘家が「否定による規定」に対して構える姿勢が教えるところである、とベルクソンはここで指摘している。哲学者は神秘家の姿勢を凝視し、「偽の問題」が錯覚であることを明らかにせねばならない。こうして神秘家は「哲学探究の強力な補佐」となりえるが、これは一方的関係ではない。先ほどの引用でもみたように、神秘家のほうも、「既得の諸結果に本来備わる固有の客観性」を授かるからだ。それゆえに、あくまで哲学と神秘学とのあいだには「相互強化と相互補足」[201]がある、とベルクソンは説く。

神というテーマから派生する別の問題に目を移そう。これは、神秘家が哲学を補佐する二つ目の線、「表現不可能なもの」という主題についての線と言える。『試論』の序文から、すでにベルクソンは、感覚的質を言語へと不当に翻訳することでしか人間は思考できないと訴えており、[202]言語の特性と内的感覚との差異は、『物質と記憶』でも『創造的進化』でもたびたび取り上げられた。

『二源泉』で言語の問題が出現するのは、神をめぐってである。神は愛であり、かつ愛の対象であると神秘家は表現することができる、とベルクソンは言う。しかしながら、それ以上の描写を試みれば、描写は無限に膨れ上がり不可能となる、と彼は続ける。その際、哲学者は、粗悪な神人同形論に陥らないように配慮しつつ、神を人格という概念を借りて表現することになる。しかしここでベルクソンは、こうした概念には「感動（émotion）」が内包されていなければならないと注意をうながす。[203] この「感動」は概念に先行し、概念を生み出す基体となっていると彼は語る。

この種の感動は、きわめて遠いものであるが、神秘家にとって神の本質そのものである崇高な愛とおそらく類似する。いずれにせよ哲学者は、表現するために神秘主義的直観を徐々に知性の言葉に圧縮するときに、この感動について考えねばならないだろう。[204]

この「感動」こそが鍵となっている。この「感動」は、怒りや悲しみといった心理状態の一様態ではない。ベルクソンにとって「感動」は、なによりも創造とその意味領域を重ねる。彼にとって「感動」は、創造の過程の目印となっている。ベルクソンが「創造はなによりも感動を意味する」と言うのは、この意味においてである。概念ならざるものから出発して、概念としてのひとつの言葉が生み出されるのが、彼にとっての創造の序列そのものに他ならない。

哲学者が「表現不可能なもの」を描写しようとするとき、言い換えれば、神秘家が捉えられた「神の本質」を知ろうとするとき、哲学者にとっては「文章を綴る」ときの精神状態が助けとなる、とベルクソンは指摘する。[205] 文章を綴るとき、哲学者は「知性の言葉」に頼らざるをえない。言語の使い手たる哲学者は、ときに「言葉に暴力をふるって」[206]、無理矢理にでも「感動」を言語記号に押し込めねばならない。しかし忘れてはならないのが、あくまでもそこには「感動」が先在し、この「感動」が言語記号を創造したという点だ。ベルクソンにとって、概念が「感動」を生むのではなく、「感動」が先にあり、それが転落し膠着化し概念となる。それと同じく、神を指して既存の概念を用いて「愛」と呼ぶにしても、そこには神と接した「感動」があって改めて「愛」という語が創造されるのだ。こうした創造がなければ、寄せ集めの言葉をいくら駆使しても、絶えず言葉同士の隙間から、「表現不可能なもの」は滑り落ちていくだろう。「表現不可能なもの」を表現する際に肝心なのは、そこに創造の序列があるかどうかである。このようにして、「表現不可能なもの」と言語との関係をめぐる哲学的問題は、神秘家が神を描写する方法のなかにベルクソンが見出す、言葉と言葉の起源にある「感動」によって応答される。

以上は創造と創造されるものとの関係を説明したものだ。そして三つ目の延長は、生命創造の理由についての神秘家の見解を追うものだ。「神はなぜわれわれを必要とするのだろうか」とベルクソンは問いかける。ベルクソンは『創造的進化』で、流動する生命が物質と出会うことで生物が生まれるという生命論を繰り広げた。いわば、生命と物質が相互に補い合うかたちで、宇宙は構成される。こうして達成された生命論が、神秘家が生命創造について語る際の条件となりえる。

こうした条件において、神秘家が哲学者に示唆する宇宙に関する観念を最後まで推し進めることを妨げるものはない。宇宙は愛と愛する欲求の可視的・触覚的側面でしかないが、この創造的感動が引き起こす全結果を伴っている。つまり、この感動の補足物である諸生物の出現や、これらの諸生物が現れるために必要であったその他の無数の諸生物の出現、そして最後に生命が可能であるためには必要であった、莫大な物質の出現を伴っている。[207]

ベルクソンはここで、彼が生命進化について下した結論を、一挙に神の問題へと収斂させる。こうした判断は『創造的進化』の結論を超え出る、と彼自身語る。[208]『創造的進化』では、生命誕生と生命進化の理由は、人類を出現させることにあり、人類以外の存在理由を考えることはなかった、とベルクソンは回顧する。[209]だが、『二源泉』では、「エラン・ヴィタル」の向かう先が、「エラン・ダムール(élan d'amour)」[210]であることが提示される。引用で言及されている「愛と愛する欲求」とはなにか。ベルクソンは、「創造的エネルギーは愛であり、自分自身から、愛されるに値する諸々の存在を引き出そうと欲する[……]」[211]と述べる。つまり、ベルクソンの了解では、神は愛するために諸存在を生み出すのであり、結果として、その諸存在から神は愛されるのである。

以上のように、「偽の問題」「表現不可能なもの」「生命創造」という三つの課題をめぐって、哲学者よりむしろ神秘家こそが回答を与えるとベルクソンは考えた。[212]〈事実の複数線〉によって、彼の哲学的問題と、神秘家が神に関してめぐらせた思考を接続したのだが、こうした問題への対処自体が、もう一方で、本書第一章第一節で示した、当時の神秘主義研究の諸問題に対応するかたちを取っていることに注目しよう。簡単に振り返れば、まず心理学者たちが神秘主義を病という枠組みから救い、しだいに哲学へと神秘主義研究のフィールドは移っていった。ベルクソンが〈事実の複数線〉を使用したのも、まずは神秘体験を病や狂気から区別するためだった。そして、ベルクソンが神秘経験を接続する「偽の問題」「表現不可能なもの」「生命創造」という三つの問題も、哲学者が神秘経験を解釈しようとするときに衝突する困難を表すものだ。とくにブロンデルやバリュジが、神秘経験をどのように言語表現に翻訳すればよいのかという課題に直面していた。この困難に対して、ベルクソンは神秘家たちの経験から、神に関する否定の表現を排すること、言葉に先行する感動に目を向けること、神は愛する対象として諸存在を生み出したこと、という指標を導き出す。その結果、こうした複数の線の交差点で神との接触の確実性を立証できるとベルクソンは確信しているのである。当然のことながら、この神が「創造的エネルギーそのもの」[213]に他ならず、数々の物質を伴って諸存在を創造する。〈事実の複数線〉は、ベルクソンの哲学的方法として編み出され、まずは心身関係に関して、続いて生命進化に関して理論を構築するうえでの重要な役割を担うことになった。そして『創造的進化』で展開された生命論が、神の問題や神秘経験の問題という新たな段階へと至る際も、ベルクソンは、やはりこの方法に依拠し、対峙していった。こうした思考を追うことでわかるのは、既成の体系からではなく、経験的に把握された事実から出発する〈事実の複数線〉が、ベルクソン哲学に本質的な方法であるということだ。とりわけ神秘主義をめぐって、〈事実の複数線〉は真価を発揮するようにみえる。というのも、神秘経験で把握される神の姿こそ、そして神との合一によって経験されたものこそが、「近づきえぬ点」であり、遠方からその点を探るためには、近似的な仮説を重ねることが重要だからである。

第二節　記憶としての〈生き延び〉とその伝播

第一節では〈事実の複数線〉についてわれわれは論じた。ベルクソンは神秘主義が哲学的議論を補強するという主張を展開し、この〈事実の複数線〉という方法こそが神秘主義を哲学へと接続すると述べた。ドゥルーズが、「あたかも、まさしく哲学的な「蓋然性」が神秘主義的確実性に延長されたが如く」[214]と表現するように、二つの領域を橋渡しすることで、なぜ神秘主義を哲学的問題として論じるのかという理由にベルクソンは答えた。

哲学への神秘主義の応用について述べたあと、ベルクソンは、〈事実の複数線〉が神秘家に関わるもうひとつの概念に深く関係することを明かす。それが、肉体が滅んだのちも魂が存続することを意味する〈生き延び（survie）〉と呼ばれるものである。

ベルクソンは、とりわけ神秘家が備える魂は、死後も残存すると語る。ベルクソン自身は『二源泉』では〈生き延び〉について結論を下さず、あえて婉曲的な表現で〈生き延び〉の蓋然性についてだけ言及するが、今まで提示した議論にしたがえば、それはむしろ集積として確実性へと結びつく蓋然性だと言える。そして、この〈生き延び〉概念をベルクソン哲学のなかで読み解くためにも、記憶の役割と結びつけて考察する必要がある。というのも、ベルクソンにしたがえば、肉体の消滅後に魂は記憶として残存するからである。

それゆえ本節では、まず〈生き延び〉がいかなるものかを確認し、さらにこうした神秘主義的魂における〈生き延び〉と経験一般とのあいだにベルクソンが示す直観をめぐる関係性について考察したい。さらに、神秘家と一般のひとびととの関係性を補うものとしての「開かれた道徳」の伝播が、いかにして可能になるのかを理解したい。最後に、追憶の状態となった神秘家の〈生き延び〉をひとびとがどのように再生させるのかを、ベルクソンが「人類の記憶」について語る箇所から、読み解いていきたい。

予備作業として〈生き延び〉と「不死性」との語彙上の差異の確認をしつつ、その二項対立に収まりきらないベルクソンの独自性をみておこう。オスカー・クルマン（一九〇二～九九年）は、ギリシア的な魂の「不死（immortality）」は肉体が滅んだのちにも霊魂が不滅であることを意味し、その一方でキリスト教的な死者の「復活（resurrection）」は、肉体も霊魂も死滅したのちの復活を意味すると定義づけた。[215] 前者はソクラテスに象徴され、後者はキリストの復活そのものの過程だと彼は語る。クルマンの定義に沿えば、ベルクソンは〈生き延び〉概念を通じてギリシア的な方向で魂の不死を論じているとも考えられる。とはいえ、ベルクソンはギリシア的異教以外にも仏教やヒンズー教にまで幅広く触れ、さまざまな地域で多様なかたちで表象されてきた神秘主義を考究するのであって、ベルクソンにおける神秘家の〈生き延び〉は、ギリシア的「不滅」か、キリスト教的「復活」か、という二元的構図に収まりきらない豊かさを有する。むしろ、ベルクソンが〈生き延び〉という概念により、神秘主義の地平に新たに切り開いていく領域を丹念に探らねばならない。

一　身体からの魂の解放

まず、〈事実の複数線〉によって〈生き延び〉の可能性についてベルクソンが考える際の、彼の言葉を追ってみよう。

同じ〔事実の複数線という〕方法は、来世のあらゆる問題にも応用される。ひとは、プラトンとともに、魂は分解できないがゆえに単純であり、不壊ゆえに変化せず、その本質からして不死だ、とア・プリオリに魂の定義を提起可能だ。そこから演繹により、「時間」のなかに転落する魂という理念、その後「永遠」への回帰という理念にひとは到達する。〔……〕魂の定義が恣意的である限り、主張も不毛なままである。魂に関する二千年ものあいだの省察は、魂をめぐるわれわれの認識を一歩も進展させなかった。[216]

まずここで批判の的になるのは、魂に「ア・プリオリ」な定義を付与することだ。「ア・プリオリ」に魂を理念的なものに仕立てる結果、身体は地上に魂をつなぎとめる足枷とみなされてしまう。その結果、身体からの魂の解放を、「永遠」という本来の状態への回帰であると規定する事態に陥る。ベルクソンにとって、第一に、身体に限らず物質は障害であると同時に道具でもあり、第二に、魂は身体とともにあっても持続を経験するのであって、無時間的な「永遠」への回帰が目指されるべき状態ではない。[217]そうした「ア・プリオリ」な魂の定義からいくら演繹的に思考を展開しても、「不毛な」

議論が繰り返される、というのが彼の提言である。[218]
魂の議論に必要なのは理念的定義ではなく「経験の術語」による考察だと述べつつ、続けてベルクソンは、『物質と記憶』の議論を思い出すように読者にうながす。つまり、ベルクソンは、「魂」の〈生き延び〉の可能性を、自らが築いた記憶の論理によって補強しようと意図している。

だが、もしじっさい魂の問題があれば、それは経験の術語で徐々に、かつ絶えず部分的に解決されていくことを、どうして目にせずにいられるだろうか。［……］感覚と意識による正常な事例と病理状態の観察は、記憶についての生理学的説明が不充分であることや、追憶の保存を脳に帰属させることの不可能性をわれわれに明らかにする一方で、記憶の継続的な膨張の足跡を追うことが可能であることをはっきりと示す［……］。[219]

ここで魂の問題の解決の一端を「記憶の継続的な膨張」の追跡に帰していることからわかるように、身体と比較した際の「魂」が有する複数の側面のうち、ベルクソンが強調するのが、プロティノスと同様に、「記憶」としての「魂」なのだ。[220]
そして「記憶の継続的な膨張」の行き着く先に位置づけられるのが、魂の〈生き延び〉とベルクソンが呼ぶものに他ならないことをまず理解しておこう。脳に束縛されることなく、身体から解放された記憶が絶えず積み重なっていく状態を、ベルクソンは〈生き延び〉という言葉を用いて表現している、と言えるだろう。したがって、記憶との関係から〈生き延び〉という概念を読み解いていきたい。[221]

記憶が脳に保存されず、記憶それ自体が自律的に保存されることが、ベルクソンの記憶理論の核心である。そうした記憶形態は、『物質と記憶』では、頂点を下方に向けて逆立ちした逆円錐の図像で説明がなされていた。[222] 図像内で逆円錐の頂点は「現在」を表す別の平面に接しており、逆円錐とこの平面との接点においてのみ、記憶は「現在」へと作用すると語られることで、ベルクソンの記憶論の大枠が説明された。しかし、もし仮にこの「現在」の平面との接点から離脱して、逆円錐の側の記憶の全体のみを注視した場合に、何がみえるだろうか。『二源泉』ではこの問いが取り上げられ、そこに魂の〈生き延び〉の蓋然性をベルクソンはみる。

［……］先端部分を離れたとたん、われわれは新しい領域に入り込む。それはいったいどんな領域か。言ってみればそれは精神だろうし、またお望みならば魂とも言える。しかし、そのときには言語の働きを再編し、この言葉の下に恣意的定義ではなく経験の総体を置くことになる。こうした経験の深まりによって、われわれは魂の生き延びの可能性ないし蓋然性さえも結論づけるだろう。なぜなら、現世ですでに、身体に対する魂の独立というものを観察し、それに触れているからだ。それは魂の独立性の一側面でしかなく、生き延びの諸条件や、とりわけそれが一時的か永遠かという持続期間については、不完全にしか知り得ないだろう。とはいえ、少なくとも経験が影響する一点をわれわれはみつけたのであり、われわれの認識の将来的な進歩と同じように、異論なき主張が可能になるだろう。[223]

ベルクソンはここで、言語的定義によって魂本来の性質を歪曲することがないように注意喚起する。ベルクソンによれば、言語は「恣意的定義」しか行えず、それが言語機能の限界でもある。それゆえ、魂について言及する場合には、「言語の働きを再編し」、魂という言葉を「経験の総体」によって下支えせねばならない。ベルクソンにとって、言語活動は経験の内容が反映される必要があり、魂の考察については、言語を経験へと従属させつつ、一貫して経験の枠内で考察されるべきだというのが、ベルクソンの主張である。

さらに彼の論旨を追おう。経験から観察された事実によると、「身体に対する魂の独立」は確証され、これにより魂の〈生き延び〉が「蓋然性」を伴う状態で理解される、と述べられる。ベルクソンが初期から探求してきた記憶の自律についての考察が、『二源泉』に至り魂の〈生き延び〉として昇華されていることがわかる。

以上のような魂の〈生き延び〉は、だれにでも当てはまる一般的経験から得られた帰結であり、この〈生き延び〉をいっそう考究するために、「別種の経験」の導入が必須であると彼は語る。それが「上位の経験」である神秘家の経験だ。

下位の経験と呼ばれるようなものについては以上である。それでは上位の経験に移ろう。われわれには別種の経験がある。それは神秘主義的直観である。これは神の本質の分有であるだろう。ところで、この二つの経験は合流するだろうか。現世ですでに魂の活動の大部分が身体から独立しているという事実により、生き延びは全ての魂に確実だと思われる。この生き延びは、現世において傑出した魂たちが潜り込みにくる生き延びと、ひとつになるだろうか。ただこれら二つの経験の延長と深化のみが、われわれに教えるだろう。問題は未解決のままに違いない。しかし、本質的な諸点に関して、確実性へと転じうる蓋然性を伴う諸結果や、他にも魂とその行方についての認識や、終わりなき進展の可能性が得られたことは手柄である[224]。

ベルクソンが「別種の経験」と呼ぶ「神秘主義的直観」は、まさに神秘家が神との合一経験を経て、神の本質を認識することだ。だからこそ、「神秘主義的直観」は「神の本質の分有」だと記される[225]。

そしてここでベルクソンは、身体からの魂の独立の二つの形式を重ね合わせる。経験領域の「下位」、つまり人間一般の経験領域では、われわれの魂が身体から独立し、記憶と呼ばれる状態を〈生き延び〉と彼は呼ぶ。他方経験領域の「上位」、つまり神秘家の経験領域でも、魂の独立状態が同じく〈生き延び〉と呼ばれる。これについてドゥルーズは、魂の〈生き延び〉の問題は「記憶についての経験の線」と「それとはまったく異なる神秘経験の線」という二つの線の交差により解決されると述べていた[226]。われわれもドゥルーズにならい、記憶とともに、神秘経験にも触れながら〈生き延び〉の問題に迫る必要がある。「下位」の〈生き延び〉、つまり記憶という側面からみた〈生き延び〉については、今まで確認したように身体からの魂の独立という事態をベルクソンは考えている。ここでは「上位」の〈生き延び〉、つまり神秘経験をめぐる〈生き延び〉を仔細にみていこう。

まず「神の本質の分有」は、神の愛の分有であると述べられる。この創造的エネルギーであるところの愛を、神秘経験のなかで、神との接触のみならず「部分的一致[227]」を介して、神秘家が享受することが、ベルクソンにとって「神の本質の分有」という表現が意味するものだ。
神秘経験について語ったドラクロワも指摘するとおり、神秘家は神との合一に先立つメランコリーのなかで、擬似的な死を経験する。この擬似的な死は、忘我のなかで肉体が消滅したのち、精神による神と合一を準備する。つまり神秘家の合一経験は、身体的要素が極度に消去され、精神のみによって合一経験が果たされる過程だと言える。一九一三年の講演でも、「身体組織を超え出る意識という考えに慣れるにしたがって、身体のあとでも魂が生き延びることを自然と考えるでしょう[228]」とベルクソンは述べることで、魂は肉体の死とともには死ぬことはないと主張していた。合一経験においても重視されるのは、身体から魂が解放される点である。ここでも身体からの解放ないし独立という性質により、〈生き延び〉概念が語られているのだ。

われわれの「下位」の〈生き延び〉と神秘家たちの「上位」の〈生き延び〉とが、「合流」するのだろうか、とベルクソンは自問する。「二つの経験の延長と深化のみが、われわれに教えるだろう」とだけ彼は告げる。われわれの手には、「確実性へと転じえる蓋然性を伴う諸結果」しかないからだ。これが、ベルクソンにとって真理を得るための「仮説の学」である哲学の姿勢だからである。人間一般の〈生き延び〉と神秘家の〈生き延び〉との差異は、なによりも、通常の人間とは違い、神秘家が「神秘主義的直観」という神の本質に触れる点だ。まずは、この直観の内実を探る必要がある。

二　直観を通じた神秘家への接近

神秘家の〈生き延び〉がどう大衆に関与するのかを考察するために、まずはベルクソンにおける直観や、ひとびとの経験と神秘経験が直観により結ばれる過程、そしてこの過程を介して「開かれた道徳」が広まっていくとみなすベルクソンの思考をたどってみよう。これらは迂遠な議論に思われるかもしれないが、〈生き延び〉を記憶として語るうえで不可欠なものである。というのも、「開かれた道徳」の限界において、記憶としての〈生き延び〉が効力をもつからである。

『二源泉』では身体からの精神の独立が論じられながらも、神秘家の合一経験に関して、ことさらに擬似的な死を強調して身体の消滅を語る箇所は、ほとんど見当たらない。むしろ『二源泉』では、肉体から離脱して精神のなかに浸る契機は、合一経験そのものよりも、むしろ神秘家の直観に求められているようにみえる。先の引用箇所でも、「神秘主義的直観」こそが「神の本質の分有」だとベルクソンは主張していた。では「神秘主義的直観」とは何を指すのか。次の引用箇所にしたがえば、「神秘主義的直観」によって神秘家は精神を内観し、最終的には生命そのものが秘める創造的エネルギーに触れるに至る。ベルクソンの思索のなかで、一時「モラリスト」が生命原理の担い手となっていたが、その役割がモラリストから神秘家へと移されていったのも、「神秘主義的直観」を通じて生命の根源たる神に接触することが、不可欠なものとして求められるようになったことが一因だと考えられる。[229] この点を踏まえて、この直観の可能性についてベルクソンの言葉をたどりつつ検討しよう。

［……］人間においてそれ〔直観〕は、完全に利害を脱しつつも意識的なままだったが、直観は微光でしかなく、それほど遠くまで投射されなかった。だが、もしエラン・ヴィタルの内面やその意義や目的が明かされるならば、それは直観によってだ。なぜなら、直観は内部へと向けられるからだ。もし仮に、初期の強化状態では、直観はわれわれの内なる生を把握させつつも、われわれの大部分はそれ以上遠くへ行けないにしても、それを凌ぐほどの強化状態は、直観をわれわれの存在の根本まで運ぶだろう。それにより直観は、生命一般の原理そのものに到達するだろう。神秘主義的魂が、こうした特権を授かっているのではないだろうか。[230]

『二源泉』では、人間は知性にもとづいて社会を営むゆえに、通常生活において直観が顧みられることは稀だ、とたびたび述べられている。しかしながら、エラン・ヴィタルの「内面」「意義」「目的」といった全貌を把握できるのは直観の力に拠る、とここでは指摘されている。むしろ、直観を軸にすえて、エラン・ヴィタルの全貌の把握が改めて要求される瞬間とは、生命についての認識がきわめて脅かされている状態だと言えないだろうか。これは、ベルクソンの同時代の戦争の脅威に関わる事柄だが、これについては本書第四章で集中的に検討する。

では直観に戻ろう。人間一般の直観は、エラン・ヴィタルの内実を把握すること自体は可能だとここで語られる。しかし、把握することのみで限界に達する、とベルクソンはつけ加える。人間の限界を超えて、エラン・ヴィタルの流れを再び解放する「特権」を有するのが、「神秘主義的魂」の持ち主なのだ。

だが、人間一般にも直観が備わっており、それによってエラン・ヴィタルの働きが把握可能だというのは、ベルクソンにとって紛れもない事実である。ベルクソンによれば、神秘家に及ばないまでも、ひとは直観により生命の内奥に接触できる。つまり、神秘家ではない人間にも、通常の直観を超え、その先を見通す能力を得る可能性が残されていると言える。じっさい、一九二二年に書かれ、『二源泉』後にも加筆されている論考「序論」では、人間一般と神秘家とのあいだで直観が共通項となり、両者の経験が接近する可能性についてベルクソンは思考している。

> 事実を言えば、実在は経験内でしか与えられない。この経験は物質的対象を扱うとき、視覚、触覚、外的知覚と呼ばれる。経験が精神に向かうとき、直観という名になる。直観はどこまで行くだろうか。直観のみがそれを言うことができる。直観は糸を掴む。この糸が天まで昇るのか、あるいは地上からいくらかの距離で止まるのかは、直観のみが目にする。天まで昇る第一の場合には、形而上学的経験は大神秘家たちの経験と結びつくだろう。われわれとしては、そこに真理があると信じている。[231]

「形而上学的経験」とは、講演「心身並行論と実証形而上学」内でも考究され、その後もベルクソンが問い直し続ける課題だ。この「形而上学的経験」とは、精神の動きを、媒介を経ずにもっぱら内観する経験だ、とひとまず言える。この経験は、神秘家でないひとびとも自然に経験する類のものだ。そのうえでベルクソンは、そうした人間の直観的な経験と、神秘家の神秘主義的直観の経験とが、ある側面においては結びつきうると述べているのだ。われわれは「直観の糸」に導かれて、神秘家の経験へと接近するのだ。直観は精神を眺めるものであるがゆえに、ここで重ね合わされる二つの経験も、魂をめぐる経験であることは間違いない。

とはいえ、神秘家は傑出した人物たちであり、彼らは「特権」を有する、とベルクソンが述べるように、人間一般と神秘家とを軽率に同一水準に置くことは、避けねばならない。だからこそ、たんに直観の経験だけに頼るのではなく、別の手段が必要となる。神秘家が絶えず人間一般へと影響を与える存在であるのは、「開かれた道徳」にもとづく「開かれた社会」を普及させる者だからである。「開かれた道徳」とは魂の態度であり、神を通じて、人類を愛する準備を通常の社会においてうながす道徳である。こうした道徳の波及が、直観と並走しながら、別の経路になりうるとベルクソンは考えている。

三　「閉じたもの」と「開かれたもの」、そして「開かれた社会」の限界

直観という軸から、ベルクソンが一般的直観の経験と神秘主義的直観の経験とをどう接近させるのかを確認した。だが、『二源泉』の神秘家の役割は、直観により神との合一経験をおこない、生命の創造的エネルギーに触れる人物としてのみ描かれるのではない。むしろ「開かれた道徳」の実践者としての神秘家の姿を、ベルクソンは描出しようと努める。

「開かれた道徳」は、一般の大衆にも直観を介して生命の創造的エネルギーに触れることをうながす。なぜベルクソンはこうした道徳を「開かれた道徳」と呼ぶのだろうか。『二源泉』では、道徳は主に二つの形態をもつとみなされている。まずは基本的な性質の違いを簡単に確認し、さらに、ベルクソンが打ち明ける「開かれた道徳」の普及を待ち受けるひとつの困難についてもみてみたい。

第一の形態は、人間が集団化し自然に社会が形成されるなかで生まれる道徳である。それゆえ一般的な人間社会は、この道徳を基盤にするとベルクソンは考える。彼はこれを「閉じた道徳」と呼ぶ。この「閉じた道徳」を構成する大部分は、人間の自己保存の本能と重なるものがある。またベルクソンは、こうした道徳によって営まれる社会を「家族」の延長であり、社会と「家族」とは起源において一致すると語る。[232]「家族」の延長である社会の成立に不可欠なのが、その社会内の成員を愛することであり、その反面、成員以外の他者や他の社会に対して防衛するという「原始的本能」だと彼は付言する。要するに、「閉じた道徳」は排他的なものと言える。そうした「閉じた道徳」によって精錬されることで「閉じた社会」は完成される。また、そうしてできあがる社会の特徴が、個人と社会を同一化させることだと指摘される。というのも、この社会の出発点は自己保存の個人的欲求であり、社会を保存するという欲求もこの個人的欲求の延長だからである。そうした意味で、「閉じた社会」においては個人と社会は「個人的および社会的保存の同一の使命」に専念し、「彼らは自らの方を向いている」のだ。ゆえに、こうした社会の道徳は、「利己主義」的側面や「功利主義」的側面を備える。「閉じた社会」は自然に形成されるので、これらの要素を列挙するだけで容易に定義づけできる、とベルクソンは語る。[233]

その一方で、第二の道徳形態の規定は困難を伴うとベルクソンは吐露する。[234]その困難さは、この道徳の性質そのものに起因する。そして『二源泉』は、いうなればこの第二の道徳の実像を明らかにすることが目的のひとつと言っても過言ではない。第一の道徳が、社会の防衛や社会維持が主眼であるという意味で「静的」なのに対して、第二の道徳形態は「動的」と表現できると語られる。[235]ベルクソンによれば、「動的」道徳とは、個々の社会の維持を主要目的とせず、全人類を志向する道徳である。単純化を恐れずに言えば、「静的」道徳を基盤にする「閉じた社会」がひとつの社会の保全するのに対して、「動的」道徳を基盤にする「開かれた社会」は、全人類を包摂しようと努力すると言える。ベルクソンはこれらの二つの社会間に、「質的な差異」をみている。

［……］われわれが住む社会と人類一般とのあいだには、繰り返しになるが、閉じたものと開かれたものとのあいだにあるのと同一の対比がある。この二つの対象間の差異は、もはや単なる度合いの差異ではなく、質的差異である。[236]

「われわれが住む社会」を「閉じた社会」の例示として挙げることで、「閉じた社会」が普遍的で人間本性に根ざすことがここで明らかにされる。それと同時に、二つの社会間の「質的差異」が強調されることで、「人類一般」を目指す「開かれた社会」が、「われわれが住む社会」とは別の次元に存在することが明示される。また「閉じた社会」の例として、ベルクソンはギリシア的な「都市国家（cité）」[237]を挙げる場合もある。つまり、人間本性に寄り添う「閉じた社会」は、時代や地域に限定されずに存在するのだ。

そして「閉じた社会」に対比されるのが、「開かれた魂」の道徳だ。ベルクソンは「福音書の道徳は、本質的に開かれた魂の道徳である」[238]と表現するが、この言葉からわかるように、彼は「開かれた道徳」の伝播のモデルとして、キリスト教の伝播を重ね合わせる。とはいえ、ベルクソンの記述はキリスト教が拡がっていく歴史を精査することに向かわない。むしろ、「開かれた道徳」を、魂が取りうるひとつの態度として説明することに専念する。つまり、「開かれた道徳」を受け入れることを、魂の態度を決定することとしてベルクソンは描写する。

閉じた魂と開かれた魂とのあいだに、開きつつある魂がある。座る人間の不動性と同一の人間が走る運動とのあいだには、彼が立ち上がる際にとる起立の姿勢がある。端的に言えば、静的なものと動的なもののあいだに、道徳における移行が見受けられる。もし、止まっていながら一挙に運動へと飛び込むために必要なエランをおこなうならば、この中間状態は気づかれないだろう。だが、ひとがこの中間状態に留まるならば、注意を引くだろう。——それはエランが不充分な徴しである。[……]一方は自然によって望まれたものであり、他方は人間のうちの天才の貢献によってなされる。[239]

「閉じた魂」から「開かれた魂」へ、「座る人間の不動性」から「走る運動」へ、「静的なもの」から「動的なもの」への「移行」は、単なる二領域間の推移ではなく、むしろ変革や転回とも呼びうるほどの変容だと言える。ここで分類される二領域は、まったく性質を異にするものだからだ。一方は「自然によって望まれた」のであり、そして、他方は「人間のうちの天才」である、開かれた道徳の伝道者により育まれた魂の作法である。さらに、「移行」は緩慢な変容だとはみなされていない。それは「一挙に」、「エラン」と呼ばれる躍動によって、「運動へ飛び込む」ことで達成される。ここで記される「運動」は、道徳を拡散する運動であり、また社会を変革していく運動のように表現される。換言すれば、「一挙に」生命の運動に届くまで跳躍し、運動と一体となることこそが、生命の創造的エネルギーに接近し、再度その流れに参与する準備となる。

こうした「一挙に」生命の運動へとたどり着く光景、つまり生命の根源へと誘う道徳へと誘われ、そこに殺到する状況を、「音楽」と「ダンス」の比喩によってベルクソンは説明する。

もし音楽が歓喜、悲しみ、哀れみ、共感を表現するとすれば、毎瞬間に、われわれは音楽が表現するものとなる。音楽が泣くとき、人類が、自然全体が音楽とともに泣く。じつのところ音楽がこれらの感情をわれわれのなかに導き入れたのではない。むしろ音楽は、通りがかりのひとをダンスに駆り立てるように、われわれをこれらの感情に導き入れた。このように、道徳の指導者は振る舞う。[240]

ここで「音楽」が道徳拡散の比喩として選ばれる理由は、「音楽」が他の芸術とは異なる特徴をもつからであると解釈できる。音楽は、絵画や彫刻などの芸術などと異なり、鑑賞者を囲む環境そのものを直接的に振動させることにより、鑑賞者に訴えかける。「音楽が泣くとき、人類が、自然全体が音楽とともに泣くのだ」という表現からは、全方向へと広がっていく音楽の波及力を用いて、ベルクソンが「開かれた道徳」を説明する意図が読み取れる。いわば、音楽に浸透されるまま感情が惹起され、すると今度は身体による運動が引き出され、「道徳の指導者」たちの「ダンス」のなかに人は導き入れられるのだ。ただし、ベルクソンは、「音楽」と「ダンス」の比喩で道徳の強制力を説明するのではなく、あくまでも「開かれた道徳」の尽きせぬ魅力について語っていると、理解する必要がある。[241]

そしてベルクソンはここで、彼の希求する道徳の向かうべき先が「人類」全体であると明言する。[242]注意すべきは、彼が「全人類」と言うとき、それは地球全体といった空間的規模の総体を意味するのではなく、生物種としての「人類」について語っているという点だ。というのも、「全人類」を目指して神秘家たちが道徳を拡散させるのも、人間種を生んだ場所で停止したエラン・ヴィタルの流れを、人間種を超え出ることで再始動させるためだからだ。

こうした「開かれた道徳」を「開かれた魂」のひとつの態度として人類が受け入れることをベルクソンが希求するのは、「開かれた魂」は神の愛を通じて全人類を志向するからだ。ひとは神秘家の直観にも比される直観によって、生命の全貌に触れるとベルクソンは信じている。とはいえ、「開かれた道徳」を享受するためには、みんなが神秘家のように神秘経験を経ねばならないわけではない。それはあくまでも「特権」を授かる神秘家の使命である。

だからこそ神秘家は、「開かれた道徳」に侵された人間たちへと神の愛を届ける役割を担う。神へと至る道を先導するのは神秘家である。創造的エネルギーである神の愛を分有する神秘家たちは、その創造的エネルギーを他者たちに行き渡らせていく。この行程により神秘家たちは、人間種で停止していたエラン・ヴィタルの流れを再始動させる。神秘家が神の愛によって「全人類」を愛するプロセスを、ベルクソンはどのように描写しているのかをみてみよう。

なぜなら、偉大な神秘家である彼を焼き尽くす愛は、もはやたんに神に対するひとりの人間の愛ではなく、万人に対する神の愛であるからだ。神を通じて、神を介して、神の愛によって彼は全人類を愛する。それは、ひとつの理性的本質をすべての人間が本来は分有できると主張する哲学者たちが、理性の名のもとに推奨する博愛のことではない［……］。哲学者たち自身も、全人類を唯一不可分の愛のなかで抱擁する神秘家たちがいなければ、ひとつの卓越した本質をすべての人間が等しく分有するという、一般的な経験には合致しない原理を、このような確信をもって措定しただろうか[243]。

「一般的な経験には合致しない原理」を哲学者が理解するための雛形として、神の愛の分有が提示されることで、ここでも神秘主義による哲学の補完が強調される。こうした主張がなされるのも、「神の愛」という「原理」は、特定の宗教原理として受容されるのではなくて、「全人類」が「分有」可能な「原理」であるとベルクソンが確信しているからである。「神を通じて、神を介して、神の愛によって彼は全人類を愛する」という表現によって「神」と「愛」が反復され、両者のつながりがきわめて堅固なことが印象づけられる。加えて、「偉大な神秘家」は神を愛するために存在するのではなく、「神の愛」を「人類」へと届けるために存在すると告げられるが、ベルクソンにとって神秘家は、一である神と多である人類を結ぶ媒介者なのだ。だからこそ、ときに直観という手段を提示し、ときに愛という経路を開き、民衆を神へ接近させ、個々人のうちに孤立しない「開かれた社会」を実現させるために、神秘家は存在している。

このように、「開かれた社会」は全人類を志向する。とはいえ、全人類が範囲となる「開かれた社会」は、実現可能だろうか。この点についてベルクソンは、全人類を包含する社会が実現されることはないとはっきり表明する。

> ところで、全人類を包含しながら、共通意志に突き動かされて、いっそう完璧な人類を生み出す、不断の革新的創造へと進む神秘主義的社会は、未来において当然、実現しないだろう。それは、動物社会に比するべき有機的に組織された機能をもった人間社会が、過去において存在しないのと同様である。純粋な憧憬は、剥き出しの責務と同様に理想的な極限である。[244]

ベルクソンは明確に、「全人類」を包み込む社会の実現を否定する。「全人類」を包括する社会とは、いわば「開かれた社会」の究極的理想だが、それは不可能だと彼は告げる。神秘家への「純粋な憧憬」、つまり神秘家へと接近し、神秘家を完璧なかたちで模倣しようとする「純粋な憧憬」は、あくまで「理想的な極限」である。

こうした記述からは、第一次世界大戦によって生じた危機意識を読みとることもできる。第一次世界大戦の終戦の翌年、ヴァレリーは論考「精神の危機」のなかで、この戦争によってヨーロッパ文明が滅び去っていたかもしれないという苦悩を吐露している。第一次世界大戦が終結したこともヴァレリーを安心させない。「知的危機」というものは過ぎ去っていないと彼は語る。「文学、哲学、美学において、明日死に、もしくは生き残るのが誰であるかは誰も言うことができない」とヴァレリーは述べる。[245]この不安は広く共有されていたと考えられる。ベルクソンにとっても、もはや理想的な「いっそう完璧な人類」を単純に夢想することはできない。先ほど、「ダンス」のように道徳が拡散されるという表現をみたが、それでも全人類が「共通意志」により動く世界は実現しないという記述を読めば、創造的エネルギーを再び手にして人類へと届けることには、多くの困難が待ち受けているとベルクソンが感じていたことがわかる。

　だがその反面、文明が脅威に飲み込まれそうな状況にあっても、神秘家らが拡散する道徳の継承に関しては、断念する必要はないとベルクソンは続ける。「神秘的魂の持ち主が、自分たちの運動のなかに文明化された社会を導き入れ、いまなおそうし続けていることに変わりはない」と彼は告げる。その際に不可欠なのが、記憶としての魂の〈生き延び〉である。ヴァレリーがヨーロッパ文明の消滅を予感する時代に、ベルクソンはそれでも魂は生き延びると考えていた。そのときに重要となる魂の〈生き延び〉について再度確認しておこう。ベルクソンは経験を通じて、記憶が身体に拘束されないという結論に至った。そこから、記憶そのものは滅びることがないという第二の結論にたどり着いた。こうした魂の〈生き延び〉が、神秘家が目指したものを大衆へと拡散する手段となりえることを検討したい。

四　個人的記憶と集団的記憶との交差

全人類を収める「開かれた社会」の実現は否定しつつも、「神秘主義的魂」による「神秘性」の伝播については、まったく希望を捨てることなく、その可能性についてベルクソンは入念に説明を加える。おそらく彼にとっては、「開かれた社会」の達成が重要なのは事実だが、同時に道徳の波及が途切れずに繰り返され、脈々と継承されることも、それに匹敵するほど重要なのだ。こうした点を考慮しつつベルクソンの記述をみてみよう。

> とはいえ、神秘主義的魂たちこそが、文明社会を彼らの運動に導き入れたのであり、今なお導き入れている。神秘主義的魂たちが何であったか、彼らが何をおこなったかについての追憶は、人類の記憶のなかに蓄積した。われわれの各人は、その追憶を再生させることができる。とりわけ各人が、彼のうちで鮮明に残るイメージ、つまりこの神秘性を分有し、自らの周囲にその神秘性を放射していた人物のイメージにその追憶を近づける場合はそうである。たとえわれわれがそのような人物像を思い浮かべなくとも、思い浮かべること自体は可能だとわれわれは知っている。そうして、その人物像はわれわれに対して、潜在的な誘引力を放っている。[246]

ベルクソンが神秘的魂の「再生」について説明する重要な箇所であるゆえ、他の思想家や彼の他の著作を参照しながら、文章をひとつずつ丁寧に読解していこう。

まずは、「文明社会」への神秘家たち影響力が指摘され、そして彼らの魂についての「追憶(souvenir)」は「人類の記憶(mémoire de l'humanité)」に蓄積されると語られる。[247] ここで語られる「人類の記憶」とはいったい何を指すのか。記憶構造を丹念に腑分けした『物質と記憶』で論じられたのは、端的に言えば個人の記憶についてだった。それから『創造的進化』になると、全生命の進化を論じるうえで、宇宙規模の持続の概念が導入される。すなわち、『創造的進化』では、あらゆる生物や宇宙の細部に至るまで、ひとつの宇宙的持続が遍在していると主張される。[248] 持続とは、停止することなく絶えず連続する時間形態であり、生物全般に関して言えば、こうした絶えざる内在的時間のなかで記憶が凝縮しながら知覚に接続され、日々の行動は成し遂げられる。

そして「神秘主義的魂たち[……]についての追憶は、人類の記憶のなかに蓄積した。われわれの各人は、その追憶を再生させることができる」というベルクソンの主張に着目したい。これを字義通りに受け取れば、宇宙規模の持続を基盤に、「人類の記憶」に保存される「追憶」の想起が可能であることに、ベルクソンが確信をもっていることになる。

とはいえ、なぜ「われわれの各人」というまったくの個々人が、比較にならないほど広い範疇の「人類の記憶」内の「神秘主義的魂たち」の追憶の想起が可能なのか。こうした想起の可能性を理解するために、ここに描かれる記憶の形態をまず二つに整理しておこう。ベルクソンが措定する記憶の形態を、一方を「各人」という最小単位である個人的記憶として、もう一方を「人類」という巨大な尺度をもつ集合的記憶として整理しよう。個人的記憶と集合的記憶という分類は、哲学と社会学の分野でベルクソンと同時代に生じていた議論にもとづく。たとえば同時代の記憶をめぐる代表的思想家として、モーリス・アルヴァックス（一八七七〜一九四五年）が挙げられる。アルヴァックスは、社会内に留まる限りで初めて記憶は有用性をもちうるという観点から、むしろ社会という枠こそが個人的記憶を忘却から保護し、社会内の他の成員によってこそ個人的記憶は補強され、個人的記憶も社会によって保証されると述べる。[249]アルヴァックスの観点は、個人的記憶を集合的記憶の内部に完全に包摂するものであり、個人的記憶の自律性をほとんど認めない点で、ベルクソンの思索とは合致しない。[250]たしかに『二源泉』においても、道徳や宗教を通じて社会がどう構築されているのかが問われる。しかしながら、すでに確認したように、ベルクソンにとって社会は常に膠着化・停滞化の危機に晒され、社会の膠着化・停滞化を打破する可能性は、むしろ神秘家という個人の行為に賭けられている。

では今度は、集団的記憶と個人的記憶との連関について、両者の均衡について語るポール・リクール（一九一三〜二〇〇五年）の議論をみてみよう。『記憶・歴史・忘却』(*La mémoire, l'histoire, l'oubli*, 2000) で彼は、個人的記憶と集合的記憶のあいだには、両者の記憶を照応させる媒介となる平面が存在し、その平面で個人的記憶と共同体における公的記憶が交換されうると語る。[251]つまり、ときに個人的記憶は、公的場で開示され公的なものと認定されるに至り、ときに公的集団的記憶は、個人自らがそこに参与する限りで、個人のなかに刻印される。このようにリクールは個人的記憶と集団的記憶との相互的交流が可能だと考えるが、必ずしも一方がもう一方に包含される関係を思い描いてはいない。

加えて重要なのは、そうした共同体を支えるのが、「親密さ（proximité）」[252]によって成立する可変的な対他関係である点だ。個人にとって、共同体は身近な他者で構成されており、一緒に年齢を重ねるという同時代性や、ひとの誕生や死という共同の経験、あるいは承認や発言の共有が成員同士の重要な紐帯となる、とリクールは明記する。[253]リクールは「親密さ」を媒介とした、個人的記憶と集団的記憶との応答を念頭に置いている。

こうした議論を踏まえたうえで、ベルクソンが語る「神秘主義的魂」と「人類の記憶」との関係に戻ろう。神秘家における魂の〈生き延び〉は、神秘経験から導き出された、身体に拘束されない魂の状態である。そうした魂は身体を介してではなく、生命活動と緊密な愛によって魂は自らを人類全体へと捧げる、とベルクソンは述べる。[254]身体から解放された魂は愛により人類へと方向づけられ、そしてこの魂の持ち主たちが人類に対して多様な活動をおこなう。神秘家たちによる人類へのこうした参与が、「人類の記憶」に保存されるに至るのだ。リクールが想定する個人的記憶と集団的記憶との相互的な浸透を、ここにもみることができる。つまり、一方には集団的記憶としての「人類の記憶」と個人的記憶としての魂の〈生き延び〉が統合される過程があり、他方には「人類の記憶」に蓄積された神秘家の魂を、「われわれ各人」が思い出す想起の過程がある。

五　「人類の記憶」から蘇る追憶

とはいえ、ベルクソンにとって個人的記憶と集団的記憶との相互関係には、リクールが語る「親密さ」とは別の原理が働くように思われる。「かけ離れたもの」であるという隔たりが、むしろ両者の記憶を交わらせるかのように、ベルクソンが打ち明ける箇所がある。たとえば『笑い』でベルクソンが「ドラマ〔正劇〕」について語る場面をみてみよう。この箇所は、広義の集合的記憶について言及した記述として読むことができる。ここでは「ドラマ」の観劇により触発される、ある「追憶」のあり方についてベルクソンは述べる。

> われわれの興味を引くのは、ひとが他人について語ったことよりも、ひとがわれわれ自身について垣間見させてくれたことだ。それは、そうなったかもしれないが、われわれにとっては幸運にもそうはならなかった、漠然とした物事の混乱した世界である。そしてまた、われわれのうちで、無際限に古い先祖由来の追憶への呼びかけが発せられたようになる。その追憶はあまりに深く、われわれの現在の生活とあまりにかけ離れたものなので、われわれの生活が非現実的で型に嵌ったものであり、それについて学習を要するものに束の間みえてしまう。それゆえ、よりいっそう深いこの現実こそ、ことさら有用な獲得物のしたに、ドラマが探し求めにいったものなのである「……」[255]。

ベルクソンはここで、「われわれのうちの無際限に古い先祖由来の追憶」という表現で、現在の行動には即時的には直結してこない記憶について語っている。必ずしもベルクソンは、集団性の観点から「われわれのうちの無際限に古い先祖由来の追憶」について語るのではないが、『笑い』という書物全体が、笑いに潜む社会性、ないし『二源泉』における責務の前身ともいえる社会的「規範」性を明らかにした点で[256]、ベルクソンが社会へ向ける眼差しをこの箇所にも読み取ることはできる。そうした文脈上で「われわれのうちの無際限に古い先祖由来の追憶」が取り上げられ、個人が存在する以前の記憶がその個人に働きかける可能性について言及されているのだ。つまり、それは個人の誕生以前から共同体により保持されてきた記憶である。

だが、ベルクソンの記述を読む限り、「先祖由来の記憶」がわれわれにとって「親密さ」を有する者の記憶である点が、想起の直接理由だとは考えられていない。というのも、その「先祖由来の追憶」がわれわれにとって「あまりにかけ離れたもの（si étranger）」であるがゆえに、自分の現在の生活が「非現実的」に思えるほどだと形容されるからだ。要するに、「ドラマ」が喚起する「追憶」は、現実からは相当な距離を隔てたものとして描かれる。むしろ、それが「よりいっそう深い」現実だとベルクソンは明記している。そうした隔たりを超えながら、「ドラマ」が、きわめて深い「追憶」に「呼びかけ」を発する。つまり、「かけ離れたもの」であることは、想起を阻害しない。いわば「かけ離れたもの」は、現状の社会を刷新するために導入される「よりいっそう深い」現実なのだ。逆円錐の例を思い出そう。そこでも現在の平面から離脱することは、魂の独立としての記憶を意味していた。そして言語の再編を迫るほどの革新の可能性が、そこにはほのめかされていた。この刷新をドゥルーズは以下のように、それは一種の人間の「解放」として機能すると述べる。

> それ〔創造的感動〕が、それら〔個人や社会〕の循環の働きを利用するのは、その悪循環を打破するためだけである。それは、「記憶」が刺激‐反応の循環の働きを利用するのは、追憶をイメージへと受肉させるためであるのと同様である。同時にあらゆる水準で現勢化し、人間固有の平面や水準から人間を解放することで、人間をあらゆる創造の運動に適合する創造者にするこの感動とは一体何か。おそらくこの解放、つまり宇宙的記憶を創造的感動へ受肉化することは、傑出した魂のなかでなされる。この感動は魂から他の魂へと「あいだを置いて」飛躍して、閉じた砂漠を横断していく。しかし、閉じた社会の各成員が感動へと開かれるのは、感動によって一種の記憶の想起や興奮が伝達されることによって、成員はこの興奮によって次に続くことができるからである。[257]

「創造的感動」の波及は、人間を閉じた「循環の働き」を打破するように突き動かす。ドゥルーズは「創造的感動」の出現を、潜勢状態である「宇宙的記憶」が現勢化した結果として描写する。神秘家についての「追憶をイメージへと受肉させる」ことで、「創造的感動」を世界にもたらすことが可能となるのである。こうした推移を、神秘家がおこなう道徳の伝播のプロセスとして考えることができる。

そして、感動の継承は「あいだを置いて（de loin en loin)」なされるとドゥルーズは指摘する。ドゥルーズによれば、ベルクソンにとって「人類の記憶」の共有は、「創造的感動」を伝播するためにある。「創造的感動」がひとびとに行き渡るために必要なのは、記憶を共有するためのリクール的「親密さ」ではない。むしろベルクソンにとっての人類へと「開かれた社会」には、共時的な広がりに加えて通時的な広がりがあることに留意する必要がある。だからこそベルクソンにとっては、共時的に、ベルクソンが語るところの「共通意志」によって一律に連帯する社会を目指すことよりも、時間を経た「かけ離れたもの」であっても、ひとびとに感動を引き起こす追憶を想起することが優先されるのである。その際条件となるのが、神秘家の魂が残存し続けることである。神秘家が直観により生命の根源に触れ合一したという神秘家の追憶が、〈生き延び〉として残存している必要がある。そうした神秘家の魂の〈生き延び〉を介して、エラン・ヴィタルを根源にもつ創造の流れ、つまり、あらゆる創造の流れをさまざまな魂たちが分有していく結果となる。

以上のように本節では、ベルクソンが神秘家のうちに見出す魂の〈生き延び〉を、神秘家がもつ記憶の問題として解釈することで、どのように神秘家が神の愛をひとびとへと広げていくのか、また神秘家の経験が、〈生き延び〉として「人類の記憶」内に蓄積されていくのかを追った。

またそうした経験における「神秘主義的直観」に似た直観によって、市井のひとびとが生命の創造的エネルギーへと接近する、と語るベルクソンの主張を検討した。そのとき、生命の根源に臨むように誘われる過程を、ベルクソンは「開かれた道徳」の波及によって説明し、「ダンス」の比喩によって表現する。ひとは、抗いがたい「潜在的な誘引力」によって神秘家のもとへと引き込まれていく。

しかし、そうした「開かれた道徳」によって構築される「開かれた社会」に諸々の困難が待ち受けていることにも、ベルクソンは警戒をうながす。それでも途切れることなく、神秘家の行いをひとびとが追随し、生命の創造的エネルギーに接近しようと志向するのは、「人類の記憶」に蓄積される神秘家の魂についての追憶を、ひとびとが思い出すからだ。おそらく神秘家の経験の伝播の媒介として記憶を設定するのは、少なからずベルクソン自身の経験に拠るものである。というのも彼が神秘家に触れ始めたのは著作を通してであり、さらに彼が注視する神秘家たちは国も世紀も隔てた人物たちだからだ。それゆえベルクソンは、忘却されざる「人類の記憶」に、神秘家的魂の波及の力を求めたと推察される。

だが、ここでさらに検証すべき問題がある。神秘家にまつわる追憶をイメージのかたちで回想する、とベルクソンが述べているが、いったいどのような手段が用いられるのか。この点を考察するために、次章ではイメージの問題に関わる〈創話機能〉という概念に取り組みたい。

第三章　〈創話機能〉と神秘家

第一節 〈創話機能〉、あるいは語りの力

前章では、神秘家の魂の〈生き延び〉を考察することで、ひとびとによって神秘家についての追憶が想起され、開かれた道徳が伝播されていく過程に迫った。こうした伝播はベルクソンが原理として描くものであり、現実に即しているか否かは必ずしも重要ではない。神秘家の魂に手を引かれ、生命の根源に対面することで、大衆は生命進化の袋小路から抜け出す活力を受け取ることを、ベルクソンは願うのである。

魂同士の応答によって大衆へと示されるのは、人類をさらに先に前進させる原動力としての、神の愛とも呼ばれる生命の創造的エネルギーだった。この生命の力を伝えるために、神秘家は努力する。いわば、この生命力こそが神秘家によってひとびとへと拡散されるのだ。しかし、拡散方法については、本書ではまだ触れていなかった。生命力それ自体が抗いがたい魅力を放ち、「ダンス」に呼び込まれるように、みんながそうした中心へと引き寄せられていくことは間違いない。とはいえ、「ダンス」は比喩にすぎず、じっさいには舞踊により神秘家の魂がひとびとのあいだに浸透するのではない。

人類に対する神秘家の活動は、「人類の記憶」に保存され、そうした神秘家の姿をわれわれ各人はイメージのかたちで蘇らせる、とベルクソンが語っていたことを確認した。しかし、神秘家のイメージを介した蘇生はいったい、いかなる方法によって可能なのか。このイメージを介した神秘家の

姿の復活を、本節では〈創話機能（fonction fabulatrice）〉という概念から読み解いていきたい。というも、『二源泉』で、神秘家が体現する宗教は〈創話機能〉によってしか拡散されない、とベルクソンは明言するからである。本節で〈創話機能〉を論じるために、心理学者ピエール・ジャネの〈創話（fabulation）〉研究に触れる必要がある。[258]

まずは神秘主義研究において、ジャネの『苦悶から恍惚へ』（*De l'angoisse à l'extase*, 1926-28）における、病理学的見地からみた宗教的幻覚の研究は、傑出したものと言える。そこでは、マドレーヌと呼ばれる女性患者に対して、長期間にわたって克明な観察がおこなわれている。マドレーヌの忘我が諸段階に整理され、宗教的幻覚の特徴が提示されるなど、先立つ研究と同様の手法がみられる。だが、忘我状態での知覚の段階的変化や、拘縮が生じた箇所の時間の測定にグラフが用いられて数値化され、臨床での観察のおかげで、他の研究にはない緻密さを備えている。また『苦悶から恍惚へ』には、ジャネが勤めるサルペトリエールの写真技師アルベール・ロンド（一八五七～一九一七年）によるものと思われる、マドレーヌの写真が掲載されている。写真によって、症状が現れたマドレーヌの姿を現在でも確認することができる。ジャネにおいて、神秘主義研究に、エチエンヌ＝ジュール・マレー（一八三〇～一九〇四年）的技法の集積が接続されていることがわかる。

マドレーヌは、それ自体が神秘主義研究において考究すべき事例であるが、本節では、ジャネが患者たちと接するなかで発見した〈創話〉という事象に注目したい。なぜならジャネこそが、ベルクソンの〈創話機能〉に強い影響を与えたと考えられ、〈創話〉をめぐる互いの思考は、ときに重なり合いときにすれ違いをみせるものの、ベルクソンの〈創話機能〉概念を照らすために必要な参照項だからである。

一　作話症からジャネの〈創話〉へ

ではまず、ベルクソンによるこの概念の用法をみる前に、同時代にこの概念がどう論じられたのかをみてみたい。

十九世紀から二十世紀初頭にかけて、「作話症（confabulation）」と呼ばれる症例が、心理学の領域における失語症や認知症の分野で研究されていた。なかでもプラハの心理学者アーノルド・ピック（一八五一～一九二四年）がおこなった研究が、ジャネを経由してベルクソンへと続くものである[259]。ピックによれば、この症状の患者は諸々の表象を抱いた場合、ある種の心理的枠組みを設定し、抱いた諸表象を整理し、相互に関連づけ、共存させたいという欲求をもつ。この心理的枠組みがつくられる要因は、記憶の連合説的性質だと説明される。ピックの主張によれば、記憶のこの連合説的性質のおかげで、記憶想起の過程では、関係し合うさまざまな出来事の記憶が接続され、一塊のブロック状になり、このブロック状の全体的印象から、個別の出来事の記憶が思い出される。ピックが主張する心理的枠組みとは、記憶のこのブロックであり、記憶の保持と想起を円滑にするためのものだ。

ピックは、障害などによって記憶ブロックに欠損が生じる事態を考える。正常な人は記憶の欠落が自然に快復されるのを待つだけだが、「作話症」患者は記憶の欠損を無意識的に補完しようと反応してしまう。その際、記憶補完には必ずしも現実に起こった出来事が用いられるわけではないという。つまり、偽りの記憶によって記憶の穴が埋められてしまう。これが「作話症」の発生メカニズムだとピックは推察する。記憶の正確さ以上に記憶の欠如を満たすことが優先されると、「作話症」が生じるのである。

次にジャネをみてみよう。ジャネも虚言症患者らを観察するうちに、そのなかに無自覚に作り話や虚偽をおこなう者がいることに気づいた。『苦悶から恍惚へ』でジャネは、自覚的に嘘をつく虚言症と区別するために、無自覚に虚偽をおこなう症状を〈創話（fabulation）〉と呼んだ。[260]ここでは〈創話〉は、なによりも心理学的症例を指すものとして提示されている。

しかしジャネは〈創話〉概念により、記憶をめぐる新たな理論を展開する。一九二七年から一九二八年にかけてのコレージュ・ド・フランスでの連続講義で、ジャネは再度〈創話〉を取り上げ、記憶の特殊性の解明を試みた。講義でジャネは〈創話〉を単なる症例とみなすのではなく、積極的な意味づけをしていく。彼は〈創話〉を、他者へと記憶を伝達する方法が進化してきたなかでの最終段階であると結論する。

連続講義がまとめられた著作『記憶の進化と時間概念』（*L'évolution de la mémoire et la notion du temps*, 1928）でジャネは、記憶に関してベルクソンを批判する。『物質と記憶』では、記憶は脳に局在せず、脳は記憶を保存しないという説が展開された。しかし、ベルクソンの説を認めた場合、純粋な記憶内容が行動と無関係に存在することになり、記憶が人間生活から乖離したものになるとジャネは主張する。[261]この主張の根底には、記憶は個人内部に閉じ込められず、より広く社会全体で共有されるとみなすジャネの考えがある。それゆえ、むしろ記憶は社会と切り離しえないとジャネは規定する。

ベルクソン氏は、孤立した人間も記憶をもっていると総じて認めている。私はこの意見に同意しない。独りきりの人間は記憶をもたないし、またそれを必要ともしない[262]。

ジャネによれば、記憶は個人的活動ではなく、他者と共有され社会のなかで用いられるために必要である。『二源泉』では、社会内で共有される集団的記憶の重要性に焦点が当てられたが、一九二八年時点では、ジャネがこうしたベルクソンの記憶理論に触れることはできなかった。では、ジャネの記憶をめぐる主張と〈創話〉とがどのように交わるのか。ジャネの論旨を追ってみよう。

ジャネによれば、人間進化の初期段階では、記憶は共同体内で個人から別の個人へとおこなわれる諸々の行為そのものと一致している。人間の記憶発達の揺籃期、つまり人間が十全な知性を備える以前の段階では、記憶とその記憶を他人に伝える行為とは混じり合い、両者はひとつになっていると彼は言う。例えば「伝言(commission)」[263]は、記憶の萌芽である。要するに、記憶の保持とは、伝言が届けられるあいだその伝言内容が保持されることを意味し、それが届けられれば記憶自体の役割も終わる。

また、記憶と不可分な状態にある伝言が失敗する場合についてもジャネは語る。それは、伝言の対象者が不在の場合だ。伝言の対象者が不在であれば、当然伝達行為は先延ばしにされる。そのときに発明されるのが記憶だと彼は語る。

記憶とは、不在に関わる独自の行動から生まれた発明であり、対象が不在であることや人間が不在であることを制することを目指している。というのも、それは結局ほとんど同じことであるからだ。もし対象が不在であれば、対象に対してわれわれが不在であると言える。こうしてどちらの不在も延々と続く。[264]

伝言が達成されるためには、是が否でも対象へと記憶が運ばれねばならない。対象が不在の場合、伝言を延期させるために、記憶の新たな形態が「発明」されたというのがジャネの説だ。この意味において、記憶は「不在に対する闘争」[265]だと彼は述べる。そして、記憶の形態は、この「不在に対する闘争」の只中で進化する。人間社会が複雑化し、ひとびとの生活圏が拡大するにしたがい、伝言の対象者の不在は多発しうる。では、そのとき記憶はいったいどう進化するのか。

伝言が延期を経て達成されると、それはもはや単なる伝言ではなくなっているとジャネは語る。伝言は単純な伝達行為であり、含まれる情報もまた単純である。しかし、延期が長引くにつれて、延期された伝達行為が記憶を維持する時間は徐々に増え、記憶を想起する行程も複雑化してくる。すると「暗唱（récitation）」や、さらに複雑さを備える「描写（description）」へと伝達方法は変化していくとジャネは主張する。[266]これが記憶の進化における次の段階である。ジャネによれば、「暗唱」や「描写」は、さまざまなシンボルや表象と身振りを駆使することでおこなわれ、高度な知性によってのみ可能となる。[267]つまり、伝達行為の進化は、いわば人間の知性の進化と並行する。

しかし、シンボルなどの使用により記憶の伝達が高度になればなるほど、伝えるべき現実と記憶のあいだに齟齬をきたすとジャネは指摘する。

それらがまさに、失敗に終わった追憶である。その元々の描写は、じっさいの、現実の状況とは結びつかないだろう。というのも、追憶が決して復元されない事態は不可避的に生じるからだ。われわれのいる諸状況が消失してしまうので、追憶はこれらの状況を取り戻せないだろう。つまり、追憶がこれらの状況を取り戻すのは、誤ったかたちにおいてだろうし、常に追憶は不正確であるだろう。[268]

単純な記憶の伝達は、単純性ゆえに誤りの可能性も低いと考えるならば、より複雑な記憶の伝達は誤りが侵入する可能性が増すことになる。だからこそジャネにとって、知性の高度化によって引き起こされる伝達の誤謬は、ここで警戒されているように「常に」に生じる。それゆえ、過ぎ去った状況のできるかぎり完全な描写を企てても、完全な再現は不可能だとジャネは述べるのだ。

伝達行為の遅延化と高度化がはらむ問題は、記憶に誤りが含まれる危険性が増すだけにとどまらない。伝達行為の高度化は、記憶と伝達行為との乖離を引き起こすとジャネは語る。[269]つまり、伝達される記憶が単純な場合、記憶は伝言の行為そのものと交じり合い不可分であるが、伝達の内容が多量になり伝達の方法が複雑化し、あるいは伝達の対象者が不在であり、伝達が長期間延期されれば、伝達の方法と伝えられる記憶とが分断される。おそらくこの乖離は決定的であり、単なる誤りの域を超えると考えるべきだ。「その元々の描写は、じっさいの、そして現実の状況とは結びつかないだろう」とジャネが述べるのは、この意味である。そして、この段階に至り、〈創話〉が人間の知性に生じる。『苦悶から恍惚へ』で、〈創話〉は、現実と合致しない虚偽を語る症例を指す言葉だった。しかし、『記憶の進化と時間概念』でジャネは、記憶の進歩の先端に〈創話〉を位置づける。

記憶は原初的には行動と交じり合っている。それは行動の一形式であり、伝言であり、言語活動であり、不在者たちへの命令だ。それから少しずつ叙述が難解になり、望んだことを不在者たちにおこなわせることに常に成功したわけではないので、幾多の失敗の末に、記憶は遊戯になり、不整合になり、記憶はこの不整合さのなかで進歩した。創話は、記憶が記憶自体のために進展した段階である。[270]

ジャネのこの発言を理解するために、社会における有用性という観点から整理してみよう。伝言は、社会的に有用な情報を伝達する性質をもつ一方で、〈創話〉は、有用性とは直接的には結びつかない。記憶進化の初期段階では、記憶と行動との融合は、おそらく重要な社会的有用性を備えていたと考えられる。というのも、記憶の伝達は社会構築のための必須であるからだ。伝達を通じたひとびとの交流なくして、社会は成立しない。だが、社会が発展することで伝達の行程が過度に複雑化し、さらに伝達の失敗が繰り返されることで、記憶は現実を反映しないものへと、ひとに伝える必要性の低いものへと、つまり〈創話〉へと変貌する。記憶は伝言によって運ばれるためのものだが、〈創話〉の段階では、記憶は記憶自体のために存在し、単なる「遊戯」と化す、というのがジャネの主張である。

こうした論理のすえに、詩や文学などの言語芸術も、〈創話〉の諸形態のひとつとジャネはみなす。講義内ではホメロスの『イリアス』や『オデュッセイア』が〈創話〉の例として挙げられる。[271]〈創話（fabulation）〉の語源自体が「説話」「会話すること」であり、そこから派生して近代では「物語をつくること」を意味しており、心理学の文脈での使用は十九世紀末以降であることを考えれば、ある意味でジャネは、〈創話〉の本来の意味に戻ったといえる[272]。だが、ジャネは詩や文学についての分析ではなく、あくまでも社会における〈創話〉の働きについて議論を重ねる。記憶が「遊戯」となった状態が〈創話〉であると述べつつも、ジャネは〈創話〉がなんの役にも立たないと言っているわけではない。

この［叙述の秩序づけをおこなう］形態における創話の目的、そして記憶の目的は、記憶喚起の当初の目的とは同じものではまったくない。［……］とりわけ、感動や感情の伝達が重要となる。つまり、戦争や、過ぎ去った世代の勝利を描写することによって、新たな世代を感動させることが重要なのだ[273]。

もっぱら社会を成立させるためだけの情報伝達という役割から解放された〈創話〉は、かつてのひとびとが感じた「感動（émotion）」を、現在のひとびとに拡散していくと、ここで説明される。つまり、伝達がどれほど延期されようとも、〈創話〉によって「感情（sentiment）」はひとびとに共有される。〈創話〉は記憶を直接的に伝える伝言などの方法とは異なりながらも、「感情」の伝達という重要な使命を帯びているとジャネが考えていることがわかる。

ベルクソンにおける感動は、感情としてではなく創造の根底にあるものとして重要視されており、言語記号では表現できないものと言われていた。それゆえ、あくまで感情の次元で〈創話〉を語るジャネとベルクソンとは、意見の合致はみられない。それでも、記憶を伝えることと言語芸術とをひとつにまとめ上げるジャネの視座は、前章で扱った神秘家の記憶が、どのように言語によって波及していくのかをこれから検討するうえで、無視できないものだ。

ジャネの研究を振り返ってみて、重要であると言えるのは、社会を円滑にする伝達行為の進化の最終地点に〈創話〉を位置づけた点だ。つまり、一見すると〈創話〉は現実と乖離しており、ジャネも言うように「不整合さ」をはらむゆえに、諸々の伝達行為のなかでも些末なものとみなされかねない。しかしながら、それでもやはり〈創話〉は、言語を通じて芸術的創造をおこない、「感動」と「感情」を伝播するという意義をもつとジャネは語っている。当初症例とみなされていた〈創話〉は、人類が脈々と築き上げた、記憶を伝える方法として、ジャネによって再定義された。ジャネの研究を踏まえたうえで、ベルクソンの〈創話機能〉へと移っていこう。ベルクソンの〈創話機能〉も、さまざまな点でジャネとの共通項、そして差異がみいだせる。これらの点に加え、神秘家との関係から『二源泉』に示される〈創話機能〉の働きについて、論じていきたい。

二　ベルクソンにおける〈創話機能〉

ジャネの探求は、ベルクソンにいかなる影響を与えたのか。[274] 精神科医アンリ・エレンベルガー〔エランベルジェ〕（一九〇五〜九三年）は『無意識の発見』（*The Discovery of the Unconscious*, 1970）で、わずかに〈創話〉に関するジャネからベルクソンへの影響について言及するが、詳細は語っていない。[275] ベルクソンもまた『二源泉』で、『苦悶から恍惚へ』を重要な参照項として紹介するが、そこで扱われているのは聖人の病理学的側面をどう解釈するべきかという問題であって、〈創話〉が論じられる箇所では、直接的にはジャネへの言及はない。[276] しかし、江口重幸は、ベルクソンの〈創話〉はジャネ由来であることをはっきりと指摘している。[277] 後に確認するように、両者の考える〈創話機能〉の役割はいくつかの側面で共通点をみせる。まずは『二源泉』におけるベルクソンの〈創話機能〉の位置づけを確認したい。そののちに、神秘主義を考究する本書で〈創話機能〉を取り上げねばならない理由に触れる。

われわれは前章で、神秘家が伝播する開かれた道徳の各性質について確認した。生命進化の最前線において人類が誕生すると、それ以後、進化は停滞に陥る。そのときに必要なのが神秘家の存在である。神秘家は創造的エネルギーであり、なおかつ愛そのものである神との合一を通じ、その経験をひとびとへと拡散することで、神秘家自身が「新たな種[278]」となり、人類を進化の停滞から救っていく。こうした神秘家が体現する宗教を、「動的宗教」とベルクソンは呼ぶ。

『二源泉』では、もうひとつの宗教の形態が説明される。それが動的宗教と対比される「静的宗教」だ。この静的宗教が社会のなかでいかに作用するのか、何のために存在するのかを確認しよう。というのも、ベルクソンは、静的宗教と動的宗教を質的に区別しながらも、静的宗教をつくりだす〈創話機能〉が動的宗教の波及を助ける可能性について、言及するからだ。こうした可能性を検討する前に、まずは、静的宗教という枠内で〈創話機能〉が作用する原因となるものを、三つ取り上げよう。

進化のなかで人類が停滞に陥る原因は、知性を駆使して社会を守り保全しようとする傾向を、人間自身がもつことにある。人間が社会を築く第一の目的は、生命活動の維持である。しかし、人間の知性は、一社会内に個人を押し留めて社会維持に専念させるだけに終わらなかった。

だが、社会が進歩するためには　さらに社会が存続せねばならない。発明は自主性を意味するが、個人的自主性への呼びかけは、すでに社会規範を危険にさらす恐れがある。個人が反省を、それが本来向けられるべき対象から、すなわち実行し改善し刷新すべき課題から逸らせて、反省を自分の方へ向けるならば、どうなるだろうか。反省を社会生活が自分に強いる苦痛の方へ、彼が社会においておこなう犠牲の方へ向けるならば、どうなるだろうか。［……］知性を与えられ、反省に目覚めた個体は、自分自身に向き直り、快適に生きることとしか考えないだろう。[279]

人間が知性に依拠して活動する以上、個人が自己を優先し社会を蔑ろにする危険は、常につきまとう。つまり、社会は人間の知性によって営まれながら、同時に知性は社会の脅威になる。だが、人間社会は崩壊には向かわない。ここで力を発揮するのが宗教である、とベルクソンは宣言する。「［……］それゆえ宗教は、知性の解体力に抵抗する、自然の防御反応である」[280]と述べる。なおここで言及される宗教は、神秘家の宗教であり社会変革をもたらす動的宗教ではなく、社会維持の宗教である静的宗教である。そして『二源泉』では、社会を崩壊に導く危機は「個人的自主性」だけに限らないと語られる。

例えば、知性が未発達の動物は自分が死ぬ運命に思いを巡らすことはないが、その一方、知性を備えた人間は、自分がいずれ死ぬことを悟るとベルクソンは述べる。その場合、死の観念は「意気消沈させるもの」[281]であり、死の不可避性は人間の活動を衰退させる。

いかに〔死の〕出来事が起こるようにみえても、そのたびにそれが生じないことが確認される。それゆえ、絶えず繰り返されるこの否定的な経験は、濃縮されてほとんど意識されない疑念になり、またその疑念は、反省的確信の効力を弱めるものとなる。それでもなお死の確信は、生存のみを思考するよう仕向けられた生物の世界に、反省とともに現れたことに変わりはない。この死の確信は、自然の意図に反するものである。自然は自分自身の道のりに自分で置いた障害につまずくのだ。[282]

「死の確信」もまた「個人的自主性」と同様に、自然が与えた知性に起因しながら「自然の意図」を逸脱する。「反省」は、高度な知性にのみ許された能力である。それによって、人間は死を学び始める。周囲の人間の死に囲まれながら自分は死なないことは、「死の確信」を払拭することにつながらず、死は確実なものとして人間の目の前に居座り続ける、とベルクソンはここで説明する。

さらに知性発達の弊害について別の側面をみてみよう。ベルクソンは知性の特徴のひとつを以下のように説明する。「知性の本質は遠い目的のために手段を組み合わせ、思いどおり実現できると完全には感じられないものを試みることである」[283]と述べる。つまり、知性とは、予測し計画することであり、目の前に存在しない対象でも、それに向けて行動を起こす能力である。とはいえ、もちろん知性の予測も常に万全ではない。予測が裏切られる可能性はいくらでもある。ベルクソンもそうした知性の不完全さにも言及している。

それ〔知性〕がおこなうことと、知性が得ようと望む結果とのあいだには、多くの場合で、空間においても時間においても、偶発事へと広い余地を残す間隙がある。知性が動き始めて、その後、動きを終えるためには、慣用表現で言うなれば、状況が適している必要がある。もっともこの予見されないものの余白について、知性は充分に認識できる。[284]

どんな場合にも、「偶発事」の可能性を完全に排除することは難しい。「偶発事」は、人間がおこなうあらゆる活動の最中に闖入する。ベルクソンにしたがえば、それほどわれわれの活動は、「この予見されないもの」に対して多くの「余白」を残す。また、この「偶発事」は、あらゆる形態で出現する。たんに活動を阻害する予期せぬ障害の場合もあれば、大規模な天災や突然の死として、人間の生の営みを妨害してくる場合もある。とはいえ知性は、「偶発事」に「充分に認識できる」ように対処する。

以上のような「個人的自主性」「死の確信」「偶発事」という障害に直面したとき、社会はどう自己防衛するのか。言い換えれば、自然はこれらの障害に立ち向かうために社会にどんな能力を付与するのか。知性が乗り越えられない事象が突きつけられた場合、救済するのはここでもエラン・ヴィタルの力である。そしてここで生命の力は、〈創話機能〉というかたちで噴出する。

三　社会防衛としての〈創話機能〉

知性から生じる三つの危機、「個人的自主性」「死の確信」「偶発事」は、生への欲求を減退させる。そのとき鍵となるのが〈創話機能〉である。まずは〈創話機能〉の核となる部分について確認したい。

小説や戯曲や、神話および神話に先立って存在したすべてのものは、この機能に属する。だが、人類は宗教を必要としながら、常に小説家や劇作家がいたわけではない。それゆえ、精神が物語をつくりうるということを利用して、詩やあらゆる種類の空想はさらに生じたのだが、宗教が創話機能の存在理由であることはたしかだろう［……］[285]。

物語や多種多様な語りの形態を人間が生産していく根源にある能力として、ベルクソンはこの〈創話機能〉を規定している。また、ベルクソンは〈創話〉を単純に「フィクション」とも呼び替える[286]。とはいえ、無視してはならないのは、あくまでも〈創話機能〉が「小説や戯曲や、神話および神話に先立って存在したすべてのもの」の基体として存在するのであって、反対に〈創話機能〉を単なる文芸の枠内と押し込めることはできないという点だ。ベルクソンにとっては、むしろなんらかの芸術作品に昇華される以前の、あらゆる語りの形態が『二源泉』における「フィクション」であり、〈創話機能〉であると考える必要がある。

また、一般的に「フィクション」は現実と対立するとみなされる場合もあるが、ベルクソンにとっては「フィクション」は現実と関わり方のひとつに他ならない。というのも、ジャネが遊戯と化した伝達行為として〈創話〉を定義したのとは違い、ベルクソンが〈創話機能〉に課す使命は、社会的閉塞状態のなかで知性が対処できないものへと作用し、社会を好転させるというものだからだ。もちろん、遊戯もたんに社会から排除されるものではなく、有益な役割を担うものではあるが、ベルクソンが〈創話機能〉にみる積極的な働きは、遊戯という水準を超えている。つまり、「フィクション」ないし〈創話機能〉が、知性が引き起こす脅威に対して重要な効力を発揮するのである。

おそらく個人的な、いずれにせよ社会的な欲求が、精神にこの種の活動を要請したに違いない。この欲求がどんなものか問うてみよう。フィクションが効力を有すれば、生まれ始めの幻覚のごときものであることは注目せねばならない。フィクションは、まさしく知性的な機能である判断と推論とに背くことができる。［……］今日、科学が十全に開花するなか、世界でもっとも美しい推論の数々が、ひとつの経験の前で崩れ去るのをわれわれは目撃する。いかなるものもその事実には抵抗できない[287]。

知性的機能であるところの「推論」が「ひとつの経験の前で崩れ去る」のは、まさにすでに挙げた三要素のように、人間が理性をもつがゆえに生命の力が停滞してしまう事態を指す。そのとき「フィクション」が必要とされるとベルクソンは言う。そこで「フィクション」は「生まれ始めの幻覚のごときもの」だと彼は語る。

「幻覚（hallucination）」という語彙のここでの使用は、〈創話機能〉が病理的であることを意味しない。別の箇所ではベルクソンは「意志的幻覚（hallucination volontaire）」[288]という言葉も使用するが、これは医師ピエール・デュール（一八七〇〜一九二五年）らが幻覚患者を診断し、幻覚は狂気により生じるのではなく、患者の意志によって生じるとした概念である。[289]要するに、知性の混乱により「幻覚」が生じるのではなく、むしろ「生まれ始めの幻覚のごときもの」である「フィクション」こそが、「ひとつの経験」の前で混乱した知性を、全面的な崩壊から救い上げるのだ。

したがって、個人と社会にとって危険な坂の上で知性が最初の時点で引き止められたのは、それは見かけ上の確証、つまり事実の亡霊によってだった。つまり、現実の経験が欠乏するならば、経験の模造品が呼びおこされねばならなかったのだ。フィクションは、そのイメージが鮮烈で強迫的であれば、知覚を正確に模倣できるだろうし、それにより行動をやめさせるか修正するだろう。徹底的に偽りである経験は、知性の前に立ちはだかり、本当の経験から知性が引き出す帰結のなかであまりに行き過ぎる瞬間に、知性を引き止めるのである。[290]

もし、知性が不都合な現実と対峙したときには、「フィクション」という「経験の模造品」が用意されねばならないとベルクソンは訴える。そして、さらに踏み込んだ主張が展開される。これまでも、文学作品が諸感情を喚起することをベルクソンはたびたび語っていたが、ここに至って「フィクション」は、「知覚」をも「模倣」すると述べる。その結果「フィクション」は、人間の「行動」そのものに働きかけ、「行動」に変化をもたらすと考えられている。だからこそベルクソンにとって「フィクション」は、単なる知的遊戯ではなく、それが「偽り」であっても、「経験」そのものに他ならない。

興味深いことに、人間にとって「フィクション」を、芸術の営為よりも、行動そのものにベルクソンは接続する。これは、ベルクソン哲学における「フィクション」の基盤である言語機能の位置づけに拠るものだと言える。彼にとって、言語は、内的感覚や現実的対象を完全なかたちでは表現しえないものの、他者への伝達など実利的な側面では、有益な能力をもつ。それゆえ、「フィクション」は、まずは知性の危機への実利的な対応として生じると考えられているのだ。

さらにベルクソンの主張によれば、「フィクション」は、知性と、人間に備わるもうひとつの領域とが交わるときに生まれる。そのもうひとつの領域とは本能のことである。

ベルクソンは『創造的進化』で、生物の行動原理を本能と知性とに分類した。進化において諸生物は、昆虫などが社会を形成する際に頼る本能と、人間社会の基盤となる知性という二つの方向へと分岐するとベルクソンは語る。[291] しかし、人間は本能を完全に破棄したわけではなく、人間の知性が言語機能や概念的思考を司るのに対して、人間の本能は共感や直観の領域を担う。直観とは、利害にかかわる有用性から離れ、直観自らを意識し、対象について反省が行える本能だ、とベルクソンは言う。[292] 要するに、生物的な意味における直観とは、主体と対象との行為のための利害関係から離れながらも、対象を反省によって顧みることができる認識能力であると言える。

とはいえ本能生命にとって、知性と本能は、たんに二つの構成要素ではなく、分化する以前は混淆しており、知性と本能という区分は、ひとつの実在に対する二つの視点を意味するにすぎないとベルクソンは述べる[293]。いわば、知性に依存する人間に危機的状況が起こったとき、生命のもうひとつの側面である本能がこの状況を救いに現れるのである。

［……］潜在的本能が、こう言いたければ知性の周囲に存続する本能の残滓が、同様の効果を生む必要がある。本能の残滓は直接的に作用できないが、知性が表象に対して働きかける以上、本能の残滓は諸々の表象から数々の「想像的なもの」を喚起するだろう。この「想像的なもの」は現実をめぐる表象に抵抗し、知性そのものを媒介として知性の働きを抑制する。創話機能はこのように説明されるだろう[294]。

ベルクソンは、知性に訪れる危機は生命自体の力により乗り越えられ、この〈創話機能〉は、知性だけに頼ることを避ける生命の力に起因すると考える。つまり、人間にとって、一方には知性の水準があり、認識はもっぱら知性の仕事であり、他方に本能があるが、これは日常の認識には関わらない。しかし、知性が機能不全に陥った場合、「潜在的本能」が顕在化し、「想像的なもの」を喚起する必要があるのだ。「潜在的本能」は、「知性の周囲に存続する本能の残滓」とも言い換えられているが、これについては後に確認する。要するに、生命は知性と本能の共生を利用して危機を乗り越えようとする。いわば、ベルクソンは両者の境界を可変的なものに仕立てている。現実の困難に対しては本能が出現し、現実を別のベクトルへと導く。「想像的なもの」が「表象」から生み出されるのは、日常生活で知性により把持される対象を利用することで、〈創話機能〉が「想像的なもの」である自らの影響を、現実世界へと及ぼしていくと言える。

四 〈創話機能〉の効果

では、知性が対応できない事象に対して、人間は〈創話機能〉によって具体的にどう救われるのか。まずは「個人的自主性」からみてみよう。

社会に生きる個人が知性によって自主性に目覚め、自らを社会よりも優先させるべきだと感じて、社会を蔑ろにする態度を取るのはなぜか。「真実を言えば、知性はまずは利己主義を勧めるだろう[295]」とベルクソンは述べ、利己主義は知性に本来的に属すると指摘する。しかしながら、ひとびとがそうした態度に出た場合、ある存在が彼らの前に立ちはだかると記される。「ここでは、都市の守護神が防衛し、脅威を与え、鎮圧するだろう[296]」とベルクソンは言う。この「都市の守護神」の出現こそが、〈創話機能〉により創出された要素である。つまり、〈創話機能〉は、社会から離脱する願望を抱いた人間に対しては、ひとつの物語を突きつける。もし仮に社会から逃亡しようと試みるならば、その行為は「都市の守護神」によって罰せられるだろう、という物語をその人間に突きつけるのである。

物語によるこうした抑制は、原始的宗教においてその傾向が強いとはいえ、原始社会に限定されないことが『二源泉』で述べられる。自主性に由来する利己主義の拡大を物語の力により防ぐために、社会の成長に応じて個人が社会に対して責務を負うことが構造化され、そしてこの構造は社会のなかで次第に習慣化すると指摘される。要するに、現代社会において具体的な物語が個々人に直接的に働きかけることがなくとも、物語は習慣のかたちを装って、やはり個人を抑制する。

　では罰を与える「都市の守護神」を〈創話機能〉がどのように生み出すのか。『二源泉』で〈創話機能〉に関してもっとも重要なのは、人格を創造する役割についての議論である。事物や、あるいはなんらかの現象であっても、その現象の背後に人格が潜んでいると、ひとは感じるとベルクソンは述べる。

> 要するに、禁止し、警告し、処罰する神についてわれわれは語ったのだ。つまり、妨害の起点となり、必要であれば復讐をおこなう道徳的な力は、ひとつの人格のなかに具現化する。人間の目には、まさにこのように道徳的な力がごく自然に人間の形態を取ることは、疑いえない。[297]

「禁止し、警告し、処罰する神」に焦点を当てることで、ベルクソンは、〈創話機能〉が宗教の根本的な構造をかたち作っていることをここで確認させる。同時に重要なのが、「人格」という概念である。ここで展開される主張をみると、社会からの離脱という欲求が封じられるのは、それを禁止する法が制定されるからではなく、それを禁じる人格をひとが感じるからだ。[298]「道徳的な力」は、まさに「人間の形態」として現れることが、ここで強調される。なんらかの現象の背後に人格を見出すことが、〈創話機能〉の基本的構造だとひとまず言える。

さらに、こうした人格を見出す機能は、ひとの生活の隅々まで根を張っていることをベルクソンは明かす。というのも〈創話機能〉自体が、本来的には日常的な生活を維持安定させるために駆動しているからだ。この点を確認しつつ、〈創話機能〉が「死の確信」に対してどのように作用するのかをみてみよう。「死の確信」は、ひとびとの生活を脅かし気力を減退させる結果を招く。それに対する知性の防御を、以下のようにベルクソンは説明する。

死が不可避であるという観念に、それ〔自然〕は死後にも生命が存続するというイメージを対立させる。このイメージは、知性領域に死の観念が身を寄せたとたんにその知性領域へと放たれ、物事の秩序を回復する。その際、イメージによる死の観念の順化は、滑り落ちるのをこらえる自然の均衡そのものを表している。[299]

死の恐怖に対しては、それを緩和することを自然は選ぶ。そのとき用意されるのが、「死後にも生命が存続するというイメージ」である。これにより「物事の秩序」は保たれ、人間の活力が削がれるのが避けられるのだ。

ここですぐさま思い出されるのは、前章で論じた、残存する記憶としての神秘家の〈生き延び〉だ。しかしながら、ここで言及される生命の存続は、「自然的で基礎的な傾向[300]」のもとにイメージされるものであり、〈生き延び〉の原初的概念だとベルクソンは述べる。つまり、あくまでこの自然的傾向の〈生き延び〉は静的宗教に属するものであり、いったんは神秘家の〈生き延び〉からは区別する必要がある。しかし、後述のように、こうした類似性は、神秘家による動的宗教の波及にとって重要な意義をもつ。動的宗教へと移る前に、引き続き、この自然的〈生き延び〉である死後における生命の存続について確認していこう。

死後における生命の存続のイメージは、死の恐怖を鎮静化させることで、個人だけでなく社会に対しても効力を有し、そしてこのイメージは「祖先崇拝[301]」にたどり着くとベルクソンは述べる。「祖先崇拝」のなかにも、彼は物語の萌芽を見出す。「祖先崇拝」のなかで、祖先たちは神々に近い存在として位置づけられ、ひとびとが「神話」へと導かれると彼は言う。要するにベルクソンは、崇拝される祖先の社会的地位がどれほど高かったか、どれほど尊敬されていたか、という感情の問題ではなく、「祖先崇拝」は〈創話機能〉という人間の本性に起因することを主張する。さらに強調されるのが、これらの死者に対する生者からの働きかけである。死者たちは、ある程度自然の力を自由に使える者とみなされ、その結果、生者たちは死者たちの信用を得ようと努めることになる。「危険を避けるためにせよ、寵遇を得るためにせよ[302]」、ひとは死者が望むものを提供するように努める、とベルクソンは指摘する。

ここで関心を引くのが、死の恐怖を緩和する〈創話機能〉の作用は、交渉可能な主体の作成によって、つまり人格を備えた存在の作成により可能になる点である。死の恐怖を否定し排除するのではなく、死を乗り越えて存続する人物を創造することで、人間はこの恐怖に打ち勝つ。

類似する作用が「偶発事」への抵抗の際にも生じる。ここでも人間の知性が陥ったジレンマの解決を、ベルクソンは〈創話機能〉に求める。知性はその「反省的思考」や知性にもとづく科学の発展により、現象内の因果律を導き出し、予見可能なものにしてきた。この意味でベルクソンの考える知性とは、世界で生じる全てを予見可能とみなす人間の思考傾向とも言える。しかし、それでも予見不可能なものは残るとベルクソンは語る。それが「偶発事」や運によって左右される出来事であり、病や事故もこの種の「偶発事」とみなされる。

　では病になったり事故が起きたりした場合、人間はどうするのか。つまり予見可能であると知性が考える世界に、予見不可能なものが侵入した場合に知性はどう対処するのか。一般的に考えて、「偶発事」はどんな状況であれ、だれに対しても無差別に生じ、タイミングや対象を選択することはないと言える。にもかかわらず、知性は、「偶発事」がなんらかの「意図」をもつと判断する。

> いずれの場合も、偶発事が存在するのは、人間についての利害が介入するときだけである。人間に奉仕するにせよ、人間を傷つける意図を伴ってにせよ、まるで人間が考慮の対象になっているかのように、物事は生じるのである。[303]

　本来、人間と無関係に生じる「偶発事」を、人間のために出現したとひとは考える、というのがベルクソンの解釈だ。利益をもたらすのであれ、害悪を及ぼすのであれ、いずれにせよ人間を「考慮の対象」にしてさまざまな現象が生じる、とひとは思考する。では、なぜ人間はこのような思考を働かせるのか。

意図が存在することを、それ〔意志〕が感じると、意志はそれをあらゆる手段で利用しようとする。意図がもつ物質的なものにおいて意図を捉え、力ずくでそれを物質化する場合もあれば、精神の側面から意図に近づき、反対にそれを人格の方向へと推し進め、祈りによって意図を味方につけようとする。[304]

自然現象や「偶発事」が「意図」をもちうるとみなされる理由は、人間がそれを利用するためだ。もしそれらの「意図」を利用することが可能なら、「偶発事」をコントロールすることも望めるからだ。人間にとっての理想は、有益な「偶発事」は受け入れて、害悪となる「偶発事」は回避することである。だからこそ、第一には現象は「意図」をもつと措定し、第二にその「意図」を自分の利益に還元することをひとは切望する。

ここでも重要なのが、〈創話機能〉における人格を見出す性質である。現象が「意図」をもつならば、その現象を「人格の方向」へと移行させるとベルクソンは語り、現象に人格を付与する。なぜなら人格を付与することで、少なくとも人格を持たない状態よりも、現象あるいは「偶発事」との交流が容易になると人間の知性は感じるからだ。

こうした心性は、当時研究の対象とされていた、いわゆる未開社会だけに限定されず、同時代のヨーロッパ社会にもみられるとベルクソンは述べる。ベルクソンは、友人ウィリアム・ジェイムズが、一九〇六年にサンフランシスコで地震に遭遇した際の話を挙げる。ジェイムズは地震を擬人化することで地震の恐怖に打ち勝った、とベルクソンは述べる。[305] また、ベルクソン自身が、乗馬中にベロシペードに乗った自転車乗りと衝突しそうになった逸話も挙げられる。まるで衝突という出来事が意図をもち、ベルクソン自身の対処を眺めているように感じたと告白される。そう感じることで恐怖心を抱かなかったとベルクソンは言う[306]。

以上のように、社会が脅かされそうになった状況で〈創話機能〉がもつ効力について検討した。ここで取り上げたのは、社会体制を瓦解させかねない、「個人的自主性」「死の確信」「偶発事」という要素であり、どれも知性の進化によって逆説的に引き起こされたものだ。それらに対して社会は〈創話機能〉によって抵抗する。とりわけ、人格を生み出す作用が重要となる。「個人的自主性」にはそれを罰する人格を、「死の確信」には死後にも存続する人格を、「偶発事」には交流可能となるような人格を提供する。こうした〈創話機能〉は物語をつくるという作用により、社会の安定は保たれるとベルクソンは考える。

五　動的宗教を拡散する〈創話機能〉

ここまで確認したように、〈創話機能〉は社会の維持を目的とし、ベルクソン自身もこの〈創話機能〉を「閉じた社会」を形成する静的宗教に属するものと位置づける。それゆえ、今までのベルクソン研究では、〈創話機能〉と神秘主義との関係についてはあまり論じられてこなかった。

これまでの研究を振り返ると、たとえばアンリ・グイエは、著書『ベルクソンと福音書のキリスト』で、ベルクソンの神秘主義解釈は、ベルクソン哲学そのものと必然的な結びつきを示すと主張し、多様な角度からベルクソンの神秘主義を探求しながらも、神秘主義と〈創話機能〉との関連が主題化されているとは言い難い[307]。また『ベルクソンと福音書のキリスト』とは別に、グイエが〈創話機能〉について語る『演劇と実在』(*Le théâtre et l'existence*, 1952)においても、社会構築という実用性から切り離される芸術性が〈創話機能〉内に認められると語られるが、神秘主義との関わりは問われない[308]。グイエと同様に、ベルクソンの神秘主義をめぐる思考に注目したマリー・カリウは、静的宗教と動的宗教との峻別に力点を置いた結果、〈創話機能〉は神秘主義的直観とは反対の方向を示すものだと指摘している[309]。また近年の研究でも、フレデリック・ヴォルムスは、〈創話機能〉の論理は諸々の宗教の歴史とは一致するものの、ベルクソンが宗教における真の新しさであると捉える神秘主義を排除してしまうと語る[310]。

これに対して、エラン・ヴィタルとの関係において〈創話機能〉を論じたのがジャン＝クリストフ・ゴダールである。彼は、物質と精神の中間に位置する「エラン・ヴィタル」のイメージを提示するものとして〈創話機能〉の重要性を読み解いている[311]。とはいえ、ゴダールは、〈創話機能〉と神秘家との関係について直接的に論じているとは言い難い。しかしながら、以下の記述を読めば、『二源泉』における神秘主義を理解するうえで〈創話機能〉が欠くことのできない要素であることは明白である。

このように、このエランは若干の人物たちを介して継続する。その各人は、たったひとりでひとつの種を構成する状態にある。もしその個人が、エランについてはっきりと意識をもち、もし彼の知性を囲む直観の縁が充分に広がり、対象を完全に覆えば、その状態がまさに神秘家の生である。このように出現する動的宗教は、創話機能から生まれた静的宗教と対立する。それは開かれた社会が閉じた社会に対立するのと同様である。しかし、新たな道徳的憧憬が、責務という閉じた社会の自然な形態を取り入れなければ具体化しないのと同じように、動的宗教は創話機能が提供するイメージとシンボルによってでなければ拡散しない。これらのさまざまな点に立ち返ることは止めておこう。われわれはたんに開かれた社会と閉じた社会とのあいだに築いた区別を強調しようと欲しただけである。[312]

〈創話機能〉が神秘家の活動にとって不可欠であることが全面的に語られた箇所であり、〈創話機能〉を論じる本節にとっては入念な読解が必要である。まずは動的宗教を体現する神秘家によって、生命の運動そのものであるエラン・ヴィタルが把握されるプロセスが描かれる。ここで、まず知性と本能との対比が描かれる。ベルクソンは、「知性の周囲に本能の縁が残っており、本能の根底に知性の微光が残存していることを忘れてはならない[313]」と指摘する。人間において本能は、「縁（frange）」と呼ばれる状態で、知性との接点をもつことに彼は注意をうながす。「frange」は、縁取りや何かの周囲を装飾する房飾りを本来意味するが、ベルクソンにとっては哲学的な意味をもつ語だ。「じつを言えば、判別しにくく輪郭のぼやけたものであってさえも、もし縁が存在するならば、縁が取り囲む光り輝く核よりも哲学者にとってなおのこと重要さをもつだろう[314]」と、「縁」の役割が重要視されている。[315]

『物質と記憶』では、対象が世界全体と区別されると同時に接点を失わないための機能として「縁」概念が使用された。[316]『創造的進化』になると、明確なかたちをもつ知的表象の周りを囲む、不定形の感情が「縁」を描くとベルクソンは説明する。[317]

『二源泉』でこの概念は、知性を包囲する状態の直観を意味するものとなっている。要するに、神秘家はただたんに直観から無媒介的にエラン・ヴィタルの運動を捉えるのではなく、知性から出発して、知性を包み込む直観の「縁」を通じてエラン・ヴィタルの把握に至るという過程が描かれているのである。本章第一節で取り上げた、知性の周りを囲む「潜在的本能」が「想像的なもの」を生み出すとベルクソンが語った箇所に戻ってみれば、こうした「縁」の効果によって、「潜在的本能」が現実の表象に働きかけて、そこから「想像的なもの」が出現するとベルクソンが思考していることがわかる。「縁」概念により、改めて静的宗教と動的宗教との接合点が示されながらも、ベルクソンは、「このように出現する動的宗教は、創話機能から生まれた静的宗教と対立する」と明言している。というのも静的宗教の基礎である〈創話機能〉があくまでも知性を直観が取り巻く状態、つまり知性と本能との隣接状態から生まれるのに対して、動的宗教は「知性を囲む直観の縁」が「充分に広がり」、知性を「完全に」覆うことを意味するからだ。つまり両者の誕生の条件は別のものであり、〈創話機能〉は神秘主義が体現する動的宗教の発生を説明するものではない。この点では、静的宗教を動的宗教から遠ざけているヴォルムスの視点は正当なものであると言える。それでもやはり、神秘家の宗教である動的宗教の拡散を助けるのが「創話機能が提供するイメージとシンボル」だ、とベルクソンは明言している。つまり、その発生の仕方においては、動的宗教は静的宗教と対立しながらも、動的宗教の拡散においては静的宗教の〈創話機能〉が不可欠となるのである。[318]

一方で動的宗教と対立しながらも、他方で動的宗教の拡散を支える静的宗教の役割を理解することはそれほど困難ではない。むしろエラン・ヴィタルの流れのなかで、諸生物は「踏切板」として同様の役割を担っていた。各生物種はエラン・ヴィタルが物質の形態へと物体化したものに他ならないが、個体となり自己保存に励む生物種を「踏切板」にすることで、生命は新たな跳躍（エラン）をおこなうことが可能となることを確認した。こうした構図がここでも反復されていると考えることができる。

とはいえ、「創話機能が提供するイメージとシンボル」が動的宗教を拡散させると明言しながらも、残念ながらベルクソンは「これらのさまざまな点に立ち返ることはやめておこう」と述べ、議論を宙吊りにしたまま先に進んでしまう。ルネ・ヴィオレットは、この「創話機能のイメージとシンボル」は「閉じた社会」をつくることにもつながる「キリスト教共同体」と「キリスト教の教義集」を指すと語る。[319]たしかにベルクソンは、神秘家が経験のうちで得たものを波及させるために「修道院」や「修道会」をつくるのは、やむをえないことだと語っている。[320]だが、本書ではたんに「キリスト教共同体」と「キリスト教の教義集」が動的宗教の拡散に役立ったと言うだけにとどまらず、「キリスト教共同体」に集うひとびとや、教義の言葉が秘める力が、どのように「イメージとシンボル」として、神秘家とその声を聴く者たちとのあいだを媒介するのかを論じたい。

第二節〈創話機能〉のイメージとシンボル

一　想像力、あるいは分岐する生命

イメージという概念が最初に集約的に論じられたのは『物質と記憶』だった。簡単にベルクソンのイメージ論を振り返ってみよう。対象についての知覚が対象への行動へと移行するために形成されるのが、知覚のイメージだと述べられていた。その際、イメージとは、身体の可能な行動を映し出す「鏡」だと説明される。知覚は、主体が働きかけることが可能な部分を抜き出し、浮き上がらせ、イメージ化することで対象を捉える。つまり、イメージとは、身体が対象から引き出すことのできる「利益」となる部分である。以上がベルクソンのイメージ概念のさしあたっての要点である。[321]

『二源泉』における〈創話機能〉のイメージに取り組むにあたり、はたして、『物質と記憶』で焦点が当てられた知覚のイメージ概念を援用することは可能だろうか。なぜなら、〈創話機能〉のイメージが論じられる以上、それは知覚のイメージを指すとは言い難いからである。〈創話機能〉に関連づけられて語られているイメージを探れば、「死後にも生命が存続するというイメージ」や、「事物や出来事が人間へと転換するという［……］イメージ[322]」という表現がすぐさま目に付く。これらのイメージは、想像力によって形成されたイメージ群である。ベルクソン自身も、知性の周りを囲む縁である

本能が、知性が陥る袋小路から知性を救おうとする直観が、「想像的なもの」を現実の表象から創り出すと述べた。また、〈創話機能〉自体が想像力の一形式であることが指摘されることからわかるように、[323]ベルクソンが〈創話機能〉のイメージについて発言するとき、それは想像力によって喚起されたイメージであると了解すべきである。さらに前節で、「フィクション」という「経験の模造品」が「知覚」をも「模倣」すると述べられていた点を思い出そう。つまり、〈創話機能〉という「フィクション」がつくりだしたイメージであっても、それは「知覚」を「模倣」し、人間の行動に働きかけ、変化をもたらすとベルクソンは考えているのである。

では、〈創話機能〉がその一形式となる想像力とは何か。じつのところ、ベルクソンにとって想像力は、エラン・ヴィタルが表す生命進化の形態ないし生命的エネルギーと深く関連づけられている。この点を踏まえつつ、われわれが光を当てたいのは、人格としてのイメージである。というのも、生命進化の分岐の様子を、人格の分岐と同質のものとしてベルクソンが描くときに、人格の選択に関して、想像力に一定の役割が付与されているからである。

以上の点を論じるために、『笑い』の想像力についての記述に触れておきたい。『笑い』で想像力について考察するにあたり、ベルクソンは導きの糸となるものを取り上げる。それが「空想力(fantaisie)」だ。回り道ではあるが、まずは「空想力」について確認しよう。ベルクソンは、おかしさを生みだす「空想力」と「想像力」との関わりについて以下のように述べる。

われわれは、それ［おかしさを形成する空想力］のなかに、なにより生きたものをみる。どれほど軽微であっても、生命に対して抱くべき尊敬をもってこの空想力を取り扱おう。われわれは、空想力が成長し開花するのを眺めるだけに満足しよう。ある形態から別の形態へ、感じ取れぬほどの段階を経て、空想力は、われわれの眼前できわめて特異な変身を遂げるだろう。［……］おかしさを形成する空想力が、人間の想像力、とくに社会的・集団的・民衆的想像力の働きの手法について、何も教えないということがありえるだろうか。[324]

『笑い』は、人間が感じるおかしさを考究する著作であるため、いわば主役は「空想力」であり、いったん想像力は脇に置かれる。それでもこの「空想力」の分析が、社会的・集団的・民衆的な「想像力」についても多くを教えると指摘されている。

そして、ベルクソンが「空想力」をなによりも「生きたもの」とみなしていることに注意しよう。植物のように「空想力が成長し開花する」のを眺めよう、と彼は読者に投げかける。「空想力」の生命としての姿を、より克明に描いた箇所を読んでみよう。

このように、おかしさをイメージからイメージへと滑り込ませて、起点から次第に遠ざからせながら、限りなく遠いアナロジーにまで分割しつつ紛れ込ませるまでに至らせる、この圧力、奇妙な推進力はどんなものか。木の枝を小枝へと、木の根を小根へと分岐させ、さらにまた再分岐させるこの力は、いったい何か。抗し難い法則によって、あらゆる生命のエネルギーは、少しでも時間が与えられれば、可能な限り空間を占めることを課されている。ところで、まさに生命のエネルギーであるのは、おかしさを生む空想力であり、社会という土壌の石だらけの場所に力強く芽吹いた奇妙な植物なのだ［……］[325]。

まず、ここで「イメージ」がまるで流動体のように描写されていることに気がつく。そしてイメージは、変化しながら起点からは「限りなく遠いアナロジー」にまで到達する、変容し続ける運動として描かれる。この運動を起こす「奇妙な推進力」である「空想力」は、ここでは「植物」的比喩によりその姿が説明される。要するに、「空想力」があたかも生命を宿しているかのように記される文章であるが、なかでもベルクソンが強調するのは「分岐」の原理である。生命の源泉が多種多様な生物へと分岐していくさまが、七年後の『創造的進化』で表明されるエラン・ヴィタルを先取りして、ここに記されている。

「空想力」がおかしさの形態の「分岐」を引き起こす点を踏まえつつ、ここで改めて「想像力」について確認したい。「想像力」は「空想力」同様に生命力に深く関係する、とベルクソンは言う。しかしながら、「想像力」は「空想力」とは反対の作用をもつと考えられている。いわば、「想像力」は、事物のなかにおかしさを感得することからは、対蹠的位置にある。

生きたものに張り付く機械的なもの。これが依然としてわれわれの出発点だ。ここでおかしさは何に由来するのか。生ける身体がこわばり、機械となったことである。［……］われわれが生きる身体に優美さとしなやかさ以外をみないとすれば、それは身体にある重々しい、抵抗する、物質的なものを無視するからだ。つまり、身体の生命力、われわれの想像力が、知的かつ精神的生の根源そのものに付与する生命力のみを考えるために、身体の物質性を無視するのである。[326]

『笑い』では、生命が物質性や物質性に由来する惰性に囚われることが原因となり、おかしさが発生することが説明される。ここで規定される「生きたものに張り付く機械的なもの」が、『笑い』内のおかしさの基本的定義である。同時に、「われわれの想像力」がもっぱら「生命力」のみに注目していることがここで語られる。じつを言えば、『笑い』でベルクソンが「想像力」と「空想力」を明確に区別する作業をおこなわず、たびたび両者を接近させつつ語るのも、おそらく両者が含むこの生命的側面に理由がある。

とはいえ、この引用箇所では両者の差異ははっきり現れている。ここでは「想像力」は、「物質性」を無視することで、「物質性」に起因するおかしさから逃れて、身体に「優美さとしなやかさ」だけを目撃すると語られる。ベルクソンが語るこうした差異にもとづいて、以下のように解釈できる。「空想力」は、分岐し発展しつづける生命進化の形式と同じように、イメージを多様化させながら各種のイメージを追いかけるものである。そのうえで、「空想力」は各種のイメージに物質性と機械性を看取し、そこにおかしさを発見する。その一方「想像力」はイメージが帯びる物質性と機械性に囚われることなく、身体の優美さ、あるいはしなやかさを受け取る。同じ生命原理に則する能力であっても、以上のような違いが考えられうる。

生命を挟んで、両者は背中合わせの関係にある。「想像力」は生命が絶えず流動する側面を眺めて、

「空想力」は流動する生命が物質化していく側面にもっぱら張り付いている。ゆえに、ベルクソンは「空想力」同様に生命の力に立脚する「想像力」のなかに、「分岐」の要素があることを指摘している。

そもそも同一の人間がマクベス、オセロ、ハムレット、リア王、またその他多くの者だったと仮定できるだろうか。しかしここでおそらく、ひとがもつ人格ともっていたかもしれない人格を区別する必要があるだろう。われわれの性格は、絶えず更新される選択の結果だ。そこには（少なくとも外見上の）いくつかの分岐点が、われわれの歩む道筋に沿って存在し、そのうちのひとつしかたどれないにしても、われわれはいくつもの可能な方向性を目にする。来た道を引き返し、すこしだけ覗いた方向を最後までたどってみること、そこにこそまさに詩的想像力がある。[327]

シェイクスピアというひとつの人格が、複数の人格を創作することを説明する『笑い』のこの人格論は、喜劇的笑いを呼ぶ人格についてではなく、悲劇にみられる観客に共感を喚起する人格についての文章である点に注意しよう。『笑い』では、共感は、おかしさとは対立する。ここで強調したいのは、こうした人格の「分岐」が、エラン・ヴィタルと深く関係することだ。次に『創造的進化』の文章を読むことで、内的に観察可能なエラン・ヴィタルの流れとして人格の分岐が語られていることが、わかるだろう。ここではいったんは想像力が姿をみせなくなるが、再度『二源泉』ではその力を発揮することになる。

しかし、分岐の真に根源的な原因は、生命自体がその分岐に担わせる原因である。なぜなら生命は傾向であり、傾向の本質とは、ただそれが増大するという事実により、生命の躍動を分有する多様な方向を、放射状の束のかたちで展開することだからだ。これが、われわれの性格と呼ばれる特殊な傾向の進化のなかで、われわれが自分について観察するものだ。われわれ各人は、その境遇を回顧的に一瞥すれば、幼児期の自分の人格が不可分でありながら、多様な人柄をその人格のうちに併せもち、生まれつつある状態ゆえに多様な人柄は一緒に溶け合ったままであることを認めるだろう［……］。だが、相互浸透する諸人格は、成長するにつれ、両立不可能になる。われわれ各人はひとつの生を生きるしかなく、選択せざるをえない。[328]

「生命の躍動を分有する多様な方向」は、われわれの「人格」の分岐において観察される。この引用箇所に続いて、小説家による小説の登場人物の作成も、こうした選択に依拠すると語られることから判断するに、『創造的進化』の人格の分岐も、『笑い』の人格論を土台にしている。そのうえで、『笑い』で小説家の手法であった「ありえたかもしれない人格」を観察する術は、『創造的進化』では、「われわれ」が自己のうちに諸人格を把握するという、いっそう普遍的なものとして描かれている。つまり、「われわれ各人」の性格も、人格の選択から発生したことが示される。

また、ここでもベルクソンにとって生命進化とは、幾方向にも分岐する生命の流れに他ならない。人格は、人間のうちにこの生命の「躍動」が流れ込んでいることの証左である。根源的生命が系統樹状に多様に分岐し、そのうちひとつが人間種になるのと同様に、幼児期に多様な人格が共存するなかから、ひとつの人格が選択されるというのが、ベルクソンの主張である。すなわち、人格の選択は生命活動の本質として描写されている。ゆえに、ベルクソンにとって、この人格進化の始原にある「相互浸透する諸人格」の状態は、決定的なものだ。それは必ずしも自己の個体性を揺るがすものではなく、以下にみるように、ベルクソンにとって、人格とは「一」と「多」を統合する何ものかに他ならない。

私の人柄は、ある瞬間に、一だろうか多だろうか。もし一であると宣言したら、複数の内なる声が現れ異議を唱える。それは、私の個体性を共有する諸々の感覚、感情、表象の声だ。だが、もしはっきりと多であるとみなせば、私の意識が同じく強く反抗する。私の感覚、私の感情、私の思考は私が私自身におこなった抽象化であり、私の各状態は他の諸状態を含んでいる、と私の意識は主張する。[329]

人格をめぐる葛藤そのものは、回避されるべきものでなく、むしろベルクソン哲学における生命の本来の姿だと言える。引用で記される、人格が「一」であることを宣言したとたん、人格が複数性を帯びていることを主張する「複数の内なる声」が出現する状態とは、生命の本来の姿の発露に他ならない。この「複数の内なる声」は、ここではもっぱら生命の多数性を人格というかたちで表現したものだ。

二　人格、呼びかけ、反響

『笑い』の想像力を起点に、『創造的進化』の人格論を迂回し、ここで主題である『二源泉』の〈創話機能〉に着手しよう。『二源泉』で、生活に随伴するさまざまな不安を、〈創話機能〉が提供する人格が和らげると語られる。こうした人格が、動的宗教を拡散する場合も、拡散を助けるイメージとなりえるのではないか、というのが本節における仮説である。「死後にも生命が存続するというイメージ」や「事物や出来事が人間へと転換するという［……］イメージ」は、〈創話機能〉によって、事物や現象に人格を発見することが基盤にあることは、すでに確認した。動的宗教を伝播する〈創話機能〉のイメージとして人格を位置づけるために、『二源泉』の記述を追ってみよう。

『笑い』において、植物の比喩で語られた想像力によるイメージの接合と分岐をめぐる思考は、『創造的進化』では、相互浸透する諸人格からひとつの人格が選択されるという説へと受け継がれた。こうした流れには、イメージから人格への視点の移動がみてとれる。それゆえ、人格が動的宗教へと接近する契機になりえると仮定した場合、『二源泉』に、人格を基点にすることで神秘家の言葉が受容可能になる、という記述があることに気がつく。

この呼びかけの本質を、偉大な道徳的人格を目の前にしたひとたちだけが、完全に認識した。［……］それはわれわれが思考により喚起した、両親であることも友人であることもあっただろう。しかし、それはまた、ひとがわれわれにその生涯をたんに語った、一度も会ったことのない人物だったかもしれない。われわれはそのとき、想像力により自らのおこないを彼の判断のもとに置き、彼の非難を恐れ、彼の賞賛を誇っただろう。それは魂の奥底から意識の光へと引き出された、われわれの内部で生まれつつある、ひとつの人格だったかもしれない。われわれは、その人格が後々われわれ全体を覆い、さしあたり弟子が師に対するように、その人格に結びつくよう望んだ[330]。

「偉大な道徳的人格」とはなにか。神秘家が道徳を拡散する際、「人類のなかの最善のものを代表する諸々の人格によって、われわれの各人の意識に発せられた呼びかけの総体[331]」が必要である、とベルクソンは言う。『二源泉』では、神秘家から発せられた「呼びかけ」は、大衆へと道徳を拡散する重要な契機となる。つまり、「偉大な道徳的人格」とは、神秘家の人格の別称に他ならない。「偉大な道徳的人格」である神秘家との触発について、ここでは述べられていると言える[332]。

ここで記される「偉大な道徳的人格」との接近の方法は、きわめて特殊なものだ。道徳の導き手は、その生涯を耳にしたことのある「一度も会ったことのない人物」かもしれない、とベルクソンは打ち明ける。つまり、道徳の導き手との直接的接触は必須ではないのだ。その際に駆使されるのが、そうであったかもしれない人格を喚起すると『笑い』では説明されていた、「想像力」である。ここで〈創話機能〉という言葉は直接用いられない。それでも、〈創話機能〉と同等の語りの作用を通じて、「想像力」のうちに人格が現れることをベルクソンが念頭に置いている、と言えるのではないか。語りによって表された「一度も会ったことのない人物」の「人格」が確かな影響力をもつ、とベルクソンが考えているという事態は、「ひとがわれわれにその生涯をたんに語った」というその行為に、彼がどれほどの力をみいだしているかがわかる。加えて言えば、「想像力」の一形式である〈創話機能〉は、この現れた人格の属性に関すること、あるいはこの人格の「判断」に関するあらゆる語りを生み出す[333]。

ひとは、「想像力」によって、道徳的人格の「非難」を恐れ、また「賞賛」を誇り、自分がそうであったかもしれない道徳的人格との交流を確立しようと努める。すると、「われわれの内部で」人格の新たな選択がうながされる。人格の新たな選択が可能となるのも、未分岐のエラン・ヴィタルの混淆状態に類する、人格の相互浸透状態があるからこそである。何かをきっかけに人格に新たな側面が生まれるということ自体は、どんな人間にも起こりうる一般的な事柄であると言える。しかしベルクソンは、こうした選択の背後に、創造的根源から湧き出る生命の流れの影響をみている。別の箇所でも、人格という観点から、神秘家と大衆の触発を、「愛」「感動」「追憶」という語彙を使用しながら、ベルクソンは説明する。

愛に彼ら〔神秘家〕の各人は人格を刻み込む。愛は、そのときそれぞれのなかでまったく新たな感動となり、その感動は、人間の生を別種の調子へと移行させる。愛は、各神秘家をそのひと自身として愛される者にして、そのひとによって、そのひとのために、他の者たちは魂を人類愛へと開かれたままにする。愛は、神秘家たちや、なおも鮮明な彼らの追憶に執着し、自らの生涯をこの模範に一致させる人間を媒介に、伝達される。さらに先に進もう。大神秘家の言葉や、大神秘家の模倣者たちのだれかの言葉が、われわれのひとりひとりのなかに反響を見出すのは、われわれのなかに、眠りながら目覚める機会をただ待つ神秘家が、いるからではないだろうか。[334]

最後の文章における、「われわれのなかに、眠りながら目覚める機会をただ待つ神秘家が、いるからではないだろうか」という反語表現には、諸人格の相互浸透状態のうちに混じっていた、そうであったかもしれない人格を選択することで、つまり神秘家になりえたかもしれない人格を選択することで、神秘家の魂の継承が可能となることをベルクソンが切望するさまがうかがえる。前述の「ひとがわれわれにその生涯をたんに語った」道徳的人格の記述をみれば、こうした現実の人格とは別種の人格を喚起する状況においても、「想像力」が働いており、神秘家の宗教である動的宗教の普及をうながすと考えることができる。

だからこそ、『二源泉』では、敬愛され尊ばれる人格が、ひとつのイメージとして捉えられると記される。[335] 人格のイメージが浮上するのは、ここではあくまで〈創話機能〉という想像力によるものである。しかしながら、この想像力は生活の不安の治癒だけに専念するのではない。知性という大地の「縁」である辺境に位置する〈創話機能〉を介して、われわれが選択しなかった神秘家としての人格のイメージが、われわれに呼びかけるのである。じっさいには遭遇していない「道徳的人格」からの「呼びかけ」をわれわれが聴取する以上、この「呼びかけ」は、イメージとして想起された人格から発せられた状態だと考えられる。この「道徳的人格」がイメージなのである。その際、〈創話機能〉が与えるイメージとは、たんに静的で凝固した純粋なイメージではなく、生命進化のように流動し幾重にも分岐する人格が背景にある点にも、注意しておく必要がある。

では、動的宗教を拡散するといわれる〈創話機能〉のもうひとつの要素へ移ろう。それが〈創話機能〉のシンボルである。シンボルという主題を論じるためには、ベルクソンの言語観がいかなるものかを概観する必要がある。言語の重要性については、「大神秘家の言葉や、彼を模倣する者たちのだれかの言葉」が、われわれの内部の神秘家の人格に「反響」するとベルクソンは説明しているが、ここで今一度ベルクソンの言語観を追ってみよう。

三　言語というシンボル

ここで論じられるシンボルが、なんらかの図像を意味しないことを事前に理解しておく必要がある。つまり、ベルクソンにとってシンボルは、視覚的なものに限定されない。そうではなく、彼にとってシンボルが関わるのは言語的な問いである。そして、シンボルを中心とした言語の問題をめぐって、ベルクソンに絶えず突きつけられるのは、言語と言語によって表現できないものとの対立である。この対立が描かれるのが、一九〇三年の論文「形而上学序説」である。

「形而上学序説」は、二つの認識方法を整理することを目指す論文である。それが絶対的認識と相対的認識である。前者の認識の手段は、直観であると語られる。「われわれがここで直観と呼ぶのは、対象がもつ唯一のもの、したがって、表現不可能なものと一致するために対象の内部に身を置くことになる共感のことである[336]」と説明される。直観による認識が対象との一致・共感を通じた絶対的認識であり、それに対して相対的認識が基盤にするのは「シンボル[337]」だと述べられる。

その場合のシンボルが意味するのは、対象そのものを代替することで対象を表す、既存の概念や記号や言語のことである。たとえばベルクソンは運動の例を挙げる。空間中の運動を説明する際、座標系や基準軸に関係づけて数値に頼りながら運動を説明することは、運動そのものの認識ではなく、運動を代替する数値というシンボルを通じた相対的認識である。

「形而上学序説」では、運動や持続に対するこれらの認識が語られるが、本書の目的に沿って、〈創話機能〉に接続されうる議論を追っていこう。それは言語と言語が表現するものとの関係をめぐる議論だ。〈創話機能〉が発展し洗練された形態のひとつとして、ベルクソンは小説を挙げるが、「形而上学序説」でも、シンボルに関連して小説について触れられる。


小説家は、性格を示す諸々の言動をいくつも書き、欲するだけ主人公にしゃべらせ、行動させることができるだろう。だが、こうしたことすべては、ある瞬間に私が登場人物自身と一致したときに感じた、単純で不可分の感情には値しないだろう。［……］私に対してそれ〔登場人物〕を描写するあらゆる表現は、既知の人物や事物とのいくらかの比較においてのみ、その登場人物を認識させることができる。こうした表現は、多少なりともシンボリックにその人物を表現するときの記号なのだ。それゆえシンボルと視点とは、人物の外部に私を置く。つまりシンボルと視点は、その人物について、他の者と共通しておりその人物に固有には属さないものだけを私に届ける。[338]

作品内で用いられる「表現」は、言語により成立する。ゆえに、ここで言及される、人物を描写する「表現」とは、言語表現だと理解できる。ベルクソンが指摘するのは、人物描写のためにいくら言語表現を重ねても、人物との内的共感によって抱いた「単純で不可分の感情」とは、性質が異なっているという点だ。その原因は、言語というシンボルは、「既知の人物や事物とのなんらかの比較」でしか、小説の登場人物を描出できないからだ。これは、シンボルである言語が必然的に抱える難問のひとつだ。なぜなら、たとえば、言語は多数のひとたちが共通理解するコードなくしては使用が難しく、したがって、言語は既知であることが不可欠の性質として備わるからだ。その結果、特定の人物を表現するときにも、共通理解されるシンボルである言語を通じてしか、表現できない。それゆえ、こうした言語に依拠する認識は、ベルクソンにとって相対的認識となる。

しかし、ここには注視すべき歪な構造がある。小説の登場人物に共感する絶対的認識が、登場人物について言語表現を介して獲得される相対的認識と異なるとしても、その一方で、言語がなければ登場人物自体が小説内に存在できず、絶対的認識も達成されない。つまり、われわれにとっては、言語芸術である小説の人物を認識する手段は、やはり言語しか残されていないことになる。

この点を〈創話機能〉と神秘家との関わりのなかで考察してみよう。〈創話機能〉は、社会維持のためにさまざまな物語を準備する。仮に図像が使用される場合があったとしても、物語内で人格や人格による行為が描写や説明されるためには、言語表現が必須である。したがって、神秘家の物語がひとびとのあいだに伝達される際も、言語が特別な務めを果たすことは疑いえない。加えて、神秘家たち自身の言葉が記載された彼らの著作も、神秘家たちの活動が共同体内に流布されるための欠くことのできない要素だ。それによって神秘家の言葉が、人類の記憶のなかに刻印されると言える。端的に言えば、われわれが神秘家たちへと接近し、彼らの存在によって人類へと開かれていくときにも、言語が手助けとなるのだ。

では、こうした言語が基礎となる〈創話機能〉を通じては、われわれは相対的認識に留まらざるをえないのだろうか。ひとが言語や記号というシンボルを使用する原因は、人間が住む知性的社会では有用性や利便性が優先されるからだ。可能な限りすべての要素を予測し対策を取るためには、どんな運動も内的感情も、分節することで固定した観念として分類する必要がある。ゆえに、人間は日常生活においては必然的にシンボルに依存する。しかし、ベルクソンは、こうした方向性を逆転することができると『二源泉』で打ち明ける。

> しかし、本当のところわれわれの精神は逆の歩みを進めることもできる。われわれの精神は、運動する実在のなかに身を置き、絶えず変化する運動する実在の方向性を取り入れながら、最後には直観的に実在を把握することが可能だ。そのためには精神は、自らに暴力を振るい、普段の思考の作業の方向を逆転させ、思考のカテゴリーを止まることなく転向させるか、むしろ鋳直さねばならない。[……] 哲学することは、思考の働きの習慣的方向を逆転させることにある。[339]

精神が「逆の歩み」を進め「運動する実在」を把握するためには、精神に根本的な変革がもたらせられなければならない。そのためには「普段の思考の作業の方向」を「逆転」させるか、「思考のカテゴリー」を「鋳直さねばならない」。それこそが「哲学すること」だと宣言されるその過程で、精神は自らに「暴力」を振るわねばならない、とベルクソンは告げる。

こうした手荒な表現は、「神秘主義的直観」を論じた箇所でも使用されていた。神秘家が「神秘主義的直観」内で捉えた「神の本質」を描写しようと試みる際、言語の人間である哲学者は、「言葉に暴力をふるって」、感動が滲み出る言語記号を無理矢理につくりあげることを強いられる、と述べられていた。今回は、精神は「自らに」暴力を振るうことにより、言葉から「実在」を取り出さねばならない。先に挙げた、言葉に暴力を及ぼすことで言語記号から感動へと道を開くことと、精神に暴力を及ぼすことで精神の眺めを変えることは、同様のことを意味していると考えるべきである。これらはベルクソンにとって、「哲学すること」の本質において並走する二つの方法だと言える。ではここで、精神の眺めを変えて、どのように言葉に接するべきであるとベルクソンは考えるのだろうか。

四　言葉による伝播

ベルクソンは、知性・物質・静性の系列に属するものが神秘主義に対してもつ影響力を繰り返し語る。たとえば、既成の宗教の「教え」の内部に潜む神秘主義も、知性の言葉を巧みに利用する。

これらの抽象的な教えは、神秘主義の起源になかったのではないか、神秘主義は教義の言葉をなぞり、今度は火の文字で教義を記すこと以外、決してしなかったのではないか、と自問することさえできるだろう。その際、神秘家の役割は、宗教を再び熱するために、神秘家を賦活するなんらかの熱意を宗教へともち込むことだけだろう、と同じく問うことさえできるだろう。たしかに、そう主張をする者は、その意見を難なくひとに認めさせるだろう。じっさい宗教の教えは、あらゆる教えと同様に知性に向けられ、そして知性の秩序に属するものは、だれにとっても理解可能となる。［……］反対に神秘主義は、神秘主義に関わる何かを経験していない者には、絶対的に一切何も語らない。それゆえ、神秘主義だけによって存在する宗教という観念は認めさせ難い一方で、知性の用語で定式化された既存の宗教に、神秘主義が、独創的で言い表せぬままであいだを置きながら溶け込んでおり、宗教とは、神秘主義の知的に定式化された抽出物、つまり一般化された抽出物であるだろうことは、万人が理解するだろう。[340]

たとえ神秘家が、既存の教義をなぞるだけであっても、それは神秘家の理念が既存の教義と同質であることを意味しない。むしろ、それは神秘主義の戦略と言える。神秘家の教えは、第一に「神秘主義に関わる何かを経験していない者には、絶対的に一切何も語らない」ゆえに、特異的で脱俗的な側面がある。だがその一方で、「知性の用語で定式化された既存の宗教」のなかに、「言い表せぬ（ineffable）」ままに「あいだを置きながら」潜んでいることは、「万人」に理解可能だとベルクソンは説く。このように「万人」に開かれたかたちで神秘主義が了解されるのも、既存の教義を「火の文字」によってなぞるという方法がとられたからだ。すなわち、言葉を活かしたままその言葉のうえに「言い表せぬ」神秘主義を重ね合わせることにより、神秘主義は伝播されるとベルクソンは考えるのだ。通常の言語使用に肉薄しながらも、神秘家は別種の言語をそこに刻印していくというのが彼の理解である。

こうした角度から神秘主義の伝播について眺めた場合、『二源泉』では言語の特殊な使用例が挙げられている箇所に突き当たる。それが福音書の言語表現について語られた箇所だ。福音書に示される道徳は「本質的に開かれた魂の道徳である[341]」、とベルクソンは述べる。いわば、ベルクソンにとって、福音書は神秘家が体現するものと同一の道徳が記される書物である。そうした福音書の「もっとも正確な勧告」のなかにも、逆説や矛盾に近いものがあるとベルクソンは指摘する。

もし仮に富が罪悪ならば、われわれの所有物を貧者たちに渡すのは、彼らを害することにならないだろうか。もし平手打ちを受けた者がもう片方の頬を差し出すならば、隣人愛が成り立つための正義とは、いったいどのようなものか[342]。

ベルクソンはこうした疑問に対して、ひとまず自ら答える。例えば「富」に関する「勧告」は、以下のことを意味する。「貧者のためではなく、自らのために富者は富を破棄せねばならない。というのも、「心の」貧しきものは幸いであるからだ[343]!」と彼は言う。とはいえ、倫理的解釈による理解でも、福音書に刻まれたこうした矛盾や逆説を解消することは難しい。なぜなら、矛盾や逆説が発生するのは、「動的なもの」を「静的なもの」によって表現せねばならないという根本原因があるからだと述べられる。そうした事情をベルクソンは以下のように説明する。

「ひとはあなたに……と言った。だが私は……と言う」一方は閉じたもの、他方は開かれたものである。現行の道徳は廃止されないが、現行の道徳はある進展に沿う、いち瞬間として示される。以前の方法を放棄されず、より広範な方法のなかに統合される。これは、動的なものが静的なものを自らのうちに溶かし込み、静的なものが動的なもののひとつの特殊例になるときに生じることである。その際、厳密には、運動と傾向についての直接的表現が必要となるだろう。しかし、ひとが——そうするしかないのだが——運動や傾向を静的で不動の言語のなかに翻訳することをなおも望むならば、ほとんど矛盾である定形表現を手にするだろう。[344]

福音書にみられる矛盾に近い表現は、「運動や傾向」を「静的で不動の言語」により翻訳したことに起因するところで述べられる。この部分は、ベルクソンの言語観がはっきりと反映された部分として読める。彼にとって、運動を言語化することは、連続する運動を全く別の質に属する不動な言語へと変容させることである。その結果、福音書であっても、「ほとんど矛盾である定形表現」に陥る。とはいえ、ベルクソンにとって、希望がまったく残されていないわけではない。引用の前半部をみてみよう。「ひとはあなたに……と言った。だが私は……と言う」という語句は、『マタイによる福音書』五章に連続してみられる言い回しだが、この言い回しにもとづいて、彼は言語表現の新たな可能性について言及する。

まず、「ひとはあなたに……と言った」という語句は、旧約聖書で描かれる律法の内容を指すが、それに対してキリストが語る「だが私は……と言う」という語句は、律法の内容を否定することはない。現行の道徳は、来るべき道徳によって包摂されるとベルクソンは説明しているのだ。これを彼は別の言葉で言い換える。「動的なもの」が「静的なもの」を自らのうちに溶かし込み、「静的なもの」が「動的なもの」のひとつの「特殊例」となる状態だと彼は言う。言い換えれば、徹底して「動的なもの」を基盤とすることで、そこから「静的なもの」が看取されても、その「静的なもの」は起源としての「動的なもの」を示す徴となって作用するのだ。

じつのところ、この福音書の語句の分析の箇所以前に、こうした動を含んだ静的語句が「ある精神状態」を指し示すと考えた場合、福音書の矛盾的・逆説的表現は問題視されない、とあらかじめベルクソンは述べている。つまり、そうした矛盾的・逆説的表現が「開かれた魂の道徳」という精神へとわれわれを誘っていると考えるならば、これらの表現はなんら破綻したものではないのだ。

> だが、もしある精神状態を誘発するというこれらの格律の意図を検討するなら、逆説は崩れ去り、矛盾は消え去る。魂が自らを開く行為は、定形表現のなかに囚われた物質化した道徳を、純粋な精神へと拡張し高める結果をもたらす。その際、囚われた道徳は、開かれた道徳にとっては、運動を撮影した瞬間写真に等しい[345]。

福音書の矛盾的表現は「魂を自ら開く行為」を誘発するものだと考えて、精神の眺めを変えれば、「逆説は崩れ去り、矛盾は消え去る」とここで力説される。そして、ベルクソンは、「定形表現のなかに」、つまり言語による表現のなかに「囚われた物質化した道徳」を、改めて「純粋な精神」へと高める方法について検討する。それと同時に、魂が「定形表現」のうちに幽閉された状態を、「運動を撮影した瞬間写真」とベルクソンが形容することから読み取れるように、福音書の道徳を論じながらも、そこで示されるのは、福音書の道徳とベルクソン自身の哲学との接合点である。運動を各瞬間へと分割するものとしての「瞬間写真」は、ベルクソンが今まで何度も論じたモチーフである。[346]

こうした逆説や矛盾を、神秘主義の言説の本質を構成するものとして捉えることはできないだろうか。つまり、「逆説は崩れ去り、矛盾は消え去る」という文も、文字通り逆説や矛盾が消滅するのではなく、逆説や矛盾を認めつつもそれらが乗り越え可能だということを意味する、と解釈できるのではないだろうか。というのも、神秘家は表現不可能な自らの経験を表現するという矛盾を容易に乗り越える、とベルクソン自身が述べているからだ。

じっさい試みは落胆させるものだった。経験内でえられた確信をどうやって言説によって拡散できるだろうか。とりわけ表現不可能なものをいかにして表現するのか。しかし、こうした問いは、大神秘家には提起されることさえない。彼は真理がその源泉から活動的な力として自分に流れてくるのを感じた。太陽が光を放出するように、真理を拡散せずにはいられないだろう。ただ、彼が真理を拡散するのは、単なる言説によってではない。[347]

神秘家が「真理を拡散するのは、単なる言説によってではない」のは、真理は神の愛によって拡散されるからだ、と続けてベルクソンは言う。確かに、本書でもすでに述べたように、神の愛を通じて神秘家は開かれた道徳を波及させる。膨大な規模の全人類をただひとつの愛によって包摂するという矛盾に対して、神秘家は「実現された矛盾によって（par une contradiction réalisée）」、「定義において停止であるものから運動を作る[348]」ことで、人類に生命のエランを刻み込む、とベルクソン自身は語る。あるいは「矛盾」こそが、神秘家にとっての愛の拡散において、欠くことのできない要素なのではないか、ということがここで注視されている。

　したがって、ここでは立ち止まって、神秘家が「表現不可能なもの」を一定の言説によって「表現する」ことの困難さ、そしてそこに現れる矛盾について考察したい。言葉こそが、つまり、シンボルこそが動的宗教の波及に大きな比重を占めていることを確認することが、本節の目的だからである。

五　神秘家のレトリック

　では、神秘家の言説における矛盾とは何か。本書でたびたび触れられた、十字架のヨハネの詩句をみてみよう。「その全てを味わうに到るためには何ものにも味わいを得ようとしてはならない」という言葉で始まる『カルメル山登攀』の詩句は、神秘家の詩的表現の代表例としてしばしば取り上げられる。まずは語句のうえでは相反する表現を含んだこれらの詩句を、矛盾や対義結合（オクシモロン）と呼ばれるレトリックとして整理した場合は、どうなるだろうか。

ミシェル・ド・セルトー（一九二五〜八六年）は、神秘家ジャン＝ジョゼフ・シュランの残した言葉を考察しながら、神秘家が用いるこうした矛盾にもみえる表現形態について語った。神秘家は、神や愛といった「言い難いもの（indicible）」に直面したとき、それをどのように捉えるのだろうか。その場合、「言い難いもの」は、対立する語句と命題のあいだの「関係」によって示される、とセルトーは指摘する。「たとえば、穏やかなものと荒々しいものとのあいだの関係が、「神」であるもの、あるいは愛を示す」と彼は説明する。留意すべきは、セルトーにとって、神秘家の言語が担保するのは、神は「穏やかなもの」であると同時に「荒々しいもの」だという二つの属性の両立性ではない。そうではなくて、セルトーにしたがえば、両立性ではなく対立し合う言葉のあいだの「亀裂」にこそ、着目せねばならないということである。[349]

この「亀裂」という語から考えれば、セルトーが言葉間の「関係」により提示しようと努めるのは、対立する言葉同士を引き合わせ、中和化し、共存させることではない。むしろ「言い難いもの」を二つの言葉の方向へと引き裂くことであり、この引き裂かれた「言い難いもの」の緊迫感を背景にしてこそ、神秘家の言葉は読解されねばならない。それゆえ、十字架のヨハネを読解するためには、「全て」を味わうことと、「何ものにも」味わいを得ないことの狭間にある「亀裂」をこそ凝視する必要がある。なぜなら、この「亀裂」こそが「言い難いもの」の源泉だからである。神秘家が最初に感得したものは神そのものであって、神は「穏やかなもの」と「荒々しいもの」を合成した結果ではない。最初に捉えた「言い難いもの」として神をなんとか言語化しようとする際に、「言い難いもの」が別々の表現の方向へと引き裂かれてしまったと考えるべきだろう。[350]

ではベルクソンの場合はどうか。ベルクソンは活動の初期から常にこの問題にさらされていると言える。持続を、直観を、生命を、言葉に翻訳することの不可能性を絶えず唱えながら、ベルクソンは言語によって著作を紡ぎ続けている。とりわけ『二源泉』において、神秘家と言語との交差はどう論じられているのだろうか。彼は作家の方法を取り上げる。

彼〔哲学者〕はおそらく音楽家ではないが、一般的に言って作家である。それゆえ執筆時の彼固有の精神状態を分析することは、神秘家が神の本質そのものを目にする愛が、位格であると同時に創造の力であることを理解する助けになるだろう[351]。

神秘家が神との経験のなかで見出す「愛」は、いわば一種の表現不可能なものだ。というのもこの「愛」は「位格（personne）であると同時に創造の力」であるという、ある意味で二重の性質に分裂しているからだ。表現不可能なこの「愛」を理解するために、ベルクソンは「作家」が執筆にあたる最中の「精神状態」を覗き見ることを推奨する。その結果、「哲学者」がこの表現不可能な「愛」を理解するのだと彼は語る。ベルクソンは作家の執筆法を二つ挙げている。ひとつ目は、まず「概念と言葉の領域」に身を置いて、「先人たちによって練り上げられ、言語のなかに溜め込まれた諸概念」を新たに組み合わせる手法である[352]。だが、こうした手法には限界があると彼は述べる。そこでベルクソンはもうひとつの手法について言及する。

それ〔もうひとつの執筆法〕は、知性と社会の平面から、創造の欲求が出発する魂の一点にまで遡ることだ。この欲求は、この欲求を宿す精神の持ち主が生涯で一度きりしか完全には感じたことがなかったが、常にそこにあり続け、比類なき感動として、事物の根底そのものから受け取った振動ないしエランとしてある。この欲求に完全に従うためには、言葉を鍛造し、概念を創造せねばならないだろうが、それはもはや伝達のためでも、それゆえ書くためでもない。だが、作家は、実現不可能なものの実現を試みるだろう。彼は、それ固有の形式を作ろうと望む単純な感動を追い求め、そしてこの感動とともに、既成概念やすでに存在している言葉、そして社会のなかで現実が裁断されてしまったものに身を委ねるだろう。この道のりに沿って、彼はそうした裁断から生まれた諸記号や、いわば感動が独自の仕方で物質化した諸断片において、感動がはっきりと示されるのを感じるだろう。[353]

最初に作家が身を置くべき場所は、「概念と言葉の領域」ではなく、「創造の欲求が出発する魂の一点」である。だがそこで作家が受け取ったものもまた、名づけえぬものである。ベルクソンは、それは「創造の欲求」であり、「比類なき感動」であり、「振動」であり、「エラン」であると語句を列挙するが、そのすべてが溶融したものだと考えるべきだろう。では、こうした表現不可能なものを言葉にする、という「実現不可能なものの実現」という企てを、作家はどのように果たすのか。

それでもやはり、作家あるいは作家であるところの哲学者は、「既成概念やすでに存在している言葉」、ないしは「社会のなかで現実が裁断されてしまったもの」を手に取ると告げられる。しかし、第一の手法と手順が正反対なことを忘れてはならない。第一の執筆法は、既成概念や既存の言語表現などのシンボルを足がかりにして、それらを合成して、表現不可能なものを描写しようと苦心する手法だ。第二の手法によって作家が身を委ねるのは、始原にある「創造の欲求」であり、それを経たあとに、引き裂かれ裁断されてしまった既成の諸概念に目を向けるのだ。この「道のり」を歩むことで、作家の手中にある既成概念や既存の言葉は、新たな輝きを放つものにみえると言える。それらは「裁断から生まれた諸記号」や、「感動」が「物質化した諸断片」であるにもかかわらず、それらは「感動」が「はっきりと示されている」のである。あたかも神秘家が「亀裂」を挟んだ語句同士を介して「言い難いもの」を表現するように、哲学者も断片となった言葉の根源に、「表現不可能なもの」を感じ取るのである。

要するに、ベルクソンは言語を排除しないどころか、神秘家が目撃する神の本質を理解するために、言語を用いた作家の執筆法の重要性を説くのである。[354] いわば、「形而上学序説」で論じられていた二つの認識方法を一方からもう一方へ、絶対的認識を得たのちに相対的認識へと歩みを進めるような方法である。『二源泉』では二つの認識方法は対立するのではなく、「比類なき感動」「振動」「エラン」を直観的に把握することで、シンボルだけを眺めた場合には気づかなかった創造の水脈が、シンボルにも流れ込んでいることを発見できるとベルクソンは主張しているのである。

本章では、『二源泉』における〈創話機能〉の役割を確認しながら、「創話機能のイメージとシンボル」に注目することで、〈創話機能〉が動的宗教を波及させる助力となりえることを検証した。まず、ピエール・ジャネの研究を概観することで、当時の心理学の領域において〈創話〉がどのように注目を集めていたのかを確認した。なかでも、記憶の欠損との関係から〈創話〉は研究対象となっていた。

そしてジャネの研究で特筆されるべきは、記憶を伝達する方法の進化のひとつとして捉えつつ、記憶の実利的な伝達から解放された物語世界を創造するものとして〈創話〉を提示したことにある。〈創話〉をめぐって、ジャネとベルクソンはすれ違いの関係にある。ベルクソンの純粋な記憶の理論を乗り越えるために、ジャネは集団的記憶の生成、そしてその延長にある「創話」にたどり着いた。その一方で、興味深いことに、ベルクソンはジャネ同様に、社会的安定を維持するために物語を利用する機能として、〈創話機能〉を考究した。

さらに、〈創話機能〉が有する数々の働きのなかでも、とりわけ「創話機能が提供するイメージとシンボル」が動的宗教を波及させる、とベルクソンが語る箇所を手がかりに、イメージを人格の観点から、シンボルを言語の観点から検討し、これらを媒介にして、第二章で考察した「人類の記憶」に堆積した神秘家の経験が、「万人」へと伝播されるとベルクソンが考えた、と本書で結論づけた。

ベルクソンにとって、想像力におけるイメージは、知覚のイメージとは異なり、生命力の発露ないし生命進化の系統樹のように幾重にも変容し続けながら、一瞬だけ実を結び、再び変容のなかに回帰していくイメージである。加えて、想像力が真価を発揮するのは、ありえたかもしれない人格を想起するときである。『二源泉』では、ありえたかもしれない人格としての神秘家を志向することで、神秘家を模倣することへの扉が開かれるのだ。

ベルクソンにとってのシンボルを論じる場合、言語は、対象である持続や内的感覚を分節し、対象を本来の性質とは異なった言語へと還元するゆえに、ベルクソンの活動初期から過小評価される傾向にあったことを思い出される。しかしながら、『二源泉』で経験がどのように伝達されていくのかという課題に向き合った際、言語の問題は前面へと進み出てくる。しかし、言語を運用するときには、言語と同時に精神にも無理強いさせることで、矛盾を含んだ言語表現を使用しながら習慣的な思考の方向を逆転させ、言語が派生する以前の直観に遡る必要がある。それが哲学の使命であるとベルクソンは語る。そのとき言語は、現実の単なる諸部分であることを止め、根源的な感動を帯びた断片となって、生命のエネルギーを波及するのである。

以上のように、本来的には社会を維持するための〈創話機能〉に、神秘家へと接近するための仕組みが備わっているとベルクソンは考えたと推察できる。人間が日常的に発揮する能力にこそ、新たな生命の開花のきっかけがあるとベルクソンがみなすのは、神秘家の道徳への交流が万人に開かれたものだ、と彼が確信しているからに他ならない。

ベルクソンが主張する〈創話機能〉に由来するイメージとシンボルとは、渾然一体となってひとびとによって受け取られるものとして、理解できるだろう。イメージとしての人格は、シンボルとしての言葉を伴うことで、ある人物の声として、呼びかけとして、ひとびとへと差し向けられると考えられる。ベルクソンにとって、一方には変容しながらもひとつでありつづける人格があり、他方には現実を分節する物質として言語がある。神秘家を模倣することの憧憬を生み出す神秘家の呼びかけは、このように、イメージとしての人格とシンボルとしての言葉との結合を前提としているのではないだろうか。

第四章　〈機械〉と神秘家

第一節 「暗夜」にうごめく〈機械〉

本章では〈機械（machine）〉をテーマに、ベルクソンにとっての神秘家がもつ別の側面を覗いてみたい。哲学にとって、〈機械〉はいかなる問いを投げかけてきたのか。ピエール＝マクシム・シュル（一九〇二〜八四年）は、古代において戦争用の機械の発達が、勇気ある者がそれらの〈機械〉を使用してもよいか否かという道徳的問題を産み、また機械技術は、奴隷的とみなされて学問における自由七科、いわゆるリベラル・アーツとは対立すると考えられたと述べる。[355] いわば機械の発明・発展は、そのつど哲学者たちに倫理的・道徳的問いを放ち続けてきたと言える。

ベルクソンの場合はどうだろうか。ベルクソンもまた〈機械〉をめぐって思索した哲学者である。[356] 簡潔に言えば、彼は初期には生命と対立するものとして〈機械〉を規定した。しかし『二源泉』では、生命との対立という構図には収まりきらない非常に多層的な役割を〈機械〉が担う。とりわけ、神秘家と〈機械〉をめぐる議論を二つの主題に絞って本章では検討したい。

まず本章第一節では、『二源泉』第三章で、組み立て途中の〈機械〉という比喩を用いて、神秘経験の只中にある神秘家を説明する場面について検討する。ヴォルムスは、この〈機械〉を「驚くべきイメージ」であると評価しつつ、〈機械〉を道具との関連によって解釈する。[357] ジャン＝ルイ・ヴェイヤール＝バロンも、「組み立て途中」という表現に、神の道具にとっての不要物が排除されるさまを読み込む[358]。カリウは、〈機械〉への変貌によって愛に奉仕するための「このうえないバランス」が得られ、「真に神的な効力」が与えられると述べる[359]。〈機械〉が神への奉仕に至るという点で、カリウの論も先立つ二人の解釈と同質と言えるが、なぜ〈機械〉という語が使用されるのかは依然として説明されない。だが、おそらく上記の諸見解が説得的とみなされ、〈機械〉をめぐる研究は現在では多くはない[360]。『二源泉』の記述を読むだけでは奇妙にも思えるこの描写を、『創造的進化』で眼球が〈機械〉として説明される箇所と比較したい。そのうえで神秘家の姿を組み立て途中の〈機械〉になぞらえることで、ベルクソンが何を表現したのかを読み解こう。

次に『二源泉』第四章で提示される、社会的諸問題の原因として指摘される産業の機械化の問題を取り上げる。そこでは、機械化は最終的には戦争の危機を引き起こすまでに至ると語られる。こうした危機に際して、神秘家が重要な使命を帯びるとベルクソンは考える。『二源泉』第四章では、このように政治・経済的な領域において神秘家が論じられる。これは〈機械〉によりもたらされる戦争という災厄が切迫した状態にあることを、彼が敏感に感じ取っていたからに他ならない。

以上のように、神秘経験のなかの神秘家が〈機械〉の比喩によって説明される点、そして産業の過剰な機械化に対する神秘家の役割を考察したい。それによってベルクソン哲学における機械的なものの変遷、および戦争を彼がどのように捉え、戦争に対してベルクソンがどのような解決を示そうと試みたのかがわかるだろう。

一　『創造的進化』における眼という〈機械〉

ベルクソンにとって〈機械〉は、主に二つの性質に整理できる。まず、パターンをもつ自動運動をおこなう〈機械〉[361]。そしてもうひとつは人間の技術により生産された道具としての〈機械〉だ。これら二性質はベルクソンの物質概念から派生したものであり、一方は、〈機械〉は生命的運動を阻害する面をもち、他方は、生命的運動をさらに先に進めるために援助するという面をもつ。ベルクソンが〈機械〉について論じるとき、この二性質が繰り返し交互に現れる。

たとえば『笑い』をみてみよう。すでに触れたように、人間の動きのなかに透けてみえる「生きたものに張り付く機械的なもの」は、不自然な動きや誇張された動きとみなされ、笑いを喚起すると定義された。『笑い』は、笑いを社会という舞台において分析した著作である。社会生活では、しなやかな動きや柔軟性のある性格が、他者との関係を築くうえで必須となる。それゆえ、「機械的なもの」と化した運動と性格をもつ個人は、周囲から笑われるという社会的制裁を受けて自己を矯正すべきことに気がつく、というのがベルクソンの笑いの理論だ。したがって、いかなる原因であれ笑いを引き起こすおかしさを生む行為には、機械的なものが発見されると語られる。

習慣がある勢いを刻印したのだった。それゆえ動きを止めるか、動きの方向を変えねばならなかった。だが、まったくそうならず、機械的に一直線に動きを続けた。ゆえに、仕事場でのいたずらの犠牲者も、転んでしまった走者と同じ状況にある。この犠牲者は、同様の理由でおかしさを帯びる。いずれの場合でも、笑いを誘うのは、人間の注意深いしなやかさや生きた柔軟性を目にすることが望まれるところにある、ある種の機械的なぎこちなさだ。[362]

ここで、笑いにつながる「機械的なぎこちなさ」と対比されるのは、「人間の注意深いしなやかさや生きた柔軟性」だ。ベルクソンに倣えば、習慣となり惰性を帯びた動きは、生命的ではなく「生きた」ものではない。『笑い』では、〈機械〉は生命力の減退と考えられている。

『創造的進化』で、〈機械〉は、古典的な機械論と目的論を乗り越えるための議論のうちに現われる。[363]両論ともに、部分の集合によって生命進化を説明する過ちを犯すと指摘されている。「理想となる雛型[364]」がまず措定され、その「雛形」を実現するために諸々の細胞が集合すると考えるのが目的論である。目的論と対立するかにみえる機械論も、出発点が違うだけで類似した思考へ帰着するとベルクソンは言う。機械論も最初に「雛型」を置かないものの、器官の形成は細胞の集合の結果である、という誤った思考に陥っていると指摘される。「したがって、機械論と目的論の双方の視点を乗り越える必要がある[365]」と述べられる。その際、乗り越えの足がかりとなるのが、ホタテガイと人間の眼の比較である。軟体動物であるホタテガイと脊椎動物である人間とは、眼球の網膜が異なる性質の細胞でできている。にもかかわらず、ともに同様の機能を備える。したがって、細胞からは機能の成立の仕方が説明できないのだ。『創造的進化』では、このように特異な構造をもつ眼球を起点にし、独自の生命進化の哲学が展開されていくことになる。ベルクソンはまず眼球細胞の複雑さを強調する。

眼という器官において、二つの点で同じように驚かされる。構造の複雑さと機能の単純さだ。眼は、強膜、角膜、網膜、水晶体などのそれぞれ異なる諸部分により構成される。これらの諸部分の詳細をさらに挙げれば、いつまでも続くだろう。網膜だけについて語るにしても、ご存知のように、多極細胞、双極細胞、視細胞という神経要素が重ねられた三層を含む。そして各層はそれぞれの個体性をもち、大変複雑な有機体をおそらく構成している。それでもなお、この膜の微細な構造の単純化された概要であるにすぎない[366]。

もちろん眼球もひとつの「有機体」ではあるが、さらに眼球内の各細胞が個体性をもつ有機体なので、眼球という有機体内には、幾重にも有機体が内包されていることになる。加えて言えば、人体もひとつの有機体に他ならない[367]。眼球は有機体である人間の内部で、多層化した複雑さを帯びていることになる。こうした眼球をベルクソンは〈機械〉と呼ぶ。

それゆえ、眼という機械は、それぞれがすべて極度に複雑になった無数の機械により構成される。しかしながら、視覚は単純な事実である。眼が開いたとたん、視覚は作用する。まさに機能が単純であるがゆえに、無際限に複雑なこの機械の構築のなかで、自然がほんのわずかに注意を逸らせば、視覚は不可能になる。器官の複雑さと機能の一体性とのあいだのこの対照は、精神を狼狽させる[368]。

フランス語の〈機械（machine）〉は、「生体」や「器官」を含意するゆえに、ここではけっして特殊な語法が用いられているわけではない。とはいえ、この言葉からある種の無機物的側面が読み取れたとしても、なんら問題はない。『創造的進化』では、無機物である道具も人間の一部であり、人間の身体を延長した「人工器官」に他ならないと語られている。[369]それゆえ道具は、本来的には無機物であるにもかかわらず、人間身体を「より豊かな有機組織」にする「人工器官」なのだと彼は言う。したがって、ベルクソンにとって、物質的であろうが生気を帯びていようが、どちらの組織体にも〈機械〉という言葉は使用可能なのだ。眼という有機的器官が〈機械〉と呼ばれ、無機的道具が有機組織の一部になるという主張を読めば、彼にとって無機的機械と有機的器官との差異はほとんどないことがわかる。むしろ彼の関心は、「人工器官」を含め複雑で多層的な有機体を貫く、機能の「単純さ」の方に向けられる。

この「単純さ」という観点に立てば、〈機械〉が持つ運動のぎこちなさと「生きた身体」の運動のしなやかさ、という『笑い』の対比の基準が、ここではすでに用いられていないことにも気がつく。「眼という機械」はなによりも有機体の構造を指し、〈機械〉により示されているのは、構造的「複雑さ」と機能的「単純さ」との対照性である。「複雑さ」と「単純さ」の対比は、『創造的進化』以前から幾度となく現れるベルクソンの思考法のひとつだが、[370]「複雑さ」と「単純さ」は対立関係として理解されるべきものではない。そして『創造的進化』に至って、両者の関係を鮮やかに表す比喩をベルクソンは提示する。

二　鉄の削り屑のなかを突き進む手

「眼という機械」において、構造的「複雑さ」と視覚の機能的「単純さ」は、難なく両立している。そうでありながら、両者のあいだの対照性は「精神を狼狽させる」ほどの困惑を招くとベルクソンは語っている。この対照性を理解するために彼が使用するのが、鉄の削り屑のなかを突き進む手の比喩である。

ある瞬間に、私の手はその努力を続けられなくなるだろう。そしてまさにこの瞬間に、削り屑の粒は揃って並び、連携し合い、ひとつの特定のかたちに、つまり止まった手と腕の一部のかたちそのものをなすだろう。次に、手と腕がみえない状態だと仮定しよう。観察者たちは、削り屑の各粒自体や、この削り屑の集まりの内的な力に、配置の理由を探るだろう。ある者たちは、隣接する諸々の粒が及ぼす影響に各粒の位置を関連づけるだろう。そのとき彼らは機械論者である。他の者たちは、全体の計画が要素的な諸作用の細部を司ると主張するだろう。そのとき彼らは目的論者である。だが、真実は、たんに不可分の行為があり、手によるこの不可分の行為が削り屑を通過したのだ。さまざまな粒の運動の汲み尽くせぬ細部や、それらの最終的な配置の秩序は、この不可分の運動をいわば消極的に表現する。この不可分の運動は、抵抗の全体的なかたちであり、諸要素の積極的作用の総合ではない。[371]

「鉄の削り屑」に手を徐々に挿入していき、そして任意の瞬間に停止すれば、「鉄の削り屑」は結果的に「止まった手と腕の一部のかたち」を結ぶ。[372] ここでは「鉄の削り屑」の集合は器官の構造に、手の動きは視覚機能になぞらえられている。こうした比喩によって、みる機能の完成は、なんらかの計画にもとづかず、器官の生成という「不可分の運動」が完遂された結果なのだ、とベルクソンは主張する。その際、器官の構造は「消極的に(négativement)」に「不可分の運動」を表現すると彼は言う。要するに、陰画と陽画の関係のように、あるいは、見方によって壺にも向かい合う二つの顔にもみえるルビンの壺の絵のように、細胞と機能のどちらに注目するかで見え方が変わってしまうのが、眼の生成なのだ。

鉄の削り屑のなかを突き進む手の比喩によって、構造的「複雑さ」と機能的「単純さ」との共存が説明されると同時に、機械論と目的論は反駁される。この比喩は、両論とも削り屑の「最終的な配置の秩序」に固執するが、「不可分の運動」を無視するがゆえに眼の機能を説明できないことを示している。そしてまたこの比喩が、視覚という機能が、別々の細胞組織をもつホタテガイに発生しても人間に発生しても、何の不思議もないことを明らかにする。なぜなら、視覚を作り上げる「不可分の運動」が、それぞれ別様に細胞の集合のかたちを結んだにすぎないからだ。

こうした点と同時に、「眼という機械」の生成は別の重要な意味をもつ。というのも、異なる種が同一機能をもつという事実は、エラン・ヴィタルと呼ばれるベルクソンの生命原理に本質的に関わるからだ。エラン・ヴィタルは、「規則的に遺伝し、累積され、新しい種を生み出す変異を起こす奥底にある原因」[373]であると言われる。ホタテガイと人間に同一機能があるのは、両者がそれぞれの進化の支流でエラン・ヴィタルを分有するからだ。[374] 以上の点を踏まえると、「眼という機械」という表現は、第一に構造的「複雑さ」と機能的「単純さ」との共存、第二に種を超えたエラン・ヴィタルの分有という事態を示す。これらの点を念頭に置きつつ、『二源泉』の「暗夜」の箇所を分析したい。

三　ベルクソンの神秘経験解釈

十字架の聖ヨハネは、「暗夜」という自身の神秘経験を、「ある暗い夜に／愛の思いに、焦がれ燃えて／ああなんというしあわせ／気づかれずに脱れ出た／わが家はもう静まっていた」という詩句から始めることで次第に表現していく。[375] ジャン・バリュジは『十字架の聖ヨハネと神秘経験の問題』で、「夜」とその「暗さ」がもつ意味を精緻に論じた。たとえば、「夜」が表現する「全面的な否定性」の前でひとは無力化する。その「全面的な否定性」は、「夜」という言葉が通常備えるあらゆる意味とは通約不可能であり、ひとが日常的に駆使する言葉の範疇をこえる、とバリュジは語る。[376] 要するに、バリュジにとって、十字架の聖ヨハネの「暗夜」をめぐる諸々の表現、とりわけ「夜」という語は、通常の意味で理解するのではなく、積極的に読み解かねばならないものなのだ。

鶴岡賀雄は、神が魂へと入り込み「魂において働く」合一という事態を以下のように説明する。魂は、神をどのように分有できるだろうか。鶴岡は、十字架の聖ヨハネが魂について言及する際の「鏡」の比喩と神の「投影（obumbración）」に着目する。十字架の聖ヨハネは神の「投影」、つまり影を投げかけて「影」で覆うということは「庇護すること、恩恵を施すこと」[377]であると指摘される。すなわち、神によって加護される状態を指す。だが、「神の影」に包まれることはそれ以上の意味をもつことを鶴岡は語る。十字架の聖ヨハネの記述を見てみよう。

〔……〕なぜなら、これ〔魂〕はそれ〔最愛のひと〕と同じになることで、いわば魂は分有によって神になるからだ。来世におけるほど完全ではないにしても、前述のように、魂は神の影のようなものだ。この関係において魂は、実体的変容によって神の影になる。そして、神自身が魂においておこなうことを、魂は神において、神のために、神と同じ仕方でおこなう。というのも、二つの意志はひとつであり、ゆえに神の作用と意志の作用はひとつである。[378]

つまり、「神の影」となることは、神とひとつになるのと同義である。神という光が影をつくることについて、十字架の聖ヨハネは入念な解釈をする。いわく、光によってできる影は光そのものに他ならない。なぜなら、「闇の影はその闇に応じてもうひとつの闇であり、光の影はその光に応じてもうひとつの光である」[379]からだ。すなわち、神による「投影」は、神の光が神秘家へと移されることを意味する。そのとき「鏡」である魂は、神の光を自ら映し出す。そして魂が神とひとつになる「本質的変容」の結果、「魂は神を神において神に与える」[380]。すなわち、神は「鏡」である魂に反映され、光によって照らすものと照らされるものの区別は消滅し、増幅する光を放つひとつの結合体がここに出来上がるのだ。

ベルクソンもまた「暗夜」の解釈に挑むが、それは十字架の聖ヨハネの詩的表現を一言一句読解するという方法によってではない。「暗夜」の神秘経験を自らの哲学のうちに置き直すという方法によって、彼は解釈を試みるのである。ベルクソンは「暗夜」を構成する諸段階をひとつずつ追っていくのだが、以下は神秘経験の開始段階が記述される文章である。

自分を導く流れによってその奥底で揺さぶられた魂は、その場で回転することを止め、種と個体とが円環的に互いを条件づけるよう促す法則から、一瞬逃れる。まるで自分を呼ぶ声を聞いたかのように、魂は立ち止まる。そして、魂は前方へとまっすぐに運ばれるままになる。[381]

ここには神秘経験へと入り込む最初の段階が描かれる。これらの描写は、先行する神秘主義研究が参照されている以上に、ベルクソン独自の神秘経験解釈が含まれている。冒頭で、「種と個体」を条件づける「法則」から魂が逃れることが説明されるが、ここでも生物学的思考から神秘経験を眺めていることがわかる。ベルクソンにとって、やはり神秘家は、生物種としての限界から解き放つ存在として、ひときわ際立つ。また、ここで「自分を呼ぶ声」が合一経験の始まりに置かれている。もちろんこれは大衆に向けられたものではないので、〈創話機能〉を介した呼びかけとは異なるもので、これから繰り広げられる経験のひとつの兆候であると言える。こうした契機から出発して、ベルクソンは神秘経験の諸段階を順次追って記述していく。まずはベルクソンの記述を追おう。ベルクソンは二回にわたって〈機械〉という表現を用いるが、その一回目が現れる箇所である。

すると膨大な歓喜が、それ〔魂〕が没入する忘我が、あるいは魂が付き従う法悦が訪れる。つまり神がそこにいて、魂は神のなかにいる。〔……〕だが、それはどれほどの時間続くだろうか。感知できないほどのわずかな不安が忘我のうえを漂い、降下し、魂に影のように張り付く。〔……〕じつのところ、この不安は、大神秘家の魂が忘我のなかで旅の終着点のようには立ち止まらないことを示している。お望みならば、それはまさに休止とも言える。だが、それは蒸気圧がかかったままの機関車が駅に停止しているようなものだ。新たに前進する飛躍を待ちながら、運動はその場で振動し続ける。[382]

引用冒頭の神との接触は、合一の中心ではなく、ベルクソンにとってはむしろ新たな「不安（inquiétude）」が訪れる次の段階が重要となる。前述のようにドラクロワは、神秘経験の第一段階では神の存在が感じられつつ「不安」が生じると説明していた。ベルクソンの記述はドラクロワの分析を踏まえたものだが、注目すべきは「不安」に晒される神秘家について、ここで使用される比喩である。原語でただ〈machine〉とだけ記される「機関車」は、「不安」とともに待機する神秘家を形容したものだ。

ここでは、「不安」に浸されながら「前進する飛躍」を待機する〈機械〉という比喩によって表現されるのは、待機状態のうちに現れる二つの対照的な作用についてである。「機関車」と訳出した単語は原文で「machine」とだけ記されている。だが、「駅（station）」や「蒸気圧（pression）」という語彙から「蒸気機関車」を意味する言葉であることがわかる。「機関車」という比喩は恣意的に使用されたのではもちろんない。「機関車」は停止中にもかかわらず運動を包含するゆえに、前章で用いた表現を使うならば、広義の意味でオクシモロン的だと言える。ここで表明されているのは「その場で振動し続ける」運動としての〈機械〉、停止中に運動を継続する〈機械〉だ。こうしたオクシモロン的性質を読み込みつつ、ブロンデルの研究を思い出そう。彼は「passif」を単なる受け身の停止状態とは捉えなかった。それは「揺り動かされる」ことによって行為へと接続されていく状態だと語っていた。ベルクソンも同じく、停止を単なる不動とはみなさない。停止はそこから「新たに前進する飛躍」が生まれる待機状態なのである。

四　「暗夜」のなかの組み立て途中の〈機械〉

この二つの作用をベルクソンは以下のように記す。

> まばゆい光にしばしのあいだ慣れていたので、魂は闇のなかでもはや何も区別できない。魂は自分のなかで暗くかすかに成し遂げられる深い作用に気づかない。魂は多くを失ったと感じ、それがすべてを得るためであることを知らない。これが、大神秘家たちが語る「暗夜」であり、これは教えに富むものであり、いずれにせよキリスト教神秘主義でもっとも教えに富むものである。[383]

引用の中ほどは、明らかに、「その全てを味わうに到るためには／何ものにも味わいを得ようとしてはならない」[384]という十字架の聖ヨハネの詩句が踏襲されたものだ。ベルクソンは十字架の聖ヨハネの言葉を借りながら、〈機械〉へと変容した神秘家のうちで起こる作用について語る。ここでは、「多くを失ったこと」と「すべてを得る」という二つの事態が生じている。とはいえ、ここになんらかの矛盾を読み込む必要はない。というのも、神に由来する「生命が表す創造的努力との接触」[385]を果たし、「新たな種の創造」[386]に匹敵する経験の只中にいる神秘家は、まさに眼球の形成のように、どちらに着目するかで見え方が変わる生成を感じているからである。「多くを失ったこと」と「すべてを得る」は、ひとつの経験を示す二つの様態なのである。

続けて、「暗夜」のこうした核心部分は神秘家にとっても分析不可能なものだとベルクソンは表明する。だが、それでもベルクソンはさらに踏み込んで、この「暗夜」を理解しようと努める。「機関車」とは別の〈機械〉を入れ込むことによって、「暗夜」を敷衍しようとベルクソンは試みる。

偉大な神秘主義に特徴的な決定的段階が準備される。この最終的な準備を分析することは不可能であり、神秘家たち自身もそのメカニズムをかろうじて垣間見ただけだ。並外れた努力をおこなうことを目指して構築された、恐るべき頑丈な鋼鉄の機械が、もし仮に組み立て途中に自分自身について意識をもつならば、自らが同様の状態にいることにおそらく気がつくだろう。その部分のひとつひとつは最も厳密な検査を受け、ある部分は破棄されるか他の部分によって取り替えられ、この機械はそこかしこに欠如の感情を抱き、至るところで苦痛を味わうだろう。しかし、まったく表面的なこの痛みが、驚嘆すべき道具になる期待と希望のなかに消えていくためには、痛みは、より深まっていかねばならないだろう[387]。

神秘経験の「仕組み」は、「組み立て途中」の〈機械〉により説明されるとベルクソンは言う。従来は「驚嘆すべき道具になる期待と希望」に依拠して、「暗夜」に現れる〈機械〉の分析がベルクソン研究者たちによってなされてきた。だが、どちらかと言えばここで示されているのは、「魂は多くを失ったと感じ」ながらも、「それがすべてを得るため」であるという二つの状態の説明である。言い換えれば、まず〈機械〉となった神秘家が「ある部分は破棄されるか他の部分によって取り替えられ」ることで味わう「苦痛」があり、次にこの「表面的」苦痛が深められていったのちに存在する別の到達点がある。

ここで『創造的進化』の眼という〈機械〉と、それを説明していた手の比喩とを思い出そう。「暗夜」の神秘家が〈機械〉のように組み立てられていくのと同様に、手の動きに応じて「鉄の削り屑」は「揃って並び、連携し合い、ひとつの特定のかたちに」組み立てられていく。まさにここに同種の思考が働いている。しかし、『創造的進化』の〈機械〉と『二源泉』の〈機械〉のあいだには差異がある。「眼という機械」は、長い年月をかけた幾世代にもわたる進化の過程を表している。他方で「暗夜」は、神秘家が孤独のなかで経験するものである。つまり、神秘家は一個体として創造的努力と接触を果たしていると言える。この点が、『創造的進化』の〈機械〉と「暗夜」の〈機械〉とを決定的に分ける。そして複雑な「眼という機械」の組み立ての結果、ひとは視覚という「単純な事実」を得る。この「単純さ」に気が付かずに、ひとは〈機械〉の複雑さのみに拘泥しているとベルクソンは語っていた。では、神秘家が「厳密な検査」によって組み立てられることで到達するものとはなにか。

五　単純にものをみること

ベルクソンによる「暗夜」の分析はさらに続く。先程の引用で、「苦痛」は「表面的」であり、「苦痛」が深まれば、「驚嘆すべき道具になる期待と希望」のなかへ「苦痛」が消えていくと彼は告げていた。いわば、神秘家がまさに「道具（instrument）」となるという、神秘家と〈機械〉との一体化への展望が示される。しかしながら、こうした展望は、ベルクソン自身によりすぐさま退けられる。

すでにそれ〔魂〕は神の現前を感じ、象徴的なヴィジョンのなかで神を認めたと信じ、忘我のなかで神と合一さえした。しかし、これは観相でしかなく、これらのうちで持続するものはまったくなかった。すると、行動が魂を自己のうちへ連れ戻し、そして神から引き離した。いまや、神が魂を介して、魂において働くのだ。すると結合は全面的であり、それゆえ決定的となる。その際には、メカニズムや道具といった言葉が喚起するイメージは脇に置いたほうがいい。準備作業について考えるためには、これらを役立てることもできただろう。だが、それによって最終的結果についてわれわれが学ぶことはない。[388]

忘我における神との合一は、「観相」でしかなく、それに対してベルクソンは「行動」に重きを置く。こうした記述には、ベルクソンが繰り返し発するプロティノス批判が反映されている。[389]『二源泉』でも、プロティノスの「行動は観相の弱まりである」という言葉を取り上げつつ、「それは十全な神秘主義の表現ではない」とベルクソンは指摘する。[390]もし仮に、「行動は観相の弱まりである」という定義を受け入れれば、ベルクソンの根本的認識が逆転し、「持続は不動な永遠についての偽りの動くイメージになり、魂は観念の失墜になる」[391]だろう。要するに、変化しないものから変化を推論する思考に陥ってしまう。ベルクソンにとって、生命の基盤は変化であって、魂自体も静的な一概念として思い浮かべられるのではない。むしろ「行動」によってこそ、神との合一から魂は引き離され、「全面的」で「決定的」な「結合」へと魂は突き進むのである。では決定的結合とはいかなる事態か。ベルクソンはそれを「単純さ」という言葉で表現する。

自らのあらゆる能力の穏やかな高まりによって、それ〔魂〕は広い視野でものをみて、どんなに魂が脆弱であっても、力強く達成する。とりわけ、魂は単純にものをみる。この単純さは、その言葉と行動のなかでも強い印象を与える。そしてこの単純さが、複雑さを通過しながら魂を導くのだが、魂は、この複雑さを感知することさえない。[392]

魂は神秘経験ののちに、ある「単純さ」を獲得する。その「単純さ」という性質が発揮されるのが、「ものをみる」という能力に関してだ。というのも、魂が「複雑さ」を通過するのも、「単純さ」により導かれるからだとベルクソンは主張する。「眼という機械」の生成においても、諸部分の複雑さは、視覚という単純な機能が獲得された結果にすぎず、複雑さに囚われることは戒められていた。「暗夜」の組み立て途中の〈機械〉も、それが喚起するイメージは「脇に置いたほうがいい」とベルクソンは主張する。重要なのは、「鉄の削り屑」に比される諸部分でも、「暗夜」における組み立て途中の〈機械〉でもなく、「単純にものをみる」ことだからだ。この場合の「単純にものをみる」とは何か。「眼という機械」がじっさいの眼球の生成を意味したように、「暗夜」を超えて「単純にものをみる」ことも、身体に属する視覚を指すと考えるべきだろうか。おそらくそうではない。この単純な視覚について、次節で別の糸口を探ってみよう。

第二節　戦争する〈機械〉と「魂の代補」

「暗夜」における〈機械〉の比喩は、複雑さを横断して達成される単純さを表現するために用いられた。神秘家は世界を単純に眺めるに至るとベルクソンは考えた。

神秘家と〈機械〉との関わりは、こうした対比だけに留まらない。『二源泉』第四章では、社会の過剰な機械化が戦争の要因になると訴えられている。『二源泉』の戦争についての言及には、同時代的状況が大いに影響を与えている。第一次世界大戦と、来たる第二次世界大戦の脅威に挟まれた一九三二年に『二源泉』は出版された。ジャック・デリダ（一九三〇〜二〇〇四年）は、この著作が両大戦間の狭間で出版された意義を強調する[393]。

戦争の危機に抗するため、ベルクソンは神秘家の存在を前景に押し出していく。戦争を引き起こす社会の過剰な機械化を、神秘家が正しい方向へと導くと彼は主張する。ここでも神秘家は人類を先導していく使命をもつ。だが、じつのところ神秘家と戦争との関係を把握するためには、『二源泉』を読解するだけでは不充分だ。というのも、当初戦争と神秘家との関係についてベルクソンが言及したのは、第一次世界対戦中のさまざまな講演においてであり、そこでは『二源泉』とは異なる言説が繰り広げられているからだ。こうした言説から出発し、当時の時代状況を確認しつつベルクソンの思考の変遷をたどることで、『二源泉』の戦争をめぐる〈機械〉を論じたい。そうすることで、ベルクソンが神秘家と〈機械〉によって組み上げた特異的な形象を読み解くことが可能となるだろう。

一　第一次大戦中の講演における身体の機械的拡張

ベルクソンは第一次大戦中に多数講演を行った。場所はフランス国内に留まらず、スペインやアメリカでも彼は精力的に活動し、最終的には連合国側での参戦を促すために、一九一七年二月十八日にウィルソン大統領とも面会を果たしている[394]。第一次大戦中のベルクソンの講演から、『二源泉』の議論に接続可能ないくつかの発言を拾っていこう。

一九一四年十二月十二日の道徳政治学アカデミーでの講演をみてみよう。冒頭、ベルクソンは激しい口調でドイツを非難する。ドイツは「動乱、略奪、記念碑の破壊、女性と子供の虐殺、あらゆる戦争法の侵犯[395]」の罪を犯していると述べて、さらにドイツが「野蛮への好戦的な回帰[396]」の状態にあると彼は表明する。こうした態度からは、当時流布された「野蛮に対する文明の戦い」という言説の成立過程に、ベルクソンが影響を与えていることがうかがえる[397]。ベルクソンによる「野蛮」なドイツ帝国の特徴づけをみてみよう。ドイツ帝国の前身であるプロイセン王国の形成そのものが、征服された諸地域を大雑把に縫い合わせ「人工的」にできあがったと彼は言う[398]。ここでベルクソンは「機械的」という言葉を使い、プロイセンについて語る。

うまく組み上がった機械と同様の規則正しさによって機能していたプロイセン政府は、機械的であった。[399]

ここでのベルクソンの歴史認識については留意が必要であろうが、まずは彼の言説の諸特徴を追っていこう。上記引用以外にも、講演ではプロイセン国家を「機械的」と形容する言葉が随所にみられる。ベルクソンはドイツを、きわめて機械的ないし物質的な国家と規定する。続けて、ドイツにおいて、科学は「人間の物質的欲求を満たすこと」[400]に従属し、産業の尋常ならざる発展をもたらしたと語られる。そのうえで、発展を遂げた産業が最初に目指したのが戦争だったと述べられる。[401]

ドイツの機械的性格が物質的欲求にもとづく産業の拡大をもたらし、さらに戦争にまで猛進したというのがベルクソンの見解だ。この見解は、『創造的進化』の道具論からの派生物だと捉えることが可能だろう。なぜなら、人間がつくる道具は人間の活動を自由に解放すると同時に、「新たな欲求」を生み出すと指摘されていたからである。

とりわけ、それ〔知性によって制作された道具〕は、それを制作した存在の性質と反対に影響を及ぼす。なぜなら、その道具は、自然の有機物を延長した人工器官であり、その存在に新たな機能を行使することをうながすことで、より豊かな有機組織化を与えるからだ。この道具は、欲求を満たすたびに新たな欲求を生み出す［……］[402]。

この「新たな欲求」とは、限定された行動を反復する動物に比べ、人間は行動に「無限の場」[403]が与えられることを意味する。つまり、道具によって次々と新しい行動がおこなえるようになる。これは本能の拘束を脱した初期段階といえるだろう。だが、「新たな欲求」がその後、いかなる道をたどるのだろうか。この「人工器官」としての道具という視点は、この一九一四年の講演でも引き継がれる。

> 新たな機械のそれぞれは人間にとって新たな器官であり、――自然の器官を延長しにくる人工器官である――それにより人間の身体は、自らが急速に並外れて拡大するのを感じる。だが、その魂は、その新たな身体をすべて包括するのに、充分な勢いで拡張できない。この不釣り合いにより、道徳的・社会的・国際的問題が生じる。諸国民の大多数がこの隔たりを埋めながら、世界でいままで目撃されていた以上の自由や友愛や正義をつくりだすことで、これらの問題を解消しようと努めている。[404]

「新たな機械」が「新たな器官」となり身体の拡張を招く一方、「魂」がその新たな身体を充分に満たすに至らない、とここで判断される。問題となるのは個人の身体ではない。ここで一挙に、「人工器官」としての道具がはらむ問題は、個人的次元を超え、社会的次元にまで引き上げられる。そして、「道徳的・社会的・国際的問題」という表現が指し示すのは、フランスがその当時直面していた第一次世界大戦そのものに他ならないだろう。

その一方で、〈機械〉による身体の拡張を原因とする「不釣り合い」を、解消しようとひとびとが努める点も、ベルクソンは付言する。そして、こうした努力を称して「精神化（spiritualisation）」[405]と彼は呼ぶ。身体の拡大に比例して、精神も拡大せねばならないと主張されている。一方に物質的傾向があり、他方にそれを補うための精神的傾向があるという二元論を、社会に対しても投影するベルクソンの態度は、ある意味で自身の哲学を社会に適応するものだ。

二　兵士と神秘家のアナロジー

続いて、一九一五年四月二十三日に開かれた「戦争と明日の文学」と題された講演では、〈機械〉と戦争との関係とともに、戦争と関連づけられた神秘家についての言及がある。戦時において、ベルクソンが神秘家について語るさまざまな表現を読んでみよう。

一九一四年九月のマルヌ会戦で、英仏軍はなんとかドイツ軍の侵攻を抑えたものの、両陣営ともに身動きが取れぬまま塹壕戦へと突入していった。そうした状況が反映されてか、講演にはある種の停滞感や、反対にそれを押しやるような高揚感が入り混じった独自の調子が漂う。講演は、「明日のフランスとはいかなるものか。ご理解いただけるでしょうが、フランスはそうあるべきだとわれわれが望むものになるのです。というのも未来はわれわれに託されており、未来は人間の自由な意志が実行するものとなるでしょう[406]」という言葉で始まる。ベルクソンは、国家の将来が依然として不確定であり、聴衆自身の「自由な意志」を行使すべきだと告げるのである。

そして戦争をめぐる技術論へと話が及ぶ。ベルクソンは、武器の技術的発達によって兵士たちが対峙する際の距離が拡大したことを指摘する。

現代兵器は、かつてに比べて、おそらくより広い射程とより速い発射能力をもつ。これらの状況が機械的に生じれば、兵士たちのあいだには驚くほどの距離が置かれ、距離が離れれば離れるほど、兵士たちはより遠くから攻撃を加え合うことになり、互いに対面する危険をもはや冒さずに兵士たちは進んでいくだろう。[407]

第一次世界大戦が、戦車、戦闘機、銃器などの戦争兵器に急速な進化を与えたことはよく知られている。兵器の技術的進化に対しても、ベルクソンは自らの理論から考察を加える。つまり、兵器の技術的進化をともなった〈機械〉によって、身体の拡大は知覚の拡大を引き起こし、遠方の敵を発見し攻撃することを人間に可能にする、という知覚論の水準で語られる。ベルクソンにしたがえば、機械的拡張を経た身体の第一の特徴は、この知覚領域の拡大という変化に求めることができる。

戦争にまつわる〈機械〉の現状に関するこうした分析をおこないながら、ベルクソンは徐々に兵士の「心理状態」について触れる。つまり、〈機械〉による身体の拡張に比して、兵士はどのような精神をもつのかを彼は提示する。

未来について予想できることは、いくつかの面で過去に類似するものに限られる。そしてフランス兵の心理状態は、戦史上前例のないものだ。なんとかしてこの心理状態を既知のものと比較しようと望む心理学者は、軍人の勇敢な行動に関する記録以外の場所から借用することを強いられるだろう。私が思うに、この心理学者は、偉大なる行動の人物である大神秘家が、自らの内なる生について残した描写に言及せねばならないだろう。[408]

ここで神秘家の存在が兵士に合流してくる。ベルクソンいわく、兵士の「心理状態」は「前例のないもの」である。予測不可能なものとしての兵士の「心理状態」という表明に関して、あえて〈機械〉との関係で考察してみよう。

「新たな機械」は人間の「新たな器官」になるという理論にしたがえば、「新たな機械」により拡張した身体には、新たな精神が必要とされる。ベルクソンは、機械的拡張を経た身体には、「精神化」の努力が必須だとすでに述べていた。ベルクソンにとって「精神化」の具体的な姿がフランス兵であり、それを言い表すためには、神秘家が記した「内なる生」の記録が必要とされる。神秘家の精神を通して、兵士の姿を眺めようとベルクソンは発言しているのだ。彼はより踏み込んで、兵士が比されるべきこの神秘的生について述べる。

彼ら「神秘家たち」は、「忘我」に至る熱狂段階を横切っていった。だが、それは彼らにとって通過点にすぎない。熱狂を超えて、「神のヴィジョン」以上に高みにあって、彼らはこの決定的な静寂の状態をみつける。その状態において、外見上はかつてと同じところに戻っており、みんなど同様に語らい行動し、日々の仕事や、ときにこのうえなく慎ましい労役に励み、そして最大限の犠牲にも無頓着でありつつ、彼らは内側では変容を感じていた。まるでそれ以後、神が彼らにおいて動いているかのように。まるで神が現世において、すでに神の永遠のなかに彼らを取り入れたかのように。[409]

十数年後に『二源泉』で分析される神秘経験の諸段階が、ある程度すでに把握されていることがわかる。前章でも確認したように、ベルクソンにとって、神秘経験内の「忘我」や「神のヴィジョン」は中間段階に過ぎず、執着は避けねばならない。「決定的な静寂の状態」はむしろその先にあるのだ。その状態は外側から観察した場合、なんら通常の生活と変わらないものだとここでベルクソンは語る。しかしながら、「内側では」「変容」が成就している。そしてベルクソンは、こうした神秘家の内的状態と兵士のそれとを比較する。

この心理状態を兵士のそれと同一視する気は毛頭ない。アナロジーはかすかなものにすぎない。だが、それでもアナロジーはある。数々の逸話に耳を澄まそう。前線から届く手紙を読んでみよう。われわれは同種のイメージを喚起する。大掛かりな仕草や高尚な言葉はなく、しかし、善良で、単純で親しみやすく、自己を信頼するヒロイズムがある。それはまるで、熱狂を超えており、愛する祖国によりいっそう特徴づけられるパトリオティズムの周知のかたちよりも高みにあり、フランス兵はその魂を祖国の魂とひとつにするかのようだった。そのときフランス兵は、無限と永遠に似た何かとの一致から、どこにでも行ける力を引き出す。たとえ確実な死に向かっても、安心感とともに。[410]

兵士と神秘家とのあいだの「アナロジー」に関して、ベルクソンの口調はきわめて慎重である。しかし、彼の主張は、「だが、それでもアナロジーはある」という言葉に集約されるだろう。ではこの「アナロジー」をどう解釈すればよいだろうか。

三 アナロジーから、『二源泉』でのアナロジーの分離へ

ギラン・ワテルロは、この「アナロジー」について精緻に分析を加えている。ワテルロはまず、ベルクソンが語る「兵士」の意味を拡大し、フランス人全体の存在がここで問われていると指摘する。[411] たしかに講演冒頭で、フランスの未来は「われわれ」に懸かっている点が強調されていた。さらにワテルロは、問われているのはフランス一国のみならず、あらゆる国家の姿勢だと続ける。というのも、兵士たちは「愛する祖国によりいっそう特徴づけられるパトリオティズム」を超え出ると語られるゆえに、神秘家と「アナロジー」の関係にあるのは、特定の国家に縛られた存在ではないとワテルロは考えるからだ。[412] 換言すれば、ワテルロにとって、ここで神秘家と「アナロジー」の関係を結ぶのは、『二源泉』で示される「開かれた社会」の理念を実行する者である。だが、以上の解釈を提示しなが

らも、ベルクソンの主張にはある種の「限界」があるとワテルロは語る。「アナロジー」を扱う論文の結論部で、ベルクソンが極端にドイツを「悪魔のように」描き、その一方でフランス国家を「危険なまでに」理想化しているとワテルロは述べる。[413]

ワテルロは、一九一五年の講演で表明される兵士の立場を、漸次的に移行させることで「開かれた社会」と同水準に置き直している。要するに、「閉じた社会」の特徴である外部社会と戦闘する兵士を、「開かれた社会」を実現する神秘家と接続させるために思案された見取り図である。つまり、ワテルロ自身の解釈によるベルクソンの主張を彼自身で疑問視し、その「限界」を改めて指摘している。[414]ワテルロのように、これをベルクソンの「限界」と考えるのでなく、ベルクソンの思考に沿って、この「アナロジー」を捉える必要があるだろう。

再びベルクソンの言葉に戻り、考察を深めたい。講演内でこの「アナロジー」は、兵士たちの「イメージ」により理解されるとベルクソンは述べ、「イメージ」が湧き上がる発端として、「数々の逸話」や「前線から届く手紙」が挙げられる。要するに、兵士の活動はなんらかの仲立ちを通じて兵士以外のひとに受容される、とベルクソンは考えるのだが、ベルクソンは神秘家たちについても、一九〇〇年代から彼らの活動を著作によって認識していた。つまり、ベルクソンにとっては、まずは両者の受容形態に構造的アナロジーがあることがわかる。

その他の点もみてみよう。「善良で、単純で親しみやすく、自己を信頼するヒロイズム」という表現に注目すると、『二源泉』では、神の愛に至る道筋のひとつとして「ヒロイズム」が挙げられていることに気がつく。[415]『二源泉』のこの箇所で、「ヒロイズム」は感動から生まれたものであり、それが示されるだけで他者を運動のなかに導くと規定される。間違いなく「ヒロイズム」も、エラン・ヴィタルそのものであり、運動性を伝えるものとして位置づけられている。このように、神秘家は、神の愛に至る過程で「ヒロイズム」の様相をまとう。その一方で、兵士は、「ヒロイズム」を発揮することで「無限と永遠に似た何かとの一致」を果たす。とりわけ兵士と神秘家との「心理状態」の「アナロジー」が念頭に置かれているゆえに、こうした「ヒロイズム」をひとつの結節点とみなすことができるだろう。ここでベルクソンは、「ヒロイズム」や上位の存在との「一致」により構成される「心理状態」が、〈機械〉的拡張を経た身体に対して不釣り合いの精神を賦活するものと考えられている。

だが、こうした「アナロジー」で結ばれた兵士と神秘家との関係を、『二源泉』へ置き直すことはできない。『二源泉』では、あくまで兵士が従事する戦争は閉じた社会同士の対立のなかで生じる事態だが、その一方で、神秘家は「開かれた社会」の実現に邁進する。一九一五年の発言から離れ『二源泉』の論理に到着するためには、乗り越えねばならない、きわめて大きな差異がある。この差異は以下のように説明できるだろう。

兵士と神秘家との関係は「アナロジー」のみにより構成されているわけではなく、死という要素をめぐって分岐する関係にある。順にみてみよう。「アナロジー」に関する箇所では、フランス兵は、「無限と永遠に似た何かとの一致」から「確実な死」に向かって突き進むとベルクソンは述べる。この「確実な死」という表現を大戦中にベルクソンは複数回用いる。一九一六年のマドリッド講演では、「もしあなた方が前線に行ったならば、きわめて単純で穏やかな勇気を目撃するでしょう。その勇気をもつひとびとは、［……］もはやその他のものを気にかけることなく、完全に穏やかな感情のなかで死へと、確実な死へと向かっていきます」[416]と述べられる。このようにベルクソンは、兵士の犠牲に関して自覚的である。神秘家が神秘経験中に死を擬似的に体験することはすでに述べたが、ベルクソンは明らかに、兵士が死という犠牲を払うことの後ろ側に神秘家の擬似的な死を見据えている。

しかしながら、兵士の「確実な死」と神秘家の擬似的な死とを同一視することは難しい。神秘経験はあくまでも擬似的なものである点は強調する必要がある。そして『二源泉』においても、兵士における「死」が語られる箇所がある。『二源泉』でも、たびたび兵士について言及があるが、いずれの場合も「閉じた社会」の心性の例示である。たとえば、一九一五年の講演では賞賛された前線の兵士の心理ですら、「閉じた社会」を説明する例となっている。その際に兵士は、「死」の恐怖に曝された姿として描かれる。砲弾の爆発で負傷する兵士は、負傷したことを不条理に感じるとベルクソンは記す。その理由は、負傷というひどい被害を受けるためには、それに見合う原因がなければならないと兵士は考えるからだと語られる。これも、偶然のなかに意図を見出そうとする〈創話機能〉の例示である。[417]また別の箇所では、兵士の犠牲自体が、閉じた社会の構造を補強するものとして以下のように語られる。

> 宗教は強固なものとし、規律を守らせる。そのためには、修練が連続的に繰り返される必要がある。それはまるで、危険が訪れた日に必要となる精神的自信を兵士の身体内に最終的に定着させる自動性をもつ修練と同様である。［……］

この連帯性を引き締め直すことを、典礼と儀式は目指す。[418]

宗教の力を物語るものとして、「兵士」の「危険が訪れた日に必要となる精神的自信」を定着させる「修練」が選ばれている。一九一五年では戦時の兵士の心理は未知なる力を秘めたものとして描写されたが、ここではっきりと規律を維持するものとみなされる。ここでは「兵士」を単なる例示として読むのではなく、「閉じた社会」の象徴と考えるべきである。神秘家とのアナロジーを構成要素のひとつであった、「善良で、単純で親しみやすく、自己を信頼するヒロイズム」と描写されていた兵士の「心理状態」は、ここではたんに規律の典型へと変容している。このように描写される兵士が、神秘家とアナロジーの関係を結ぶことはもはやない。

大戦中は〈機械〉による身体の拡張を内側から補塡する「精神化」が求められていたが、その際にベルクソンが想定していたのが、兵士に代表される「精神状態」だった。[419] 同様に神秘家の内なる生も、物質には還元できないものとして提示されていた。しかし『二源泉』に至って、兵士は「閉じた社会」のなかに配置され、他方で神秘家は「開かれた社会」の構築を目指す。そして今度は、兵士ではなく、神秘家こそが〈機械〉と対峙する役割を担う。『二源泉』では、神秘家と〈機械〉とのあいだの関係こそがベルクソンが取り組むべき課題として浮上してくる。

四　戦争の起源

『二源泉』では、いっそう機械技術をめぐるベルクソンの思考が深められ、最終章では、いま一度、〈機械〉と神秘家とがどのように交差を果たすのかが論じられる。なおここでも、議論の背景となるのは戦争である。第一次大戦中になされた数々の発言は、否が応でも戦争と直結したものだった。他方で『二源泉』は、第二次大戦勃発以前に執筆されていることはたしかだが、ベルクソンは確実に戦争の予感を感じ取っていたことは間違いない。そもそも『二源泉』という著作自体が、戦争という主題について掘り下げることをひとつの目的としている。

> 本著作の目的は、道徳と宗教の起源を探求することにあった。そしてわれわれはいくつかの結論に到達した。われわれはここに留まることもできるだろう。だが、われわれの結論の根底には閉じた社会と開かれた社会との根本的区別があったが、閉じた社会の諸傾向は根こそぎにされずに、開きつつある社会のなかでも存続していったようにみえ、そしてすべての規律本能は、本来的に戦争本能に収斂していった。それゆえ、どのような基準において、われわれの原始的本能が抑制され、もしくは回避されるのかを自問せねばならない。そして、ごく自然に提起されるひとつの問いに、考察をつけ加えながら答えなければならない[420]。

『二源泉』で、あらゆる角度から検討された「道徳と宗教の起源」に関して獲得された諸結論の先に、さらにもうひとつの「ごく自然に提起されるひとつの問い」がある。それは根源にある人間の本能が行き着く「戦争本能」についての問いだ、とここで表明される。ただこの本能の性質の分析が目標ではなく、あくまで本能がどう「抑制され、もしくは回避されるのか」を見極めることが目標となる。

ベルクソンは、「戦争本能」と言いつつも、人間種が生得的に戦争を欲するとは考えない。ゆえにベルクソンは、「自然は戦争を望んだだろうか」という問いに対しては、「〔……〕もし意志という言葉で特定の決定をおこなう機能を解するならば、自然は何も望まなかった」[421]と答える。むしろここで「戦争本能」と呼ばれるのは、自然が人間に授与した能力から派生的に獲得されたものが結果的に戦争に結びつく状態のことだ。つまり肝心なのは、戦争へと向かうことになる出発点にある人間の能力である。それが人間に授けられた「製作的知性」[422]、道具をつくりだす能力である。そして、この道具をつくりだす能力の最終形態が〈機械〉の製作であることを先に述べておこう。

『創造的進化』で「製作的知性」を論じた箇所では、人間は発達した知性により、動物固有の直接的行動から解放され、活動の自由な領域を獲得することで、生物種の限界から抜け出ることが可能となったと述べられている。『創造的進化』では、道具を製作する人間の知性は、他の動物から峻別される重要な起点だった。いわば『創造的進化』では、生物学的視点から道具が考察されたのだが、『二源泉』では、道具の製作と使用という要素に、さらに別の社会的視点が加わる。それが「所有」という視点である。この視点からみれば、道具は人工器官として人間に付加され所有されると同時に、常に略奪される可能性を帯びる。同様に、道具によって獲得された耕作地や狩場も、略奪の危険にさらされるとベルクソンは指摘する[423]。そして略奪が発生した場合に、それは戦争へと帰着すると彼は言う。

つまり、「所有」こそ戦争を誘発すると彼は考える。

だが、奪われるものや奪う場合の動機は重要ではない。戦争の起源は個人的・集団的所有である。そして、人類は構造上所有を運命づけられているゆえに、戦争は自然的なのである。戦争本能はきわめて強いものなので、自然を再びみつけるために文明を削り落とせば、最初にこの戦争本能が現れる[424]。

こうした議論は、ルソー（一七一二〜七八年）の戦争論にある程度依拠したものだろう。ルソーもまた、『人間不平等起源論』（*Discours sur l'origine et les fondements de l'inégalité parmi les hommes*, 1755）で、戦争の原因を私的財産という所有に求めた。その際、ルソーも土地の所有を、道具をつくることとの延長線上に置くかのように説明をおこなう[425]。所有により引き起こされる自然状態における戦争という意味では、この引用箇所で述べられるとおり戦争は「自然的」だが、その一方で、「自然は何も望まなかった」というベルクソンの記述を絶えず思い出す必要がある。

「自然は何も望まなかった」という文言にこだわれば、あくまで人類は誕生の段階では戦争へと方向づけられていないことになる。人類が「構造上」方向づけられたのは「所有」であって、戦争ではない。したがって、戦争が生じるのは、自然から与えられた所有状態が進むべき方向を誤った結果なのだ、とベルクソンは発言していると言える。つまり、彼にとって戦争の抑制は、こうした方向性の修正を意味する。修正がなければ、ふとした拍子に「所有」により育まれた「文明」の覆いが破られ、

「戦争本能」が現れるという脅威が常にわれわれを恐怖させる。ゆえに、ベルクソンが目指す戦争を抑制し回避する方法は、機械・技術・所有などがもつ方向性を修正することにある。

上記のベルクソンの分析は、あらゆる戦争の原因やその本質に関わる議論であることは間違いない。だが、戦争の結果については、ベルクソンは近代以前のものと現代の戦争とのあいだに線を引く。たとえば、「まるで平和というものは、二つの戦争間の休息でしかないかのようだ」という文章のあとに、続けて、「[……]可能だと思われたことすべてを超えた恐怖をもつ先の戦争をもし脇に置くならば、平和のなかで戦争の苦しみがすぐに忘却されるのをみるのは、興味深いことである」[426]と語られる。注意して読めば、忘却されえない「可能だと思われたことすべてを超えた恐怖をもつ先の戦争」と、忘却されうる「戦争の苦しみ」とをベルクソンは区別していることがわかる。つまり、すぐに苦しみが忘却される戦争は、あくまで第一次大戦以前に起こった戦争に当てはまる。では忘れ去ることのできない、「可能だと思われたことすべてを超えた恐怖」とは何か。それは第一次大戦がみせた総力戦の状況を指すと考えられる。ベルクソンもこの点を強調している。

国家を代表することを課された、限られた数の兵士へと委任をおこなうことはもはやない。決闘と似たものはもはや少しもない。最初の段階の放牧民がおこなっていたように、全員が全員に対して戦わねばならない。ただ、われわれの文明によって鍛造された武器によって戦い合うのであり、殺戮はかつての人間が想像さえしなかっただろう恐怖を伴う。このまま科学が進むならば、ある秘密を保持しておりその所有者である敵対者たちの一方が、他方を消滅させる手段を手にするだろう。おそらく敗者の痕跡は地上に残ることはないだろう。[427]

戦争が長引くにつれて、国家のあらゆる勢力を注ぎ、物資や食料の製造から運搬まであらゆる社会インフラまで費やして、「全員が全員に対して」戦うという総力戦が、第一次大戦を特徴づけるもののひとつだ。ベルクソンは、かつての「遊牧民」も同じように戦ったとここで述べる。しかし、現代戦の決定的な側面は、「われわれの文明によって鍛造された武器によって戦い合う」点だ。ベルクソンが懸念するのは、「武器」が「科学」の力により強力な殺傷兵器となることだ。そうした殺傷兵器が使用されれば、「おそらく敗者の痕跡は地上に残ることはないだろう」という警告も発せられている。それほどまでに、ベルクソンは道具の進化の暴走を懸念している。

その点を踏まえれば、戦争をめぐってひとつの系列が描かれていることに気がつく。近代以前の戦争を発生させる原因としての所有も、現在において危惧される莫大な戦争被害を引き起こす武器も、道具の発明の帰結と考えることが可能である。第一次世界大戦時にはドイツの特徴として考えられていた機械主義が、『二源泉』では、ドイツに限定されることなく歴史を俯瞰しながら、あらゆる現代戦のなかに看取される。

> 戦争本能がそれ自体でいかに存在していようとも、上記のことに関してやはり合理的動機に結ばれていることに変わりない。これらの動機が大変多岐にわたるものだったことは歴史が教えてくれる。それらの数が少しずつ減るにつれて、戦争はより陰惨になる。先の戦争は、不幸にもわれ

われわれがなおも戦争をおこなうのであれば、未来において予見される戦争とともに、われわれの文明の産業的性格に結びついている。[428]

戦争が「陰惨」になる要因が、「われわれの文明の産業的性格」のなかに求められている。つまり、戦争がある一ヵ国によって引き起こされるのではなく、「われわれの文明」に根本原因があることになる。そして、「先の戦争」である第一次世界大戦も「産業的性格」に結びつくことを指摘されつつ、それと同時に、「未来において予見される戦争」にもこの「産業的性格」が予測される。ここでは、すでに起こった戦争とこれから起こりうる戦争とが同一原因を有するという点を示すことで、この原因が解消されない限り、戦争は常時切迫した状況にあることが示唆される。[429]

こうした言及を含めて、『二源泉』では、第一次世界大戦の悲惨さとともに、来たる戦争の予感が幾度も語られる。どう戦争を回避すればいいのか、戦争は逃れられぬ運命なのか、という疑問が『二源泉』では問い直され続ける。なぜ人類は、これほどまでに戦争から切り離されえないかと言えば、ベルクソンにしたがって再度強調すれば、戦争がわれわれの「産業的性格」に深く根ざしているからだ。ベルクソンが「産業的性格」と形容する状態を追うことで、この点が理解できる。

現代の産業は、〈機械〉がその主要部分を占めているとベルクソンは考えている。増加し続ける人口にとって重要となるのは、農作物の収穫量や食料の生産量の増大であり、この問題は産業により解決されると彼は述べる。[430] この場合も、〈機械〉が産業のなかで充分な働きをおこなうゆえに生産の増大が見込まれるのだが、そこにはいくつもの問題が潜んでいる。

もしその国が機械を作動させるための動力や、機械を製造するための鉄や、生産のための原材料を所有していないならば、ひとびとは外国からそれを借用しようと努めるだろう。［……］外国がもはや彼らの製品を受け入れないか、あるいは彼らに生産手段を供給しないならば、彼らは餓死を余儀なくされる。あるいは、自国を率いて、拒否されたものを奪いにいくことを決心するかもしれない。そうすれば戦争が起こる。[431]

ここで触れられる原材料や製品の輸出入の問題、および『二源泉』第四章の随所にみられる近代産業をめぐる問題意識は、ベルクソンが名前を挙げる二つの著作から得られた知見だと推察される。それがジーナ・ロンブローゾ（一八七二〜一九四四年）の『機械化の代償』（*La Rançon du machinisme*, 1931）と、ポール・マントゥ（一八七七〜一九五六年）の『産業革命』（*La Révolution industrielle au XIIIe siècle*, 1906）である。たとえばロンブローゾは、イギリスについて語り、産業の機械化がおこなわれた時代に、イギリスは巨大市場の支配者だと自認しながらも、その市場に対して限られた労働力しか準備できなかったと指摘する。あわせて、「この同じ瞬間に、革命的な比類のない大異変が、入り組んだあらゆる障壁を一息で吹き飛ばしてしまった。この障壁は、原材料が貴重であった何世紀かのあいだ、輸入と輸出と消費の欲求とのあいだの嫉妬し合うバランスを維持しようと努めていた[432]」と彼女は説明する。つまり、労働力の確保のために「輸入と輸出と消費の欲求」のバランスが崩壊してしまったと彼女は指摘する。同様にマントゥは自著の序論で、「運送産業の発達は、競争のためにさらに広大な活動の場を開き、競争は個人から地域へ、そしてかつてないほど渇望して物質的利益を追求する国家へと広がる。そして軋轢と経済戦争が猛威を振るう。競争者を制して活動領域を拡大し、いつまでも新たな販路を発見することに成功する者が勝者である。生産者の野心が諸国家を冒険的にし、極めて遠い国々や、ほとんど開発されていない大陸も彼らの餌食になる。全世界はもはやひとつの莫大な市場であり、そこではあらゆる国家の巨大産業が戦場のように争い合っている」[433]と論じる。これら二著作の筆者たちは、産業の機械化は国家を巻き込み、結果的に市場の拡大や原材料の確保のために海外への進出を招くという主張を共有している。加えてマントゥは、産業における競争がさながら「戦場」のようだとまで語る。ベルクソンがこれらの研究に影響を受けていることは明らかだろう。では産業の拡大に関してベルクソンの見解をみてみよう。

他〔の問題〕はなによりも、産業の大発展以来われわれの生存が選んだ方向性に懸かっている。われわれは安楽、快適さ、贅沢を要求する。われわれは楽しんでいたい。だが、もしわれわれの生活がより禁欲的になったら、何が起こるだろうか。神秘主義は議論の余地なく道徳上の大変革の起源に存在している。おそらく人類はかつてと同じように神秘主義から離れているようにみえる。だが、はたしてそうだろうか。前章のなかで、西洋の神秘主義と産業文明とのあいだの関係をわれわれは一瞥したと考える。これらの事情をより注意深く検討せねばならない。近い未来は、大部分が産業の編成や産業が強いるか受け入れるかする諸条件次第だとみんな知っている。われわれがいましがたみたように、この問題に各国間の平和が懸かっている。[434]

ロンブローゾらと同様にベルクソンも、ここで産業の発展により引き起こされる欲求に関心を寄せるが、これはすでにベルクソンが提示した、道具が新たな欲求を喚起するという観点を発展させたものだ。そしてこの喚起された欲求の対極に置かれるのが、「道徳上の大変革の起源に存在している」神秘主義である。そして「各国間の平和」のために取り組まねばならない問題としてベルクソンが捉えるのが、この「西洋の神秘主義と産業文明とのあいだの関係」だ。

五 「魂の代補」という方法

ベルクソンの考察を追う前に、彼が「前章のなかで、西洋の神秘主義と産業文明とのあいだの関係を一瞥した」と述べる箇所の内容を確認しておこう。

どのように、こうした条件において、人類は本質的に地面へと固定されていた注意を天へと向け直すだろうか。可能であれば、それは大変異なった二つの方法の同時的ないし交替的使用によってでしかないだろう。第一の方法は知的な働きをきわめて強化し、知性に対して、自然が望んだものを超えて遥か遠くに知性を運ぶものだ。その結果、単純な道具は、人間の活動を解放する機械の巨大な機構へと場所を譲り、そのうえこの解放は、機械思想にその真の行き先を確保する政治的・社会的組織によって堅固になった。これは危険な手段である。なぜなら、機械的なものは、発展することで、神秘思想に敵対するだろうからである。神秘思想への明白な反動において、機械思想はもっとも完璧に発展するだろう。[435]

結論を先取りしておけば、「大変異なった二つの方法の同時的ないし交替的使用」に当てはまるのが、「機械思想（mécanique）」と「神秘思想（mystique）」であり、これこそが、ベルクソンが求める双方の最適な関係である。だが、まずベルクソンは、どれだけ機械思想が神秘思想と対立するのかを羅列する。ベルクソンによれば、道具は知的操作の結果生まれるものであり、道具の発展は〈機械〉へと受け継がれながら、「政治的・社会的組織」によってさらに堅固になった。これらは人間の物質的側面に関わる活動である。この物質側面において「神秘主義への明白な反動」となり、機械主義は完全なものとなると彼は語る。

しかしながら、神秘主義と機械主義との関係は、対立構造のみによって成立するわけではないとベルクソンは述べる。

だが、冒さねばならないリスクは数多くある。上位の活動は、より下位の活動を必要とし、下位の活動を奮い起こし、あるいは必要ならば抵抗してくる可能性があるとしても、この下位の活動をなすがままにせねばならないだろう。経験が示すのは、対立しつつ補完的な二つの傾向は、一方がすべての場所を占めるまで大きくなっても、他方は少しでも自分が保存されていれば良いと感じることである。というのもこの後者の順番が回ってくるからであり、そのとき後者なしでつくられたものすべてや、はっきりと後者に抵抗するためだけにつくられたものさえも享受するだろう。[436]

「下位の活動」である機械主義は、「上位の活動」である神秘主義に抵抗して、自らの知性的・物質的傾向を推し進める。そうした機械主義の極地が、ベルクソンにとっては、国家や世界を巻き込んだ戦争である。だが、神秘主義に抵抗するかたちで機械主義が推し進めていたものまでも、神秘主義は利用するとベルクソンはここで述べる。対立し合う二つの傾向が、じっさいにはひとつの流れを構成するというのは、まさにエラン・ヴィタルの運動に他ならない。つまり、ベルクソンはここで彼の生の哲学を、政治経済的レベルへと適用している。

こうした二つの傾向が交替を繰り返しながら進展していく状態を、ベルクソンは「二重狂乱の法則(loi de double frénésie)」[437]と名づける。これは、最初はひとつでしかなかったものが二つの傾向に分離し、その一方が主導的に極限まで爆発的に進んでいくと、次に反対の傾向が極限まで突き進むという法則である。交代が繰り返されることで、結果として本来ひとつの傾向が前進するのだ。したがって、「ここでの争いは、ひとつの進展の表面的な見かけにすぎない[438]」とベルクソンは言う。

この法則が現実に即すか否かがここで問われるべき問題ではない。先の引用で神秘主義が、「少しでも自分が保存されていれば良い」のであり、神秘主義の「順番が回ってくる」という記述からはむしろ、機械主義の暴走によりあらゆるものが滅び、「敗者の痕跡は地上に残ることはない」と思わせる時代に、ひとびとの精神が存続する方向を模索するベルクソンの態度を読み取ることができる。つまり、ベルクソンにとって、現実の政治レベルで神秘主義がその力を発揮できるかどうかという問題は、それが実現可能であるのかは保留するとして、切実な同時代的問いとして提起されるのである。そして、ベルクソンにとってきわめて機械主義が蔓延したように映る状況は、反対に神秘主義が拡大する好機でもある。

人間が大地のうえに立ち上がるのは、強力な一連の道具が支点を提供する場合に限られる。物質から離れることを望むならば、物質を踏み台にしなければならない。言い換えれば、神秘思想は機械思想を呼び出すのだ。この点は充分に指摘されてこなかった。なぜなら転轍機のアクシデントによって、機械思想は、万人の解放よりも、むしろ一定数のひとのための度を超えた快適さと贅沢が終点にある線路のうえを、出発してしまったからである。アクシデントの結果に衝撃を受けたわれわれは、機械思想を、そのあるべき姿のなかで、その本質をつくるもののなかでみていない。[439]

「神秘思想」が「機械思想」を呼び出したのは、飢餓の不安を農業の〈機械〉化によって払拭するためだとベルクソンは先立って語っている。[440]自然は人間に道具を扱う知性を授けたが、道具をつくり〈機械〉を発明するこの知性の成長は、種としての限界まで達したとベルクソンはみなす。機械主義は「度を超えた快適さと贅沢」という「終点」へと向かってしまったが、これは「万人」のためではなく「一定数のひと」のためである。

なぜこのような偏向が生じるとベルクソンは考えるのだろうか。じつのところここにもベルクソンは、「複雑さ」と「単純さ」の対比をみている。ベルクソンは、眼球の形成過程についての説明や鉄の削り屑を突き進む手の比喩を、『二源泉』で執拗に反復する。[441] そうした反復の理由として考えられるのは、社会は有機体であり、人々は有機体の細胞のように連帯しているとするベルクソンの考えである。あくまで近似的なものだと前置きされつつ、『二源泉』では社会は有機体と比較されている。[442]『二源泉』で有機性は、器官や身体のレベルだけで論じられるのではなく、社会のレベルにおいても考察され[443]、責務を生み出す「知性」によって連帯する人間社会は、有機的なものとして説明される。既述のように有機体ないし〈機械〉は、「複雑さ」と「単純さ」との対照性をその特徴としてもつ。それゆえに、社会という有機体のなかにも、ひとつの対照性をベルクソンは見出す。

みる行為があり、これは単純なものである。そして無数の要素と、それらの要素間の相互作用があり、それらによって解剖学者と生理学者は、単純な行為を再構成する。諸要素と諸作用は分析的に、いわば否定的に、抵抗に対する抵抗であるがゆえに、自然が実際に獲得した唯一肯定的な不可分の行為を表現する。同様に、地上に投げ出された人間の不安、そして共同体よりも自己を選ぶという個人が持ちうる誘惑——不安と誘惑は知性的存在に固有のものである——は、終わりなく列挙されるだろう。[444]

「眼という機械」が論じられていた際、目的論や機械論の観察者たちは複雑化した諸細胞にまず関心を捉えられ、「単純な行為」を取り逃してしまうと説かれていた。ここで複雑化した細胞と「同様」なものとして挙げられる「終わりなく列挙される」諸要素は、「不安」や利己的な「誘惑」である。別の箇所では、「不安」や「誘惑」は、動物とは異なり「知性的存在」であるがゆえに、人間が感知してしまう「障害物」[445]であると述べられる。つまり、人間はその知性ゆえに日々の生活のなかでこの「不安」や「誘惑」に絡め取られてしまう。複雑化する知性は、社会の連帯を強めながらも、過度に「欲求」を高め、「豪奢」へと扇動し、生の営みを複雑化してしまうとベルクソンは語る。これを解消するための手段をベルクソンは提示する。「人類は、生活を複雑化させた際のものと同程度の熱狂によって、その生活を単純化するよう試みねばならないだろう[446]」と彼は述べる。こうした主張を読めば、『二源泉』において、有機性が身体だけでなく社会の水準においても論じられるに応じて、生物学的「単純さ」は、「複雑さ」である不安や誘惑に執着することのない、倫理的「単純さ」へと転換されていると言えるだろう。

その転換はどのようにおこなわれるのか。続けてベルクソンは、第一次大戦時に抱えていた主題にもう一度立ち戻る。「人工器官」としての〈機械〉という主題だ。ここでも焦点は個人ではなく人類全体に当てられており、人類が有する道具がその身体の延長だと考えられている。[447]

「……」この拡張は、ツルハシの偶然の一撃が大地のなかの奇跡的な財宝にぶつかったことにより、自動的におこなわれた。ところで、計り知れぬほど大きくなったこの身体内で、魂は以前のままであり、身体を満たすには小さすぎ、身体を率いるには脆弱すぎる。そうして、身体と魂とのあいだの空隙が生じ、社会的・政治的・国際的問題が現れる。これらの諸問題はこの空隙の定義と同じ数ほどあり、この空隙を埋めるために首尾一貫せず効果のない努力を今日引き起こしている。それゆえ、ポテンシャル・エネルギーの新たな備蓄、今度は道徳的エネルギーの新たな備蓄が必要になるだろう。[448]

一九一五年の講演で使用された「社会的・政治的・国際的問題」という表現も、ほとんどそのまま引き継がれる。だが、問題解決のための指標は異なっており、物質と対比される「精神化」が希求されることはもはやない。そもそも『二源泉』では、〈機械〉と神秘主義との関係は、対立を乗り越えた上での相補関係が強調される。つまり神秘主義は、さらなる展望のために機械主義を呼び出すまでになっている。では、ここで「空隙」を埋めるために何が必要なのか。それは「ポテンシャル・エネルギー」である石炭や石油などの熱力学的エネルギーとは異なった、「道徳的エネルギーの新たな備蓄」である。

「大地のなかの奇跡的な財宝」の利用、つまり地下資源の利用によって社会における〈機械〉の運用が加速度的に拡大することを、身体の拡大として表現していた。それと対比されるかたちで「道徳的エネルギー」に活路がみいだされる。「ポテンシャル・エネルギー」から「道徳的エネルギー」への交代を、ベルクソンは「魂の代補（supplément d'âme)」と呼ぶ。

したがって、先に示したように、神秘思想が機械思想を呼び出すと言うに留めずにおこう。拡大した身体は魂の代補を待望しており、機械思想はひとつの神秘思想を求める。この機械思想の起源は、おそらくひとが考える以上に神秘主義的なものだ。機械思想がその真の方向を再び見出し、その力に釣り合った貢献をおこなうのは、機械思想によって地面へとなおいっそう身を屈めさせられていた人類が、機械思想によって再度身を起こし、天を眺めるときだけである[449]。

〈機械〉によって拡張された社会は神秘家を求める。したがって、今度は「機械思想が神秘思想を要請する」。なぜなら、神秘家こそが〈機械〉の「複雑さ」に囚われない存在だからだ。既述のように、「暗夜」で〈機械〉となる経験をしつつも、神秘家は「複雑さ」を感知せず「単純さ」に導かれると指摘されていた。「複雑さ」により苦悩する人類を救済するのも、この「単純さ」である。例えばベルクソンは、全人類への奉仕について言及し、最終的目標へと至るまでの困難について語る。そこでも「単純さ」がひとつの指標となっている。

高邁で自己犠牲をいとわない魂も、「人類のために」働くという考えには、突如として意気消沈することはまさにありえる。［……］もし、間隔だけを、それぞれ通過せねばならない無数の点だけを考えれば、ゼノンの矢のように、ひとは出発する気を失くすだろう。そもそも、そこにいかなる関心も魅力もみいださないだろう。だが、もしひとが終点のみを考えて、さらに遠くを眺めさえしつつ間隔を跨げば、無限の多数性の端にたどり着くのと同時に、容易に単純な行為を遂行する。この多数性は単純さと対応するものである[450]。

無数の「間隔」も「点」も、人類へと全面的に奉仕するために神秘家が経なければならない各プロセスを指す。その各プロセスが「無限の多数性」を含んでいるゆえに、「ひとは出発する気を失くす」のだ。しかし、もし「単純な行為」が遂行されれば、「無限の多数性」はすでに踏破されたものでしかない。鉄の削り屑のなかを突き進む手の比喩に沿って考えれば、この「無限の多数性」も、神秘家の行為が成就ののちにその行為を、事後的に、「消極的に」表すものでしかないだろう。あくまでも、神秘家は「単純な行為」の担い手である。ベルクソンはこうした行為について、より詳細に説明する。

だが、知性の限界を押し広げるために天才的人間たちがいて、それにより種に一度に与えることができるよりも、多くのものがあいだを置いて個々人に譲渡されるのと同様に、あらゆる魂と地続きだと感じる傑出した魂が現われ、集団の限界内に留まり、自然によって打ち立てられた連帯で満足する代わりに、エラン・ダムールのなかで人類全般に向かう[451]。

創造的努力であるエラン・ヴィタルにより誕生した人間たちは、「自然によって」、つまりそのエラン・ヴィタルにより「集団の限界内」に籠居することを運命づけられている。なぜなら社会集団が個々の生存を保証するからだ。だが、「傑出した魂」の持ち主である神秘家は、社会に拘束されない。既述のように人間を含め諸生物は、エラン・ヴィタルを分有する生命進化の末端として存在する。それに対して、既述のように、神秘家はただひとつの個体によって構成される「新たな種」である。つまり、進化ではなく個人の経験内でエラン・ヴィタルとの接触を可能にするのだ。その経験こそが「暗夜」の合一経験である。そして「暗夜」ののちに「言葉と行動」において「単純さ」を発揮する神秘家は、「エラン・ダムール（愛の躍動）」の力によって「人類全般」へと向かう。ここにエラン・ヴィタルからエラン・ダムールへの転回がある。[452] いわば、辿り着くまでの隔たりに見向きもせず、人類に向けられた「単純な行動」を果たす者として、神秘家はベルクソンによって位置づけられている。

本章では、『暗夜』における神秘経験を説明するものとして、ベルクソンが提示する組み立て途中の〈機械〉という表現を読み解くことを目指した。その〈機械〉には、『創造的進化』から引き継がれる「単純さ」と「複雑さ」との対比があり、そして神秘経験の果てに「単純にものをみる」という姿勢を神秘家が獲得することを、ベルクソンは語っていた。さらに、一九一五年の講演にみられた兵士と神秘家とのあいだの「アナロジー」を基点にして、「アナロジー」を結ぶ両者と対比される〈機械〉の存在を確認し、『二源泉』で両者が別々の社会へと配置されていくベルクソンの思考変遷を追った。だが、第一次大戦時と『二源泉』とにおいても共通するのは、〈機械〉により拡張された身体は自身を満たす魂を欠いているという構図だ。第一次大戦時は、兵士によって魂の欠如が補われるとベルクソンは想定した。『二源泉』では、兵士は後景に退き、神秘家のみがこの使命を担う。神秘家ができることは、あるいは神秘家が自ら神秘経験からもたらすことができるのは、物質的な幻惑に屈することを回避する方法である。それが、『暗夜』の帰結である「単純にものをみること」である。

これは、行為というよりもむしろ態度として理解すべきものだ。ベルクソンにとっては、同時代において希薄なのは物質に抵抗する態度なのだ。物質へのこうした態度は必ずしも物質の排除を意味しない。ベルクソンにとって物質は生命にとって欠くことのできぬものであり、『二源泉』でも、物質としての道具は、人間を動物から引き離す役目を果たすものとして語られている。ただ、人間による物質の利用方法が誤っていたのであり、必要なのは誤った道を確かな方向へと導くことだ。

結論

本書では、『二源泉』で集中的に論じられた神秘主義について検討を加えることで、これまで充分には検証されてこなかったベルクソンの神秘主義の全体像を把握することを試みた。いかにベルクソンが神秘主義と向かい合い、神秘主義を自らの哲学のなかに埋め込み、そして自らの哲学を新たに生み出していったのかを論じた。

第一章では、十九世紀末から二十世紀初頭のおもにフランスにおける、神秘主義研究の流れを確認し、その結果、心理学、哲学、神学、文化人類学といった学問領域をまたいだ数々の神秘主義研究が、二十世紀前半期のフランスで展開されていったことが浮き彫りになった。

ウィリアム・ジェイムズやアンリ・ドラクロワの功績は、神秘経験が幻覚や理性の混乱ではなく、ひとつの秩序立った普遍的経験であることが示した点だ。その後、ジャン・バリュジが神秘家の詩的表現の解釈に挑み、モーリス・ブロンデルは、哲学のなかに神秘主義的思考を取り込むことで既存の哲学領域を再構築しようとはかった。さらにジャック・マリタンは、トマス神学と神秘主義との共存を目指し、両者の傾向が必ずしも対立し合うわけではないことを説いた。これらの研究とは別の角度から、リュシアン・レヴィ＝ブリュルは神秘主義を考究した。彼はインド洋諸島やオセアニアの住民にみられる、ひとつの思考形態を神秘的と形容した。これは日常的に接する動物や植物が、通常とは違う姿をみせることを意味していた。つまり、レヴィ＝ブリュルにとって神秘経験とは、日常の他にまた別の現実があることを露わにする経験だと言える。

こうした研究の言説のなかに、ベルクソン自身が神秘主義を論じる際に主題となったものがいくつか存在していた。たとえばジェイムズやドラクロワの研究は、神秘経験を理性の眼差しで検討することも可能であることを明らかにした。翻ってこうした検討は、知性の自明性、それまで検討されてきた科学の自明性という前提を突き崩しかねない。内的経験に基礎を置く神秘主義は、ベルクソンにおいて、科学とは別の形而上学の確立を後押しするものとなった。

また、バリュジやブロンデルは神秘主義と哲学との関係がいかなるものであるかを探った。ベルクソンの立場から言えば、哲学の諸問題に対しては神秘家の経験が回答を与える。バリュジやブロンデルの考察をみることで、ベルクソンの立場が必ずしも孤立したものではなく、同時代の潮流とともに形成されていったことがわかった。バリュジとブロンデルからベルクソンへの直接的な影響関係は指摘しがたいが、同種の問いがさまざまな領域でおこなわれている点を踏まえるならば、神秘主義が哲学的課題とみなされていたことは疑いえないだろう。

また、レヴィ＝ブリュルは非日常的な経験、つまり彼にとっての神秘経験がおとずれることが、社会形成に必要であることを説いた。文脈が異なるもののベルクソンも神秘経験のなかに創造性を認めており、また人類が進歩するために不可欠のものとして規定している。ここに両者の共通性をみることができる。

ベルクソン自身の神秘主義への接近はどうだったか。ベルクソンもジェイムズやドラクロワに影響を受け、神秘主義研究を開始し、同時代の神秘主義研究者と並走しながら独自の解釈を進めていった。ベルクソンにとって神秘主義をめぐって重要な局面を迎えたのは、講演「心身並行論と実証形而上学」におけるエドゥアール・ル・ロワからの質問だと考えられてきた。じっさいル・ロワに対するベルクソンの回答に、その後に『二源泉』で中心的に語られる語彙が散見される。ベルクソンが発した、「もし仮に神秘主義を内なる深遠な生命へのある種の呼びかけと解するなら、その場合は、あらゆる哲学は神秘主義的なものでしょう」という言葉は、ベルクソン自身にとって、いわばひとつの予言となっている。そこで本書では、ベルクソンのこの発言は、神秘主義への見解が吐露されているのではなく、むしろその後にベルクソンが神秘主義研究を開始しているという筋道を追うことに専念した。この発言から次第に、「呼びかけ」そのものに加え、「呼びかけ」をいかなる者が発するのかという点をベルクソンは検討し始める。つまり、「呼びかけ」を発する者としての神秘家へと次第に歩みを進めていった。

決定的となったのは、『創造的進化』で論じられた神の存在である。神を動的な創造と同一視したベルクソンは、ジョゼフ・ド・トンケデクらの批判を受け、再度神の問題を掘り下げるべく研究に本格的に乗り出した。ベルクソンが神秘主義研究の入り口にしたのが、道徳の問題である。ベルクソンにとっての道徳は、既成の規範や格律を遵守することではない。彼にとっての道徳とは、人間が抱える生命の創造性を伝播することである。『二源泉』でも、この道徳を波及する者として神秘家の存在が描写されていくことになる。

『二源泉』に至る過程で、ドラクロワの著作についての報告のなかで、一連の神秘家たちの活動をひとつの運動としてベルクソンが描いている点を確認した。また、ジェイムズ宛の書簡内で、自分のなかに神秘家への「芽生え」があったとベルクソンが告白した点を検討した。これは、ベルクソンが神秘家的傾向をもっていたか否かではなく、神秘主義を自分の内的経験と照らし合わせて彼が思考していたことを意味する。つまり、それまで内的経験としてベルクソンによって考察されていた直観や持続と同様の水準へと、神秘主義が押し上げられていったのだ。こうした作業を経たことで、神秘主義への直接的な言及がない講演「ラヴェッソン氏の生涯と業績」にも、美学における運動と神の恩寵との類似性に対する言及や、潜在性が「呼びかけ」により目を覚ますという主張があることを読み解いた。『二源泉』で展開される思考は、一見、神秘主義とは関わりがないようにみえる論考のなかでも、漸次的に形成されていったのだ。

第二章では〈事実の複数線〉という概念を扱ったのだが、「呼びかけ」を発し「道徳」を伝える人物像は、まさに本書第二章に引き継がれるテーマだった。というのも、〈事実の複数線〉が明らかにする生命の運動としての真理は、神秘家という人物像によってこそ伝達されるからである。〈事実の複数線〉は、複数の経験から延長した各線が焦点を結び、その焦点において真理が獲得されるという思考方法だった。当初は、精神と身体とが、どの点で結びつき、どの点で離反するのかを探る方法としてベルクソンが練り上げたものだ。その後、ベルクソン哲学の中心が生命論へと移るにつれて、今度は生命の実体を追求するために用いられて、講演「意識と生命」では、心身問題への自らの取り組みに依拠しながら生命の実体を捉えるための方法とみなされた。その生命の議論で俎上に載せられるのは、ある特性をもった人間である。つまり、人間という心身を備えた存在のなかでも、精神の豊かな創造性を維持する者が肝心となる。

ベルクソンはその人物を「モラリスト」と呼んだ。「モラリスト」は「新たな道」を切り開く者であり、われわれに「生命原理」を経験させると語られた。そしてベルクソンにとって重要なのは、「生命原理」のような根源的な真理は、それを経験した人物によってしかわれわれに伝えられない、という点である。

『二源泉』では「モラリスト」は後景に退き、代わりに神秘家が決定的な役割を担わされていく。そして〈事実の複数線〉という方法が適用されるのも、この神秘家の経験である。〈事実の複数線〉により、神秘家の経験は「蓋然性」の蓄積の結果、「確実性」への道が開かれる。さらに、哲学の諸問題への回答が神秘経験から引き出されたのだった。

さらに、〈事実の複数線〉によりベルクソンが証明を試みたのが、神秘家の魂が死後も残存する〈生き延び〉という概念だった。なぜ〈生き延び〉が可能なのかと言えば、身体に対する精神ないし魂の独立を彼が確信しているからである。ベルクソンのこうした思考から導き出されたのが、精神ないし魂は記憶となり存続する、という本書で取り上げた議論だった。ベルクソンにとって、記憶は身体を必要としないゆえに、記憶そのものの存続がここでは訴えられている。つまり、支える身体および物質を必要としない記憶の〈生き延び〉である。

そして、存続した神秘家の記憶は「人類の記憶」のなかに堆積するとベルクソンは語った。また、「人類の記憶」内の神秘家にまつわる追憶は、われわれの各人により想起可能だと彼は告げる。「人類の記憶」という共通の平面において、ひとびとは神秘家という傑出した者たちの記憶に接触することができる。なぜベルクソンが想起のこのような構造を思い描くかといえば、神秘家が神秘経験のなかで見出した生命の源泉は、その経験が「再生」され伝播されることでしか人類に届かないからだ。そして記憶が共通項になりえるのは、身体を必要としない記憶をベルクソンが措定しており、「人類の記憶」という平面において、神秘家と大衆の交流がおこなわれるからだ。ベルクソンにとって生命創造は、概念として表現されるものを超えて、運動として把握されるべきものである。ゆえに、この生命の運動は、それを受け取る側にもひとつの運動を喚起し、「呼びかけ」を聴取した者を「感動」へと導いていく。

〈事実の複数線〉に関しても、〈生き延び〉に関しても、記憶や持続という概念に比べれば、これまでそれほど注目を集めてこなかった。しかし本書の考察を通じて、〈事実の複数線〉と〈生き延び〉は、『二源泉』における記憶形態を考察するために不可欠の要素であることがわかった。

そして、ベルクソンが力点を置いているのは、「人類の記憶」のなかに堆積する神秘家をめぐる追憶そのものよりも、むしろ神秘家をめぐる追憶がイメージとなり、「再生」されることのほうだ。というのも、神秘家のイメージが蘇ることで、人類は生命の新たな段階へと進むことができるからだ。つまり、『物質と記憶』の記憶論から著しく異なるようにみえる「人類の記憶」も、じつのところ同一の記憶想起の仕組みにもとづくのだ。それは人間がもつ自由や創造性にかかわる仕組みである。『物質と記憶』で、人間が現在において自由を帯びながら創造をおこなうことができるのは、追憶がイメージとなって現在へと収斂し、現在の行動へと接続されるからだった。『二源泉』において、神秘家が人間を別種の段階へと引き上げることが可能なのは、『物質と記憶』の記憶論が前提にされている。

以上のように考えれば、「人類の記憶」も、『物質と記憶』に始まるベルクソンの記憶論の重要な帰結のひとつだと言える。つまり、ベルクソンの記憶論はたんに『物質と記憶』だけで構築されるのではなく、たしかに『二源泉』においても独自の展開をみせている。それゆえ、ベルクソンの記憶理論の全体像を研究するためには、『二源泉』での神秘家に関わる記憶の思考を、今後とも読解する必要がある。

『二源泉』が特別なのは、記憶の継承が語られる点だ。『二源泉』では、常に社会と個人との関係に焦点が当てられていると言える。記憶の次元においても、個人としての神秘家の追憶は、社会に溶け込み、そして神秘家を憧憬する別の個人により継承される。そこで、神秘家が掴んだ生命の創造的な源泉との接触の経験が受け渡されていく。それゆえ、神秘家が実現しようとする「開かれた道徳」と「開かれた社会」は、たんに水平的な次元で同時代における他の社会に対して開かれることだけを意味しない。ジル・ドゥルーズが「あいだを置いて」という言葉で強調していたのも、水平的な次元による道徳の拡散ではなく、時間を隔てた存在に対して開かれていくプロセスだ。「人類の記憶」という視点をもつことで、「開かれた道徳」や「開かれた社会」の性質を、別の側面から眺めることができる。

では、「人類の記憶」における神秘家を「イメージ」として蘇らせることは、いかなる方法なのか。これが本書第二章と第三章をつなぐ問いだった。そこで鍵となったのが、〈創話機能〉である。〈創話機能〉は「静的宗教」を形成するものとして規定され、「静的宗教」は「閉じた社会」を構築するものだった。「閉じた社会」は「開かれた社会」と質的に異なるものであり、加えて「閉じた社会」の拡大だけでは、「動的宗教」に則って神秘家が実現する「開かれた社会」にはなりえないとベルクソン自身が述べる。こうした記述を読めば、〈創話機能〉と神秘主義とのつながりは希薄だと感じられるかもしれない。だが、本書が考察の糸口に据えたのは、「動的宗教は、創話機能が提供するイメージとシンボルによってでなければ拡散されない」というベルクソン自身の言葉である。そこから、この「イメージとシンボル」に絞って本書では議論を進めた。

「イメージ」論が全面的に展開されたのは『物質と記憶』だったが、『二源泉』における「イメージ」の形態は、『物質と記憶』から直接導き出されたものではない。われわれは、『笑い』で語られた生命に比される「想像力」、そして『創造的進化』で生命進化のように分岐する「人格」を順に確認し、神秘家の人格が「イメージ」として把握されるに至る過程を追った。『二源泉』においては、神秘家の人格から「呼びかけ」が発せられることによって、神秘家を憧憬する者のなかで新たな人格が芽生えることが語られる。そのうえで、〈創話機能〉において人格が「イメージ」として捉えられる点を考慮すれば、人格の「イメージ」を、ベルクソンの語る〈創話機能〉の「イメージ」として解釈することができる。

次に〈創話機能〉の「シンボル」については、講演「形而上学序説」で述べられた認識における「シンボル」の役割を参照した。ベルクソンにとって「シンボル」は、対象を代替する記号や言語だった。人間は通常の認識の場合、対象そのものではなく対象を代替する「シンボル」を認識している。そして〈創話機能〉を論じる際に、重要なのは言語としての「シンボル」だった。それに応じるかのように『二源泉』では、神秘家が自身の経験を表現する際の言葉に焦点が当てられた。神秘家が「とりわけ表現不可能なものをいかにして表現するのか」とベルクソンは問う。神秘家は、ときとして神や愛を表現する際、矛盾し合う言葉を使う。ベルクソンにとって、本来、動的である創造性、感動やそれらの源泉に位置するものを静的な言語によって表現する際に、矛盾は必然的に生じるものだ。むしろそうした矛盾のうちで、言語は習慣的な使用から解放され、創造性や感動を帯びた当初の経験が反映されたものになる。このように、〈創話機能〉の「イメージ」である人格と「シンボル」である言語は、一体となり神秘家の声となり、「呼びかけ」となって神秘家の模倣者のもとへ届けられる。

以上の考察により明らかになったのは、二つの点である。ひとつ目は、ベルクソンの「イメージ」概念の多様な変遷である。『物質と記憶』の「イメージ」と、『笑い』の想像力と、そして『創造的進化』の人格とは、一見するとそれぞれ脈略のないものにみえる。しかし、『二源泉』の〈創話機能〉の「イメージ」から眺めることで、これらは「イメージ」をめぐるひとつの流れを構成していることがわかる。ベルクソンにとっての記憶概念と同様に、「イメージ」概念も、『二源泉』の神秘家をめぐる言説を通じて、より豊かな容貌をみせる。

二つ目が、ベルクソンの思考と言語との関係が『二源泉』においてある到達点を迎えることだ。ベルクソンにとって言語は、経験や直観を分節し断片化し本来のそれらの姿を歪曲するものと考えられがちである。しかし『二源泉』では、言語の働きがきわめて押し広げられている。ベルクソンが神秘家の言語表現に出会ったことで、言語の働きの拡張が進んだと言えるが、同時に、彼が自らの出発点に言語への問いを抱えていたからこそ神秘家に惹かれたとも言える。つまり、ベルクソンが抱えていた、内的経験と言語との葛藤は、神秘家と邂逅することで前進していったのだ。

ベルクソン自身が〈創話機能〉の「イメージ」と「シンボル」について語っているにもかかわらず、ベルクソン研究において、動的宗教における神秘家と静的宗教における〈創話機能〉とが関連づけられることは多くはなかった。だが、『二源泉』において人格という新たな姿が与えられた「イメージ」

と、表現不可能なものを表現する言語としての「シンボル」とが道徳の伝播に関して重要な役割を果たすのが、本書を通じて確認できた。

本書第二章と第三章の考察は、社会のなかで神秘家がひとびとに対してもつ本質的な働きに焦点を当てたものだった。第四章では、ベルクソンが神秘家のこの働きを同時代の状況へと適用する際に衝突する問題について論じた。産業が機械化されることで、社会全体が尽きせぬ欲求へと進んでいる当時の社会情勢を彼は分析した。道具であるところの〈機械〉は人間の身体の延長となる。身体の機械的延長が過剰になると、その身体を埋める新たな魂が必要になり、「魂の代補」が待望されると彼は説く。「魂の代補」という言葉について、そして機械化された社会が、神秘家によりどのような方向へと導かれていくのかについて、ベルクソンは多くを語らない。それゆえ、『創造的進化』の「眼という機械」をめぐるベルクソンの考察と、『二源泉』における十字架の聖ヨハネの神秘体験についての記述を手がかりに、この「魂の代補」を解釈した。

『創造的進化』で、ベルクソンは、「眼という機械」がもつきわめて複雑な細胞組織と視覚の単純性との対照性に注目した。そこから生命進化の役割を導き出したベルクソンは、細胞の集合が機能をつくるのではなく、細胞の集合は機能がつくられた痕跡であると結論づけた。彼のこの結論を利用しながら、「暗夜」と呼ばれる神秘経験をめぐるベルクソンの分析を読解することを本書では目指した。神秘家は「暗夜」のなかで、「組み立て途中の機械」のように、身体の各部分が取り替えられ修理されるような苦痛を味わうとベルクソンは述べる。しかし、そのプロセスを経て、神秘家は単純に「ものをみる」という能力を手に入れると彼は記した。つまり、「眼の機械」の対照性と同様に、一方に複雑な諸段階で構成される経験があり、他方では単純な視野が開けているのである。

この議論を参照しながら、〈機械〉によって拡大した身体を埋める「魂の代補」を論じた。〈機械〉により複雑化した身体に惑わされることなく、ひとは「魂の代補」による単純な視野を得ると言えるだろう。機械化は人間を尽きせぬ欲求へと従属させる。しかし、神秘家によって生命の源泉に触れるように誘われた人間は、物質的欲求の複雑さに執着することなく単純に「ものをみる」ことへと向かうとベルクソンは考えた、と本書では解釈した。「眼という機械」に着目することによって、神秘経験中の神秘家を〈機械〉に喩える奇妙な記述も、生命の単純性を表現する文章であることが理解できる。つまり、「暗夜」の「組み立て途中の機械」は、ベルクソンの生命哲学と神秘主義とが重ね合わされていることが示される箇所であり、ベルクソンの哲学全体を俯瞰するうえでも欠くことのできない表現なのである。

「眼の機械」と「暗夜」の「組み立て途中の機械」との対比と同様に、「魂の代補」も機械思想ないし機械主義と神秘主義とがつくる重要な結節点である。本書でこの箇所に取り組むことで明らかになったのは、たんにベルクソンにとっての神秘主義の重要性だけではない。〈機械〉によって拡大した身体は、神秘主義に「呼びかけ」を発することによって「魂の代補」がなされるとベルクソンは語る。つまり、物質が生命の「踏切板」となることで推進する生命の流れである「エラン・ヴィタル」と、〈機械〉が神秘家を後押しすることで生命を新たな段階に導くことは、ベルクソンにとって一続きの思考なのである。いわば「魂の代補」は、『二源泉』が直面していた時代において喚起されるべき「エラン・ヴィタル」の働きそのものであるとベルクソンは考えたのである。

以上の考察を経ることで、ベルクソンがどのように神秘主義を自らの哲学のなか組み込み、そして発展させていったのかを検討した。そして、まさに神秘主義は、ベルクソン哲学の欠くことのできない部分を形成しており、彼の哲学のひとつの到達点であると結論づけることができる。

【注】

1 GOUHIER Henri, *Bergson et le Christ des évangiles* (1962), Vrin, 1999.
2 CARIOU Marie, *Bergson et le fait mystique*, Aubier Montaigne, 1976.
3 WATERLOT Ghislain, « Le mysticisme, « un auxiliaire puissant de la recherche philosophique » ? », in *Bergson et la religion : Nouvelles perspectives sur* Les Deux sources de la morale et de la religion, sous la direction de Ghislain WATERLOT, Presses universitaires de France, 2008, pp. 249-277.
4 FENEUIL Anthony, *Bergson: Mystique et philosophie*, Presses universitaires de France, 2011.
5 *Grand dictionnaire universel du XIXe siècle* (1866-1876), dir. par Pierre LAROUSSE, Nîmes, Lacour, 1990-1992, pp.754-758. とはいえ十九世紀における神秘主義への視線は幾重にも錯綜しており、単純に否定的なものだけではない。たとえばヴィクトール・クーザン（一七九二～一八六七年）は、哲学が観念論、経験論、懐疑論と進展し最後に神秘主義に行き着くのは、「宗教的霊感と哲学との妥協」を試みる「人間理性への絶望の行為」が原因だと述べながらも、推論などが与えることのない熱狂や信仰を付与するものとみなし、神秘主義を全面的に断罪してはいない。Cf. COUSIN Victor, *Cours de l'histoire de la philosophie, histoire de la philosophie du XVIIIe siècle*, Pichon et Didier, 1829, p. 165-167.
6 POULAT Émile, *L'Université devant la mystique*, Salvator, 1999.
7 JAMES William, *The Varieties of religious experience* (1902), Longmans, Green & Co, 1920, p. 31.（ウィリアム・ジェイムズ『宗教的経験の諸相』〈上〉、桝田啓三郎訳、岩波文庫、一九六九年、五二頁）
8 Cf. 吉永進一「ウィリアム・ジェイムズと宗教心理学」『宗教心理学の探究』所収、島薗進、西平直編、東京大学出版会、二〇〇一年、八一頁。
9 *Ibid.*, p. 80.
10 *Ibid.*, p. 512.
11 JAMES William, *A pluralistic universe : Hibbert lectures at Manchester College on the present situation in philosophy*, Longmans, Green & Co, 1909, p. 325.（ウィリアム・ジェイムズ「多元的宇宙論」『純粋経験の哲学』所収、伊藤邦武編訳、二〇〇四年、一九八～一九九頁）
12 *Ibid.*, p. 41.
13 DELACROIX Henri, *Essai sur le mysticisme spéculatif en Allemagne au XIVe siècle*, Alcan, 1900, pp. 3-10.

14 DELACROIX Henri, « Les variétés de l'expérience religieuse par William James » in *Revue de métaphysique et de morale*, vol. 11, no 5, 1903, pp. 645-646.

15 *Ibid*., p. 644.

16 *Ibid*., p. 657.

17 *Ibid*., p. 659.

18 *Ibid*., p. 660.

19 これよりも以前にアカデミックの場で神秘主義が扱われた事例として、ソルボンヌに提出されたエドゥアール・レセジャックの博士論文『神秘的認識の基礎についての試論』(*Essai sur les fondements de la connaissance mystique*, 1897）や、一九〇二年に国際心理学学院でおこなわれたエミール・ブートルー（一八四五～一九二一年）の講演などが挙げられる。Cf. POULAT, *L'Université devant la mystique*, *op.cit*., p. 27.

20 DELACROIX Henri, *Étude d'histoire et de psychologie de mysticisme : Les grands mystiques chrétiens*, Alcan, 1908, p.61. ジェイムズが『諸相』のなかで数十例にも及ぶ神秘家、宗教家、回心者、詩人、作家を扱ったのに対して、ドラクロワは主に聖テレサ、ギュイヨン夫人（一六四八～一七一七年）、フランソワ・ド・サール（一五六七～一六二二年）、十字架の聖ヨハネ、ゾイゼ（一二九五年頃～一三五五年）などの限られた大神秘家たちに焦点を当てる。これにより雑多な事例に囚われることなく、よりいっそう精緻に神秘経験に迫ることが可能となったように思われる。

21 *Ibid*., p. 61.

22 *Ibid*., p. 346.

23 *Ibid*., p. 347.

24 Cf. アビラの聖女テレサ著『霊魂の城』鈴木宣明監修、高橋テレサ訳、聖母の騎士社、一九九二年。

25 DELACROIX, *Études d'histoire et de psychologie du mysticisme : Les grands mystiques chrétiens*, *op. cit*, p. 351.

26 *Ibid*., p. 352.

27 *Ibid*., p. 360.

28 古野清人「宗教心理学」『古野清人著作集7』所収、三一書房、一九七二年、二一六頁。

29 DELACROIX Henri, *Le langage et la pensée*, Alcan, 1924, p. 378.

30 Cf. BARUZI Jean, « Saint Jean de la Croix et le problème de la valeur noétique de l'expérience mystique » in *Bulletin de la société française de philosophie*, t. XXV, mai-juin, Armand Colin, 1925, pp. 25-33.

31 *Ibid.*, p. 32.
32 *Ibid.*, p. 33.
33 POULAT, *L'Université devant la mystique, op.cit.*, p. 147.
34 POULAT Émile, « Introduction » in Jean BARUZI, *Saint Jean de la Croix et le problème de l'expérience mystique*, 2ème édition (1931), Salvator, 1999, p. 22.
35 鶴岡賀雄『十字架のヨハネ研究』創文社、二〇〇〇年、二三頁。
36 Jean de la Croix, *La montée du Mont Carmel* (1584-1587), in *Œuvres complètes*, traduites par André BORD, Desclée de Brouwer, 2016, pp. 232-233. 日本語訳は、鶴岡『十字架のヨハネ研究』内（二九頁、註４）に挙げられたもの。
37 BARUZI Jean, *L'intelligence mystique*, textes choisis et présentés par Jean-Louis VIEILLARD-BARON, Berg International, 1991, p. 64.
38 BARUZI, *Saint Jean de la Croix et le problème de l'expérience mystique, op.cit.*, p. 488.
39 Cf. BARUZI, « Saint Jean de la Croix et le problème de la valeur noétique de l'expérience mystique » in *Bulletin de la société française de philosophie, op. cit.*, p. 33.
40 *Ibid.*, p. 44.
41 *Ibid.*, p. 80.
42 ES160/Œ935-936.
43 Cf. BARUZI, « Saint Jean de la Croix et le problème de la valeur noétique de l'expérience mystique » in *Bulletin de la société française de philosophie, op. cit.*, p. 84.
44 *Ibid.*, pp. 85-88.
45 『神秘的知性』（*Intelligence mystique*, 1991）の編者ジャン＝ルイ・ヴェイヤール＝バロンは以下のように指摘する。バリュジにとって、ヘーゲルからフッサールに至る現象学の潮流は、学派的ドグマを形成し挫折したものだ。そのうえで、単なる現象学的分析だけに限定されるのではなく、形而上学的、宗教的、美学的、神秘主義的などの多様な平面で分析がおこなわれねばならないとバリュジは考えた、というのがヴェイヤール＝バロンの見方である。したがって、厳密な意味の現象学的枠内での分析を念頭に置いたものではなく、他領域とも交差するような方法を想定していたと思われる。Cf. BARUZI, *L'intelligence mystique, op. cit.*, p. 17, p. 62.
46 Cf. 岩田文昭『フランス・スピリチュアリスムの宗教哲学』創文社、二〇〇一年、一六五頁。
47 WILMER Heiner, *Mystique entre action et pensée : une nouvelle introduction à la philosophie de Maurice Blondel*, traduite par

Félicien LE DOUARON et Jean DURAY, Bod, 2014, pp. 30-31.

48 BLONDEL Maurice, « Mystique, Mysticime », in *Vocabulaire technique et critique de la philosophie* (1927), vol. 1, Presses universitaires de France, 1993, pp. 662-664.

49 Cf. BLONDEL Maurice, « Le problème de la mystique » in *Chant nocturne, Saint Jean de la Croix : mystique et philosophie*, textes réunis et présentés par Marie-Jeanne COUTAGNE et Yvette PÉRICO, Éditions universitaires, 1995, pp. 25-58.

50 *Ibid.*, p. 25.

51 *Ibid.*, p. 27.

52 *Ibid.*, p. 28.

53 トマス・アクィナス『神学大全〈17〉』大鹿一正監訳、大森正樹、小沢孝訳、創文社、一九九七年、一六五頁。また「connaturalitas」には「親和的認識」という訳語が用いられる場合もある。

54 J. DEFERRARID Roy and BARRY M. Inviolata, with the technical collaboration of MCGUINESS Ignatius, *A lexicon of St. Thomas Aquinas : based on The Summa Theologica and selected passages of his other works* (1948), Kyoto, Rinsen Book Co, 1985, p. 209.

55 Cf. 桑原直己「トマス・アクィナスにおける親和的認識について」『哲学・思想論集』所収、一九九九年、五一頁（一六四頁）。

56 BLONDEL, « Le problème de la mystique », in *Chant nocturne, Saint Jean de la Croix : mystique et philosophie*, *op.cit.*, pp. 43-44.

57 *Ibid.*, p. 211, note 63.

58 合一によって主客の隔たりが瓦解するという構図をめぐる「接触」のイメージについては、鶴岡『十字架のヨハネ研究』内の「接触としての神秘体験」と題された第三部第三章第三節を参照。

59 岩田『フランス・スピリチュアリスムの宗教哲学』前掲書、一六七頁。

60 WILMER, *op.cit.*, p. 248. そのうえで、ヴィルマーの著書のタイトル『行為と思惟とのあいだの神秘学：モーリス・ブロンデルの哲学への新たな序説』(*Mystique entre action et pensée : une nouvelle introduction à la philosophie de Maurice Blondel*, 2014) が示すように、彼はブロンデルが神秘主義へと向ける眼差しが「行為」から「思惟」への蝶番となっていることを明らかにしようと試みている。

61 石脇慶總『神秘との合一を求めて：J・マリタンにおける神実在の認識に関する研究』南山大学学術叢書、エンデルレ書店、一九九四年、五～七頁。

62 MARITAIN Jacques, *La Philosophie bergsonienne : étude critique* (seconde édtion 1914), M. Rivière, 1930, p. 143.

63 *Ibid.*, p. 145. たしかにマリタンの指摘通り、ベルクソン哲学のうちに二元論的側面があることは否定し難い。だが、ジャンケレヴィッチ（一九〇三〜八五年）が規定するように、それは「実体の一元論にして傾向の二元論」であって、あくまで生命というひとつの源泉から派生した二つの傾向が存在するのだ。したがって一元論ないし二元論という構図でベルクソン哲学を判断することもまた難しい。Cf. JANKÉLÉVITCH Vladimir, *Henri Bergson* (1959), Presses universitaires de France, 2008, p. 174.（ウラジミール・ジャンケレヴィッチ『増補新版：アンリ・ベルクソン』阿部一智、桑田禮彰訳、新評論、一九九七年、二三六頁）

64 MARITAIN, *La Philosophie bergsonienne : étude critique*, *op.cit.*, p. 306.

65 *Ibid.*

66 *Ibid.*

67 *Ibid.*, p. 389.

68 *Ibid.*, p. 393.

69 MARITAIN Jacques, *Distinguer pour unir ou Les degrés du savoir* (1932), 6ème édition, Desclée de Brouwer, 1959, p. 18.

70 *Ibid.*, p. 20. note 2.

71 *Ibid.*, p.894.

72 *Ibid.*, p.895.

73 *Ibid.*, p. 515. トマス自身は「共本質性」を「共感（compassio）」、あるいは神へと合一させる「愛徳（charitas）」であると言い換えている。Cf. AQUINAS Thomas, *Summa theologiæ : Latin text and English translation, introductions, notes, appendices, and glossaries*, vol. 35, édité par Thomas GILBY, Blackfriars : McGraw-Hill : Eyer & Spottiswoode, 1979, p. 116.

74 MARITAIN, *Distinguer pour unir ou Les degrés du savoir*, *op.cit.*, p. 513.

75 *Ibid.*, p. 523.

76 *Ibid.*, p. 628.

77 *Ibid.*, p. 713.

78 *Ibid.*, pp. 718-719.

79 LÉVY-BRUHL Lucien, *Les fonctions mentales dans les sociétés inférieures* (1910), Alcan, 1922, p. 30.（レヴィ＝ブリュル『未開社会の思惟』〈上〉、山田吉彦訳、岩波文庫、一九五三年、四六頁）

80 LÉVY-BRUHL Lucien, *Carnets* (1949), Presses universitaires de France, 1998, p. 50. こう告白をした一因は、後年レヴィ＝ブリュル自身が「前論理」をめぐりさまざまな誤解に巻き込まれたという事実に拠る。「前論理」という言葉に対する植民地肯定論者からの賛同について、レヴィ=ブリュルが困惑するさまが『手帖』には書かれている。Cf. *ibid.*, p. 49.

81 *Ibid.*, p. 76.

82 『原始心性』(*La mentalité primitive*, 1922)の新装版序文で、フレデリック・ケックは以下のように説明する。マルブランシュは、デカルトによって再提起された「魂が身体と本性上異なるとき、魂は身体にどのように作用することが可能か」という古典的問いを解決するために、「分有」概念を導入している。マルブランシュは、身体と思考は並行しており、身体は思考が開始されるための契機にすぎないという、偶因論的解決を導き出した、とケックは語る。Cf. « Présentation » in *La mentalité primitive* (1922), édition présentée et annotée par Frédéric KECK, Flammarion, 2010.

83 LÉVY-BRUHL Lucien, *L'expérience mystique et les symboles chez les primitifs* (1938), préface de Frédéric KECK, Dunod, 2014, p. 49.

84 Cf. KECK Frédéric, « Préface », in *L'expérience mystique et les symboles chez les primitifs*, *op. cit.*

85 Cf. *ibid.*, pp. 69-70.

86 *Ibid.*, p. 70.

87 *Ibid.*

88 BERGSON Henri, *Cours I, Leçons de psychologie et de métaphysique*, édité par Henri HUDE avec la collaboration de Jean-Louis DUMAS, Presses universitaires de France, 1990, p. 374.(アンリ・ベルクソン『ベルクソン講義録Ⅰ:心理学講義 形而上学講義』合田正人、谷口博史訳、法政大学出版局、一九九九年、三七二頁)

89 *Ibid.*, p. 362.

90 *Ibid.*

91 BERGSON Henri, *Cours III, Leçons d'histoire de la philosophie moderne ; Théories de l'âme*, édition par Henri HUDE, avec la collaboration de Jean-Louis DUMAS, Presses universitaires de France, 1995, pp. 96-100.(アンリ・ベルクソン『ベルクソン講義録Ⅲ:近代哲学史講義 霊魂論講義』合田正人、江川隆男訳、法政大学出版局、二〇〇〇年、九八頁)この講義は一八九三年から一八九四年にかけて全八回で構成された「近現代哲学史講義」の第四回目。マルブランシュと神秘主義との関連は以下の通りである。アンリ・ブレモン(一八六五~一九三三年)が「神秘主義の侵略」と呼ぶ、スペインからのフランスへのキリスト教神秘主義の流入がなされた十七世紀に、スペインから他ならぬ女子跣足カルメル会を導入した、のちの枢機卿ピエール・ド・ベリュル(一五七五~一六二九年)によってパリに創設されたオラトリオ修道会に、マルブランシュ自身一六六〇年に入信している(渡辺優『ジャン=ジョゼフ・シュラン:一七世紀フランス神秘主義の光芒』慶應義塾大学出版会、二〇一六年、一四八頁)。

92 Cf. MALEBRANCHE Nicolas de, *De la recherche de la vérité* in *Œuvres*, tome I, édition établie par Geneviève RODIS-LEWIS : avec collaboration de Germain MALBREIL, Gallimard, « Bibliothèque de la Pléiade », 1979, p. 372.
93 GOUHIER, *Bergson et le Christ des évangiles, op. cit.*, p. 100.
94 M463-464/EP231-232.
95 M478/EP247.
96 M487/EP256.
97 M478/EP248.
98 PM181-182/Œ1396.
99 PM197/Œ1408.
100 PM210-211/Œ1419.
101 M485/EP254.
102 M489/EP258.
103 M490/EP259.
104 PM196/Œ1408.
105 M492/EP262.
106 Cf.『神秘主義事典』ペーター・ディンツェルバッハ編、植田兼義訳、教文館、二〇〇〇年、一六九頁。
107 M494/EP264.
108 M495/EP264.
109 M579-580.（アンリ・ベルクソン『ベルクソン書簡集I』合田正人監修、ボアグリオ治子訳、法政大学出版局、二〇一二年、六三〜六四頁）
110 DI7-8/Œ10-11.
111 M766.
112 PM2/Œ1254.
113 アラン・ド・ラトルは、ベルクソンに捧げた著作『ベルクソン：困惑の存在論』（*Bergson, une ontologie de la perplexité*, 1990）の序論「驚きの哲学（une philosophie de la surprise）」において論考「序論」のこの「驚き（surprise）」の箇所を論じる。ド・ラトルはベルクソンが科学的時間に気がついたときの「動揺（étonnement）」と、持続を発見したときの「驚き」とを質的に区分する。とはいえベルクソン自身が記すように、これらの「動揺」と「驚き」とは、ベルクソンが持続に遭遇したときの表裏一体の態度と言えるだろう。こう考えると、ベルクソンもまたタウマゼインの哲学者としての側面があると言える。Cf. LATTRE Alain de, *Bergson, une ontologie de la perplexité*, Presses universitaires de France, 1990, p. 9.

114 M766.

115 Cf. CARIOU, *Bergson et le fait mystique, op. cit.* p. 99.

116 EC248/Œ705.

117 EC249/Œ706.

118 EC321/Œ767.

119 AZOUVI François, *La gloire de Bergson : essai sur le magistère philosophique*, Gallimard, 2007, p. 156.

120 BAKA OKPOBÉ Christine, *Élan vital et mystique dans la pensée d'Henri Bergson*, Strasbourg, Presses universitaires de Strasbourg, 2016, p. 195. ベルクソンが、物質よりも精神の側に立つ唯心論とみなされる傾向が強いことは本書でも述べたが、ここではベルクソンは唯物論者とみなされ、批判を受けている点は興味深い。

121 AZOUVI, *La gloire de Bergson : essai sur le magistère philosophique, op. cit.*, p. 159.

122 Cf. WATERLOT Ghislain, « Dieu est-il transcendant ? Examen critique des objections du P. de Tonquédec adressées à « l'auteur de L'Évolution créatrice » », in *Archives de Philosophie*, tome 71, Centre Sèvres, 2008. mis en ligne le 20 octobre 2008, consulté le 20 août 2018. URL : https://doi.org/10.3917/aphi.712.0269

123 TONQUÉDEC Joseph de, *Sur la philosophie bergsonienne*, Beauchesne, 1936, p. 46.

124 EC249/Œ705.

125 EC339/Œ782.

126 DI175/Œ152.

127 TONQUÉDEC, *Sur la philosophie bergsonienne, op. cit.*, pp. 60-61.

128 M964 : TONQUÉDEC, *Sur la philosophie bergsonienne, op. cit.*, p. 60.

129 CHEVALIER Jacques, *Entretiens avec Bergson*, Plon, 1959, p. 211.（ジャック・シュヴァリエ『ベルクソンとの対話』仲沢紀雄訳、みすず書房、新装版、二〇〇八年、二三七頁）はじめに触れた神秘家として、ギュイヨン夫人が挙げられているが、ギュイヨン夫人の書き残したものはあまりに個人的で満足しなかった、と語られる。その後、自己から脱却した、あらゆる関心を超えた感情を聖テレサと十字架の聖ヨハネに見出したとベルクソンは述べる。

130 第三共和政における道徳教育の複雑な推移については、以下の著作に包括的にまとめられており、とりわけ第Ⅱ部「ライシテの道徳の確立と伝播」が詳しい。Cf. 伊達聖伸『ライシテ、道徳、宗教学：もうひとつの19世紀フランス宗教学』勁草書房、二〇一〇年。

131 M789/EP371.

132 M817.

133 JAMES Williams, «A suggestion about mysticism» in *Journal of philosophy, psychology and scientific methods*, New York, Journal of philosophy Inc., 1910, p. 88.

134 スチュアート・ヒューズ（一九一六〜九〇年）は、デュルケム（一八五八〜一九一七年）が『社会学的方法の基準』（*Les Règles de la méthode sociologique*, 1895）序文で「復活しつつある神秘主義」に抗議しているがこれはベルクソンを指したものだ、と述べている。この時期の主要な学説のうち、ベルクソンの形而上学は、神秘主義的側面をはっきりと備える唯一のものだったとヒューズは記す。Cf. HUGHES Stuart, *Consciousness and society, The Reorientation of European social thought 1890-1930* (1958), New York, A Vintage book, 1977, p. 35.（スチュアート・ヒューズ『意識と社会：ヨーロッパ社会思想 1890-1930』生松敬三、荒川幾雄訳、みすず書房、一九七〇年、二五頁）

135 Cf. RUSSELL Bertrand, *Mysticism and logic* (1918), Unwin books, 1963, pp. 16-20.（バートランド・ラッセル『バートランド著作集4：神秘主義と論理』江森巳之助訳、みすず書房、一九五九年、一七〜二三頁）

136 CHEVALIER, *Entretiens avec Bergson, op. cit.*, p. 272.（シュヴァリエ『ベルクソンとの対話』前掲書、三〇八頁）

137 *Ibid.*, p. 275.

138 パスカルが服のなかに縫いつけていた「覚書」には、一六五四年十一月二三日の夜間に、神の存在を感じ「歓喜」を体験したことが記されている。メーヌ・ド・ビランは一八一五年五月十七日の夜、散歩の折に「最初にして唯一の実在である、神」と結びつく感覚を覚えたと語っている。デカルトの伝記では一六一九年十一月一〇日に「熱狂（enthousiasme）」に満たされながら床につくと、真理探究への道筋を神に授かるという夢をみたと伝えられている。夢の体験という点に注目すれば、ベルクソンとデカルトに共通の要素を見出すこともできる。Cf. BAILLET Adrien, *Vie de Monsieur Descartes* (1691), La table ronde, 1992, p. 38.（アドリアン・バイエ『デカルト伝』井澤義雄、井上庄七訳、講談社、一九七九年、三六〜三七頁）：PASCAL Blaise, *Pensées*, édité par Léon BRUNSCHVICG, Hachette, 1897, p. 3 : BIRAN Maine de, *Journal I*, édition intégrale publiée par Henri GOUHIER, Neuchatel, Éditions de la Baconnière, p. 81.

139 ベルクソンからトンケデクへ宛てた書簡は、一九一二年にトンケデクの論文「ベルクソンは一元論者か」内で公表されている。しかし、一九一一年の時点でロッテがこのような質問をしている点から考えて、当時、ベルクソンが道徳について研究していることを周囲が認知していたことがうかがえる。また一九三〇年に近づくにつれて、道徳を主題とした本をベルクソンが執筆することを周囲が待望していたことを、フィリップ・スーレーズ（一九四三〜九四年）は指摘する。理由として、道徳的・政治的責任に関する議論がカント主義者たちのあいだで当時盛り上がりをみせていた点が挙げられているが、おそらく第一次世界大戦を経過して、新たな政治状況の発生という時代的要因もあるだろう。SOULEZ Philippe et WORMS Frédéric, *Bergson : biographie* (1997), Presses universitaires de France, 2002, pp. 208-209.

140 M881/EP394.

141 BENRUBI Issac, *Souvenirs sur Henri Bergson*, Delachaux & Niestlé S. A., 1942, p. 32.

142 PM279/Œ1471.

143 RAVAISSON Félix, « dessin », in *Dictionnaire de pédagogique et d'instruction primaire*, Partie I, tome I, 1887, p. 672.

144 PM280/Œ1472.

145 PM263/Œ1458-1459.

146 「lignes de faits」は、邦訳では、「事実の系」「事実の諸系列」「事実線」などと訳出されてきた。後述のように、その複数性とベルクソンが語る幾何学的な線を想起させる特性から、〈事実の複数線〉という訳語を当てた。

147 この語の接頭辞「sur-」は「超越」「過剰」「極度」などを、「vie」は「生命」「生活」「生涯」「生気」などを意味し、「survie」は「生き延びること」「死後の生」「来世」「余命」を意味する。

148 Cf. DS263/Œ1186.

149 DI139/Œ122.

150 EP180/M376.

151 ベルクソンは以前にもジャネの名を引きつつ、「真の哲学」とはなにかと語ったことがある。その際は、「真の哲学とは、緊密に結びつけられた心理学と形而上学である」と述べている。

152 対立する二つの体系をめぐって、「これら二つの体系相互の共通の一致によって認識される、もしくは認識されるようなすべてのもの」は科学的である、というポール・ジャネの言葉をベルクソンは引用する。諸々の体系から抽出された各要素間に有益な一致を見出すという意味において、ジャネの哲学は各体系哲学間の融和を目指す折衷主義的側面をもつことは否定できず、これをベルクソン自身も認めている。だが、『二源泉』では、むしろ体系的な哲学を避ける目的で〈事実の複数線〉が用いられる。ゆえに、ベルクソンにおいては、ジャネの哲学に学びつつ、単なる折衷主義的解決を避けるため、〈事実の複数線〉という方法を練り上げていったのではないだろうか。Cf. JANET Paul, *Principes de métaphysique et de psychologie : leçons professées à la faculté des lettres de Paris 1888-*

1894, tome I, Librairie CH. Delagrave, 1897, p. 49.

153 EP184-185/M380-381.

154 杉山直樹は、こうした「真理」は、「すべての存在がそこに根拠を見出すような優越的で産出的な原理やその顕現」ではないと指摘する。そうではなくベルクソンの「真理」とは、決して「不変で不動で非人称的で必然的な」ものではなく、神秘家が示す「その人格なしには開示されようのなかった種類の「真理」」であると述べられる。本書でも、「事実の複数線」が神秘家の看取したものを指し示すという意味で、「事実の複数線」が「真理」を浮き彫りにすると考える。Cf. 杉山直樹『ベルクソン：聴診する経験論』創文社、二〇〇六年、二三二～二三三頁。

155 EP211/M408.

156 EP252/M482-483.

157 ベルクソンは、「実証的形而上学」という言葉で、「蓋然性」の集積こそ科学に匹敵する「実証性」を担保する方法と提示している。それゆえ、諸々の現象を神学的状態、形而上学的状態、哲学的状態に区分し秩序立てることによって、正確さをもった「実証性」を確保しようとするオーギュスト・コント（一七九八～一八五七年）の「実証哲学」と、ベルクソンの〈事実の複数線〉の「実証性」とは、ひとまず区別する必要がある。Cf. 杉本隆司「第8章 信頼と権威の政治学：コントの実証主義再考」『民衆と司祭の社会学 近代フランス〈異教〉思想史』白水社、二〇一七年、二五五～二五六頁。

158 EP251/M482.

159 Cf. EP253/M484.

160 EP253/M484.

161 MM121/Œ255.

162 MM26/Œ180.

163 EP255/M486.

164 Cf. EP246/M477.

165 EP256/M487.

166 EP255/M486.

167 とはいえ、〈事実の複数線〉は絶えずベルクソンが念頭に置いていた方法である。じっさい『創造的進化』でも、この方法を用いて生命進化の実態を探ったと『二源泉』では述べられている。Cf. DS264/1187.

168 ES3/Œ816. ベルクソンはことあるごとに体系哲学への懸念を表明し、非難に近い言葉を放ったこともある。一九一一年のインタヴューでは、ジョルジュ・ソレル（一八四七〜一九二二年）やカトリックの作家などのそれぞれ異なる方向性をもつ人物たちに影響を与えたことを、ヘーゲルとの比較において問われ、「私は内的観察に対する関心を発展させました。ですが、体系をもったことはありません」とベルクソンは答え、さらにもう一度、「私は体系というものをもちません」と繰り返し強調した。Cf. EP407/M940.

169 ES3/Œ816.

170 ES3-4/Œ817.

171 ES4/Œ817.

172 Cf. ES4-5/Œ818.

173 Cf. ES10/Œ822.

174 Cf. ES12-13/Œ824.

175 Cf. EP225/M486.

176 ES22-23/Œ831-832.

177 EC265/Œ720.

178 ES20/Œ829-830.

179 ES25/Œ833-834.

180 講演「礼儀正しさ」一八八五年版には、十七世紀の偉大な「モラリスト」として、パスカル、デカルト、マルブランシュの名が挙げられる。Cf. M327.

181 CHEVALIER, *Entretiens avec Bergson, op. cit.*, p. 276.

182 ES25/Œ834.

183 PM287/1477.

184 Cf. DESCARTES René, *Les passions de l'âme* (1649), in *Œuvres et lettres* (1937), textes présents par André BRIDOUX, «Bibliothèque de la Pléiade», 1953, Gallimard, p. 768.（デカルト『情念論』谷川多佳子訳、岩波文庫、二〇〇八年、一三四頁）『情念論』第三部では驚嘆、愛、憎しみ、欲望、喜び、悲しみの六つの感情が取り上げられ、さらに驚嘆は尊重と軽視に区分された。そして自分自身を尊重の対象にするとき「高邁」と高慢の感情が引き起こされるとデカルトは述べる。

185 *Ibid.*, p. 769.（同頁）

186 *Ibid.*（同書、一三四〜一三五頁）

187 Cf. BERGSON, *Cours III, Leçons d'hisoire de la philosophie moderne ; Théories de l'âme, op. cit.*, p. 67.（ベルクソン『ベルクソン

講義録Ⅲ：近代哲学史講義 霊魂論講義』前掲書、六七頁）。

188 DESCARTES René, *Correspondances IV : Œuvres de Descartes*, Vrin, publiées par Charles ADAM & Paul TANNERY, 1996, p. 293.（デカルト『デカルト全書簡集 第六巻（1643-1646）』倉田隆、山田弘明、久保田進一、クレール・フォヴェルグ訳、知泉書館、二〇一五年、三三五頁）

189 *Ibid.*

190 DS47/Œ1017.

191 DS260/Œ1183-1184.

192 渡辺『ジャン＝ジョゼフ・シュラン：一七世紀フランス神秘主義の光芒』前掲書、一〇七頁。ベルクソンが「経験」という概念に関する十七世紀の認識論的転回の状況に注目していた可能性は低いと思われる。にもかかわらず、神秘経験をめぐり双方の思考において、たしかにある種の共通点がみられる。

193 同書、一〇八～一一〇頁。経験をめぐるこうした認識の変容に関して渡辺優は、「証言」をめぐるアンドレア・フリッシュの研究に触れる。フリッシュは、「異世界についての証言が、必ずしも個人の直接的知覚にその根拠を置いてはいなかった」ことを明らかにした、と渡辺は語る。フリッシュの研究に言及しながら、むしろ「一人称の知覚」や「情報としての認識」以上に、証言として聞く際の「信認」「信じるという行為」がきわめて重要であると渡辺は語る。またフリッシュの射程は、大航海時代における探検や宗教的事象に限らず、ホロコーストにおける証言にまで及ぶ。Cf. FRISCH Andrea, *The Invention of the Eyewitness : Witnessing and Testimony in Early Modern France*, North Carolina, the university of North Carolina press, 2017, pp. 181-187.

194 DS262-264/Œ1185-1187.

195 DS262-263/Œ1185.

196 DS263/Œ1185-1186.

197 DS263/Œ1186.

198 DS266/Œ1188. ギラン・ワテルロは、〈事実の複数線〉という文脈から離れ、「哲学研究の強力な補助」としての神秘主義について論じている。しかしながら、本書ではあくまでベルクソンの本来の文脈に則って、〈事実の複数線〉との関連において、この「哲学研究の強力な補助」という表現を理解したい。Cf. WATERLOT, « Le mysticisme, « un auxiliaire puissant de la recherche philosophique » ? », in *Bergson et la religion : Nouvelles perspectives sur* Les Deux sources de la morale et de la religion, *op.cit.*, pp. 249-277.

199 EC238/Œ696.

200 DS267／Œ1189.
201 DS264／Œ1186.
202 DIVII／Œ3. 注意しなければならないのは、連続的な内的感覚を非連続的な言語で表現するときには、言語は内的感覚を量的なものに置換せざるをえないとベルクソンは主張するのであって、彼は言語の機能自体を否定していない点だ。それゆえ、ベルクソンを単なる「言語嫌い」の哲学者とみなすことは避ける必要がある。
203 DS267／Œ1189.
204 DS268／Œ1190.
205 DS268-269／Œ1190.
206 DS270／Œ1191.
207 DS271-272／Œ1192-1193.
208 DS272／Œ1193. この点について、「事実の複数線」による線の交差だけでは、『創造的進化』で論じられる生命の諸事実を検証できるかどうか疑問であり、ベルクソンが、生命の特性を明らかにするために、人間的経験の次元をさらに延長する必要があったとヴォルムスは語る。延長部分となるのは、「宇宙の創造」「無の批判」「生命原理」「神」など『創造的進化』第三章と第四章で論じられた課題だが、こうした延長部分を解明するのが「道徳的・宗教的経験」だと語られる。つまり、ベルクソンは『創造的進化』の内容を超えることで『創造的進化』の課題に答えようとしている、とヴォルムスは考えている。Cf. WORMS Frédéric, *Bergson ou les deux sens de la vie*, Presses universitaires de France, 2004, pp. 262-263.
209 DS273／Œ1194.
210 DS102／Œ1059.
211 DS272／Œ1193.
212 ドゥルーズもこの点を強調する。「まさに哲学において、いまなお多くの観相が前提にされている。[……] そして哲学者よりも遠くへ進むのは、偉大な魂は、芸術家や神秘家の魂である [……]。」DELEUZE Gilles, *Le bergsonisme* (1966), Presses universitaires de France, 3e édition, 2008, p. 118.（ジル・ドゥルーズ『ベルクソニズム』檜垣立哉、小林卓也訳、法政大学出版局、二〇一七年、一二七頁）
213 DS273／Œ1194.
214 DELEUZE, *Le bergsonisme, op. cit.*, p. 118.（ドゥルーズ『ベルクソニズム』前掲書、一二八頁）
215 CULLMANN Oscar, *Immortality of the soul or resurrection of the dead ?: the witness of the New Testament*, London, Epworth

Press, 1958, p. 25.（オスカー・クルマン『霊魂の不滅か死者の復活か：新約聖書の証言から』岸千年、間垣洋助訳、日本キリスト教団出版社、二六頁）

216 DS279/Œ1198-1199.

217 カントのように魂の実体性や不死性を誤謬と考えることも、また避けられねばならない。魂が不死か否かを規定すること自体が問題なのではなく、ベルクソンにとって、なんであれ経験に先立つ「ア・プリオリ」な定義の手前で踏み留まる必要がある。

218 とはいえ、ベルクソンがプラトンの議論に多くを負っていることもまた事実だ。一八九四年の講義で、肉体と魂とを初めて哲学的に区別したのはプラトンだとベルクソンは語る。そこで説明されるプラトンの概念は、肉体に対する魂の先在性、魂の不死性、普遍的霊魂と個々の魂との関係などであり、『二源泉』での各論点に接続可能なものが散見される。Cf. BERGSON, *Cours III, Leçons d'histoire de la philosophie moderne ; Théories de l'âme*, *op. cit.*, p. 204.（ベルクソン『ベルクソン講義録Ⅲ：近代哲学史講義 霊魂論講義』前掲書、二一二頁）

219 DS280/Œ1199.

220 記憶としての魂という側面について、たとえば講師時代の講義内で、プロティノスにおいては、物体が常に運動し過ぎ去るのに反して、魂は記憶や生をその特性としてもつ、とベルクソンは論じる。Cf. BERGSON, *Cours III, Leçons d'histoire de la philosophie moderne ; Théories de l'âme*, *op. cit.*, p. 213.（ベルクソン『ベルクソン講義録Ⅲ：近代哲学史講義 霊魂論講義』前掲書、二二二頁）

221 フロリス・ドラットル（一八八〇〜一九五〇年）の研究をみる限り、ベルクソンからプルーストへの影響は、プルースト自身も否定しており、ドラットルの表現を借りれば、「間歇的」なものに留まると思われる。とはいえドラットルは、プルーストにとって、諸感覚により呼び覚まされる非意志的記憶の想起は、「おそらく、自発的かつ生きた記憶についてのベルクソン的テーマの、格調高い文体で表現された変奏」であると語り、記憶という主題における哲学者と小説家との照応を示している（Cf. DELATTRE Floris, « Bergson et Proust : accords et dissonances », in *Les études bergsoniennes*, Presse universitaire de France, 1968.）。本節で〈生き延び〉を考察するわれわれにとっては、『失われた時を求めて』の語り手が、眠りという「死」の中断を経ても前日やそれ以前の追憶が蘇るのと同様に、「おそらく死後の魂の復活は、記憶現象として理解できる」という言葉は、文脈の違いを考慮しつつも、そこに無視できない一致を読み取ることができる。Cf. PROUST Marcel, *Le Côté de Guermantes*, in *À la recherche du temps perdu* (1919), tome II, édité par Jean-Yves TADIÉ, 1988, « Bibliothèque de la Pléiade », Gallimard, 1954, p. 387.（マルセル・プルースト『失われた時を求めて5〈ゲルマントのほうⅠ〉』吉川一義訳、岩波文庫、二〇一六年、一八八頁）

222 MM181/Œ302.

223 DS280-281/Œ1199-1200.

224 DS281/Œ1200.

225 『二源泉』では、レヴィ＝ブリュルが『未開心性』内で「分有」という表現を用いる箇所が引用される（DS150/Œ1096-1097）。留意すべきは、引用箇所が意味するのは、事物や事象が自由に「融即〔分有〕（participation）」もしくは排除し合う、という世界観にもとづいて、未開人は自然現象の因果関係を理解しているということだ。レヴィ＝ブリュルは、「神秘主義的」という言葉自体も、キリスト教に始まる西洋宗教の枠内から離れて使用しており、ベルクソンの語法と単純に同一視はできない。

226 DELEUZE, *Le bergsonisme*, *op.cit.*, p. 21.（ドゥルーズ『ベルクソニズム』前掲書、二四頁）この経験の重ね合わせ自体が線同士の収斂であるとドゥルーズは指摘する。つまり、ここでも〈事実の複数線〉の思考法が用いられているとドゥルーズは考えている。なお正確を期せば、ドゥルーズは魂の「生き延び（survie）」ではなく魂の「不死性（immortalité）」という言葉を使用している。

227 DS233/Œ1162.

228 ES79/Œ874.

229 講演「意識と生命」で、ベルクソンにおける生命原理に関わる議論で導入された「モラリスト」は、『二源泉』で神秘家が議論の中心を占めるのに反比例するかのように、きわめて限定的な扱いとなっている。

230 DS265/Œ1187.

231 PM50/Œ1292.

232 DS28/Œ1002.

233 DS28-33/Œ1002-1006.

234 DS57/Œ1024.

235 DS56/Œ1024.

236 DS28/Œ1002.

237 DS31/Œ1004.

238 DS57/Œ1024.

239 DS62-63/Œ1028-1029.

240 DS36/Œ1008.

241 「ダンス」の社会性を指摘する哲学者として、アラン（一八六八～一九五一年）が挙げられる。「ダンス」は最古の会話であり、リズムの共有を通じた社交の喜びであり信頼を生じさせると語られる。加えて、すべての「ダンス」は宗教的なものであるとも述べられる。Cf. Alain, *Vingt leçons sur les beaux-arts*, in *Les arts et les dieux*, « Bibliothèque de la Pléiade », Gallimard, 1958, pp. 501-503.（ア

ラン『芸術論20講』長谷川宏訳、光文社古典新訳文庫、二〇一五年、七三〜七七頁）

242 『二源泉』でも言及されるイギリスの宗教学者イーヴリン・アンダーヒル（一八七五〜一九四一年）は、神秘主義と芸術活動の親和性について論じながら、「聖人たち」「芸術家」「宗教や社会の改革者」「国民的英雄」を「人類の開拓者」とみなす（UNDERHILL Evelyn. *Mysticism : a study in the nature and development of man's spiritual consciousness* (1911), Methuen, 1960, p. 431.）。神秘家が人類にとっていかなる価値をもちうるのかという問いは、神秘主義研究において重要なテーマである。神秘主義と芸術活動の親和性や、神秘家や宗教家に「人類」の変革をする役割を担うという観点を通じて、アンダーヒルとベルクソンとは類似する立場にいる。

243 DS247-248/Œ1173-1174.

244 DS85/Œ1046.

245 VALÉRY Paul, « la crise de l'esprit » in *Œuvres*, t. 1, « Bibliothèque de la Pléiade », Gallimard, 1957, p. 990.（ポール・ヴァレリー「精神の危機」『精神の危機 他十五篇』所収、恒川邦夫訳、岩波文庫、二〇一〇年、十一頁）

246 DS85/Œ1046.

247 ベルクソンにとって、個別の内容としての「追憶（souvenir）」は、「記憶（mémoire）」全体のなかに保存されつつ、「記憶」全体からは区別可能な記憶の個別の単位を指す場合が多い。「記憶」全体のなかで、弛緩したままの「追憶」がイメージとして、しだいに現在の知覚へと一致する形態にまで凝縮することで、「追憶」は現在の知覚や現在の行動に影響を及ぼす。『物質と記憶』第二章では、朗読や暗記の例を用いて、特定の「追憶」が「記憶」内に保存されると説明された。

248 Cf. EC10-11/Œ502-503.

249 HALBWACHS Maurice, *La Mémoire collective* (1950), Presse universitaires de France, 1968, p. 12.（モーリス・アルヴァックス『集合的記憶』小関藤一郎訳、行路社、一九八九年、一六頁）

250 アルヴァックスにとっても、記憶をめぐるベルクソンの思考は受け入れ難いものである。社会性を重視するアルヴァックスは、「純粋に個人的で相互に不可入な持続という仮説」は退ける必要があると明言する。Cf. *ibid.*, p. 92.（同書、一一五頁）

251 RICŒUR Paul, *La mémoire, l'histoire, l'oubli*, édition du Seuil, 2000, p. 161.（ポール・リクール『記憶・歴史・忘却』〈上〉久米博訳、新曜社、二〇〇四年、二〇四頁）

252 *Ibid.*, p. 162.（同書、二〇四頁）

253 *Ibid.*（同書、二〇五頁）

254 DS224-225/Œ1155.

255 R123/Œ464.

256 WORMS Frédéric, « Présentation » in *Le rire*, édition critique, Presses universitaires de France, 2010, p. 9.

257 DELEUZE, *Le bergsonisme, op.cit.*, pp. 117-118.（ドゥルーズ、『ベルクソニズム』前掲書、一二六〜一二七頁）

258 従来は、「fabulation」は「仮構」「仮構作用」「想話」と、「fonction fabulatrice」は「仮構機能」と訳出されることが多い。本書では「confabulation」を「作話症」、「fabulation」を「創話」、「fonction fabulatrice」を「創話機能」と訳出する。「fabuler」という動詞の語源であるラテン語「fabula」が語る行為を意味し、また本書の議論において、「fabulation」は現実に対する仮象を意味するのではなく、むしろ後述のように現実を理解する手段としての物語の創造を意味すると判断した結果である（Cf. *Dictionnaire historique de la langue française*, tome I, sous la direction de Alain REY, Le Robert, 1992-1993, p. 771.）。「創話機能」という訳語は、佐々木健一による「fonction fabulatrice」の訳語「創話的機能」を参考にした（「アンリ・グイエ『演劇と実在』佐々木健一訳、未來社、一九九〇年」を参照）。

259 Cf. PICK Arnold, « Sur la confabulation et ses rapports avec la localisation spatiale des souvenirs », *Archives de psychologie*, tome VI, Genève, Librairie Naville, 1907, pp.141-147. ジャネは、ピックの研究が自身の〈創話〉研究の先駆けであることを語る。Cf. JANET Pierre, *L'évolution de la mémoire et la notion du temps* (1928), L'Harmattan, 2006, p. 335.

260 Cf. JANET Pierre, *De l'angoisse à l'extase* (1926), vol. I, L'Harmattan, 2008, pp. 254-275.

261 JANET, *L'évolution de la mémoire et la notion du temps, op. cit.*, p. 158.

262 *Ibid.*, p. 174.

263 *Ibid.*, p. 186.

264 *Ibid.*, p. 183. ベルクソンに倣って、ジャネからの引用も「souvenir」を「追憶」、「mémoire」を「記憶」と訳し分けるが、両者が同一の範疇でこれらの概念を使用しているわけではない。

265 *Ibid.*, p. 175.

266 Cf. *ibid.*, p. 191.

267 Cf. *ibid.*, pp. 191-192.

268 *Ibid.*, p. 193.

269 Cf. *ibid.*, p. 229.

270 *Ibid.*

271 Cf. *ibid.*, p. 219.

272 *Dictionnaire historique de la langue française, op. cit.*, p. 771.

273 *Ibid.*, p. 402.

274 『二源泉』校訂版の注では「創話機能」にフォントネル（一六五七～一七五七年）の『寓話の起源』（*De l'origine des fables*, 1684）からの影響をみている。Cf. DS418, note. 18. たしかにフォントネルは、多くの民族において「寓話（fable）」は宗教へと移行する点を述べている。Cf. FONTENELLE, *De l'origine des fables*, in *Œuvres complètes*, tome III, édités par Alain Nidert, 1989, p. 199. しかし、本書においては、後述のように、ジャネとの関係において「創話機能」について論じたい。

275 ELLENBERGER Henri, *The Discovery of the Unconscious*, BasicBooks, 1970, p. 355.（アンリ・エレンベルガー『無意識の発見』〈上〉、木村敏、中井久夫監訳、弘文堂、一九八〇年、四一二頁）

276 DS242/Œ1169.

277 江口重幸「臨床現場における物語と声——ジャネの「想話機能」を手がかりに」『ナラティブと医療』所収、江口重幸、斎藤清二、野村直樹編、二〇〇六年、金剛出版、三七頁、注3。

278 DS97/Œ1056.

279 DS126/Œ1077-1078.

280 DS127/Œ1078.

281 DS136/Œ1086.

282 DS136/Œ1086.

283 DS145/Œ1093.

284 DS145/Œ1093.

285 DS112/Œ1067.

286 DS111/Œ1066.

287 DS112/Œ1067.

288 DS206/Œ1141.

289 Cf. DHEUR Pierre, *Les hallucinations volontaires*, Société d'éditions scientifiques, 1899, pp. 102-103.

290 DS113/Œ1067.

291 とりわけ『創造的進化』第二章で、こうした議論が展開される。

292 Cf. EC177-178/Œ645.

293 DS119/Œ1072.

294 DS124/Œ1076.
295 DS126/Œ1078.
296 *Ibid.*
297 DS129-130/Œ1080-1081.
298 むしろ何かを禁止する法の背後にも、その法を制定する司法官の人格を人間はイメージするとベルクソンは指摘する。Cf. DS131/Œ1028.
299 DS136/Œ1086.
300 DS141/Œ1089.
301 DS137/Œ1087.
302 DS142/Œ1090.
303 DS154-155/Œ1100.
304 DS187/Œ1126.
305 DS162-163/Œ1107.
306 DS165-166/Œ1109.
307 Cf. GOUHIER, *Bergson et le Christ des évangiles. op. cit.*
308 Cf. GOUHIER Henri, *Le théâtre et l'existence* (1952), Vrin, 2002, pp. 163-170.（グイエ『演劇と実在』前掲書、二〇九～二一六頁）
309 Cf. CARIOU, *Bergson et le fait mystique, op. cit.*, p. 134.
310 Cf. WORMS, *Bergson ou les deux sens de la vie, op. cit.*, p. 290.
311 Cf. GODDARD Jean-Christophe, « Fonction fabulatrice et faculté visionnaire. Le spectre de l'élan vital dans *Les Deux sources* » in *Bergson et la religion : Nouvelles perspectives sur* Les Deux Sources de la morale et de la religion, sous la direction de Ghislain WATERLOT, Presses universitaires de France, 2008, pp. 98-99.
312 DS285/Œ1203.
313 DS122/Œ1075.
314 EC46/Œ534.
315 「縁」概念をめぐって、ウィリアム・ジェイムズの影響をベルクソンに認めることができる。『心理学原理』九章で、「縁」について以下のように論じられる。通常の世界は、水のように流れる断絶のない充実した連続体として構成される。意識内でなんらかの対象について感覚的イメージが形成されると、連続体であった世界は、感覚が捉えられるものとそれ以外のものという選別により、陰影に富む世界が作り上げられると語られる。そのとき、感覚の対象のイメージと意識の流れ全体とを接合し、意識の流れからイメージの孤立を防ぐのが「縁（fringe）」だと言われる。その際、ジェイムズは、イメージを取り囲む「縁」を、そのイメージに関する「認識」として規定した。要するに、地である世界全体内で感覚によって図として捉えられる対象が、世界全体から分節されると同時に完全には切り離されない状態を説明するものが、「縁」という枠取りである（Cf. William JAMES, *Principles of psychology*, vol. I, Macmillan, 1891, pp. 284-285.）。

316 Cf. MM90/Œ230.

317 このように、本来対比されうる二つの項をつなぐものとして、ベルクソンは「縁」という言葉を使用する。ベルクソンのこうした用法に意識的だったのが、ミシェル・セール（一九三〇〜二〇一九年）だ。セールは、光の「明暗」の区分の曖昧さについて触れ、「明暗」の区分は、大気や乱流の流体がない場合などの例外的状況でのみ判別可能であり、通常は瞭然と区分できないと述べる。そして、「明暗」は境界で隔てられると同時に境界により接合されており、それゆえ事物が「流動的境界」をもち、そのことをベルクソンは直観していたとセールは説く。セールはベルクソンのこうした思考を「拡散的認識理論」と命名する。じっさいベルクソンは「縁」について説明する際、「光」に関する語彙を多用する。Michel SERRES, *Le passage du nord-ouest, Hermès V*, Minuit, 1980, p. 46-47.（ミシェル・セール『北西航路〈ヘルメスV〉』青木研二訳、法政大学出版局、一九九一年、四六〜四七頁）

318 静的宗教から動的宗教への経路が示されることで、両者の区別をあいまいなものにしてしまうという指摘がある。神学者アルフレッド・ロワジー（一八五七〜一九四〇年）は、静的宗教と動的宗教という区分は本当に歴史上の宗教的展開と一致するのかどうか、静的なものと動的なものは宗教の原初からの二つの側面にすぎないのではないかと疑問を呈し、ベルクソンが打ち立てる宗教の区別を恣意的なものであると批判した。だが、ベルクソンは必ずしも静的宗教から動的宗教への直線的な移行を考えているわけではなく、むしろ静的宗教が支える社会のなかで、「あいだを置いて」傑出した魂の持ち主が現れることを語っていた。Cf. LOISY Alfred, *Y a-t-il deux sources de la religion et de la morale* (1933), 2ème édition revue et augmentée, Nourry, 1934, p. VII.

319 Cf. VIOLETTE René, *La spiritualité de Bergson : Essai sur l'élaboration d'une philosophie spirituelle dans l'œuvre d'Henri Bergson*, Toulouse, Éditions Édouard Privat, 1968, p. 443.

320 Cf. DS250/1170.

321 MM15/Œ172.

322 DS186/Œ1125-1126.

323 DS112/Œ1066.

324 R1／CE387.

325 R49／CE417-418.

326 R38／CE410.

327 R128／CE467. ベルクソンが語る、「ひとがもつ人格」と「もっていたかもしれない人格」という区別は、「詩的想像力」という表現から推察するに、アリストテレスが『詩学』第九章で展開した、「じっさいに起こったこと」を語る歴史家の方法と「起こりうるようなこと」を語る詩人の方法との区別を踏襲したものだろう（アリストテレス『アリストテレス全集18弁論術 詩学』堀尾耕一、野津悌、朴一功訳、岩波書店、二〇一七年、五〇七頁）。加えて『詩学』では、詩人の創作の基盤に模倣の手法があると繰り返し語られる。この点を考慮すれば、「もっていたかもしれない人格」の選択について語りながら、ベルクソンの眼には、作中人物の創造する行為と模倣行為とが不可分な関係を築くようにも映ったと言える。副博士論文として『アリストテレスの場所論』（*Quid Aristoteles de loco senserit*, 1889）が提出され、ほとんどの著作でアリストテレスの名が記されることからわかるように、ベルクソンにとって、アリストテレスは常に思索の指標である。「詩的想像力」についてその名は挙げられないものの、『笑い』冒頭で、笑いはアリストテレス以来哲学の問題であると述べられ、アリストテレスは『笑い』における思索の重要な源泉となっている。

328 EC100-101／CE579-580.

329 EC258／CE713.

330 DS30／CE1003-1004.

331 DS85／CE1046.

332 杉山も「呼びかけ」の特徴として「人称的＝人格的」である点を挙げ、ベルクソンにおいては「「呼びかけ」には常に「誰」が伴っている」ことが指摘される。加えて「呼びかけ」に応じて記述される「われわれ」という語も、単に叙述上の一人称複数なのではなく、「ある呼びかけに相関して規定された共同体」を指示すると杉山は語る。Cf. 杉山『ベルクソン：聴診する経験論』前掲書、三〇四〜三〇五頁。

333 ピエール・フォンタニエ（一七六五〜一八四四年）も、『言説の文彩』（*Les figures du discours*, 1821-1830）で「創話」について言及する際、「人格化〔人物化〕（personnification）」について触れる。そのうえで以下のように語る。「だが、創話という語で理解すべきなのは、現実の人物の代わりの、冗談で生み出された虚構的人物のみだろうか。併せてこの人物に関して語られるすべてのこと、この人物に帰属されるすべての行為、さらに総じて彼に課されるすべての役割を理解せねばならないように思われる」。フォンタニエの場合は「創話」の効果として、第一に人格をつくること、第二に人格にまつわる行為や役割が表されることを挙げる。ベルクソンの場合も、第二の点のようにひとつの人格の行為や役割の創出を〈創話機能〉の性質として考える。Cf. FONTANIER Pierre, *Les figures du*

discours (1821-1830), introduction par Gérard GENETTE, Flammarion, 1977, pp. 406-408.
334 DS102／Œ1059-1060.
335 Cf. DS67／Œ1032.
336 PM181／Œ1395.
337 PM181／Œ1396.
338 PM179／Œ1394.
339 PM213-214／Œ1421-1422.
340 DS251-252／Œ1176-1177.
341 DS57／Œ1024.
342 DS57／Œ1024-1025.
343 DS58／Œ1025.
344 DS58／Œ1025.
345 DS58／Œ1025.
346 Cf. EC332／Œ776.「瞬間写真」とは、露光に数分かかっていたダゲレオタイプやカロタイプで撮影した肖像写真ではなく、ゼラチン乾板などで一瞬の運動などを撮影した写真を指す。『創造的進化』で、科学的思考は運動を捉えることができず、科学的思考は、運動そのものを運動が経過する軌道上の各瞬間のつながりとして認識すると語られていた。それはまるで馬のギャロップを撮影した「瞬間写真」のようだ、とベルクソンは指摘する。換言すれば、運動を諸瞬間に分解してしまう人間の思考の限界を説明するために、「瞬間写真」という比喩が用いられる。この引用における「瞬間写真」という語彙により、富という倫理的な主題が、運動と停止という問題設定へと吸収されているのがわかる。
347 DS247／Œ1173.
348 DS249／Œ1174. アントニー・フヌイユは、こうした神の愛の二重の性質、そして変化の連続としての「人格」とその起源にある「感動」を、「実現された矛盾」の実態として提示する。Cf. *Bergson : Mystique et philosophie*, Presses universitaires de France, 2011, pp. 118-119.
349 CERTEAU Michel de, *Le lieu de l'autre : Histoire religieuse et mystique*, coll. Hautes études, Gallimard/Seuil, 2005, pp. 51-52.
350 あるいは、二つの言葉の相反する方向により言語に「亀裂」を引き起こすのと反対に、複数の意味を含んだひとつの語を使用する場合も考えられる。たとえば、『火の精神分析』（*La psychanalyse du feu*, 1938）でガストン・バシュラール（一八八四〜一九六二年）は、「火」という言葉の両義性を分析した。火は「相反する二つの価値づけ」を受け入れるものであり、「楽園」で輝きつつ「煉獄」で燃える。「優しさ」であると同時に「責苦」であり、「守護」でありながら「残酷」であるゆえに、火は「自己矛盾」することができる「説明原理」だと彼は語る。神秘家が炎の比喩を用いる例が多数見られるのは、鶴岡も指摘するように、熱が移っていくことで接触する両者の同質性が高まり、交感を可能にするからである（鶴岡『十字架のヨハネ研究』前掲著、二四一頁）。「火」の両義性は、「言い難いもの」をひとつの意味に還元せず表現することを可能にする。Cf. BACHELARD Gaston. *La psychanalyse du feu*, Gallimard, 1949, p. 19.（ガストン・バシュラール『火の精神分析』前田耕作訳、せりか書房、一九六九年、二一～二二頁）。すでにみたように、『二源泉』では道徳の波及は「火」が広がる様子として表現され、「火の文字」という表現も用いられていた。

351 DS268-269/Œ1190.

352 Cf. DS269/Œ1190.

353 DS269/Œ1190-1191.

354 ピエール・トロティニョンは、ベルクソン哲学におけるシンボルは二重の役割を担っていると指摘する。シンボルであるところの言語は、それが、「現実の運動についての凝固した記号」である一方、「生命的なもの想像する自発性」を示し、前者は否定的性質のものであり、後者は肯定的性質のものだと彼は語る。Cf. TROTIGNON Pierre, *L'idée de vie chez Bergson et la critique de la métaphysique*, Presses universitaires de France, 1968, p. 606.

355 Cf. ピエール＝マクシム・シュル『機械と哲学』粟田賢三訳、岩波書店、一九七二年。

356 ベルクソンを技術哲学との関係から考察した研究として、米虫正巳「フランス技術哲学の中のベルクソン」（『思想：ベルクソン生誕150年』所収、岩波書店、二〇〇九年、一五二～一七〇頁）が挙げられる。米虫は、カンギレムなどと対比しながら、ベルクソンがもつ技術哲学的側面に光を当てている。

357 WORMS, *Bergson ou les deux sens de la vie. op.cit.* p. 312

358 VIEILLARD-BARON Jean-Louis, « Le mysticisme comme cas particulier de l'analogie chez Bergson », in *Bergson et la religion : Nouvelles perspectives sur* Les deux sources de la morale et de la religion, Presses universitaires de France, 2008, p. 244.

359 CARIOU, *Bergson et le fait mystique, op.cit*, p. 130.

360 アントニー・フヌイユやクリスティアンヌ・バーカー・オクポベは、〈機械〉についてほとんど言及しない。またアンヌ・ドゥヴァリウは、「暗夜」の該当箇所を引用しつつも〈機械〉には解釈を加えない。Cf. DEVARIEUX Anne, « Henri Bergson ou la « seconde vie » de l'effort biranien », in *Considérations inactuelles : Bergson et la philosophie française du XIXe siècle*, OLMS, Hildensheim, 2017, pp. 41-42. 管見の及ぶ限りでは、ギラン・ワテルロも〈機械〉への言及はきわめて限定的である。

361 『試論』や『物質と記憶』では、人間の習慣的反応について「機械的」という言葉が用いられる箇所がある。DI13/Œ16 および MM125/Œ258。

362 R8/Œ391.

363 ベルクソンは古典的な機械論と目的論とをともに否定しつつも、「迂回・拡散・分岐」からなる「目的なき目的論」ないし「創造的目的論」と呼べるものを念頭においていた、と藤田尚志は指摘する。この議論については、藤田尚志「ベルクソンと目的論の問題――『創造的進化』百周年を迎えて」（『フランス哲学・思想研究』第十二号所収、二〇〇七年、一二一～一三二頁）を参照。

364 EC90/ Œ571.

365 *Ibid.*

366 EC89/Œ570.

367 EC15/Œ396.

368 EC89/Œ570.

369 EC142/Œ614.

370 『試論』では、数字がはらむ多数性と、その多数性をひとつの単位として認識する直観の単一性とが対置されていた。Cf. DI54-55/Œ51. また、ベルクソンの講義録に遡れば、まさに脳という器官の複雑性について言及されている。Cf. BERGSON Henri, *Leçons de psychologie et de métaphysique*, Presses universitaires de France, 1990, p. 363.（ベルクソン『ベルクソン講義録Ⅰ：心理学講義 形而上学講義』前掲書、三五八～三五九頁）

371 EC95/Œ575-576.

372 前述のように、一九〇四年のラヴェッソンについての講演には、「鉄の削り屑が磁石によってひとつの調和した線を描くように」という表現があったが、これは複数のものがひとつの方向を向くという意味で用いられている。それゆえこの一九〇四年の表現は、『創造的進化』で使用される「鉄の削り屑のなかを進む手」の比喩ほど明確に、「複雑さ」と「単純さ」の共存を示すものではない。

373 EC88/Œ570.

374 EC55/Œ541.

375 Jean de la Croix, *La montée du Mont Carmel*, in *Œuvres complètes*, *op. cit*, p. 187. 訳文は鶴岡によるもの（鶴岡『十字架のヨハネ研究』前掲書、一三六頁）を参照した。合一経験が「暗夜」である理由は三つ挙げられる。第一に感覚を拒否せねばならないゆえに、第二に神との一致は信仰の領域にあり悟性の外にあるので、第三に神は人間の理解を超えるので、現世の魂にとって合一経験は「暗夜」であると、十字架の聖ヨハネは述べる Cf. *ibid*. pp.188-189.（十字架の聖ヨハネ『カルメル山登攀』奥村一郎訳、改訂版、ドン・ボスコ社、二〇一二年、四四～四五頁）。
376 BARUZI, *Saint Jean de la Croix et le problème de l'expérience mystique, op. cit.*, p. 372.
377 鶴岡『十字架のヨハネ研究』前掲著、二七〇頁。
378 Jean de la Croix, *La vive flamme d'amour*, in *Œuvres complètes, op. cit.*, p. 994.（十字架の聖ヨハネ『愛の生ける炎』ペドロ・アルペ、井上郁二訳、山口女子カルメル会（改訳）、新装改訂版、ドン・ボスコ社、二〇一六年、一八〇頁）
379 *Ibid.*, p. 958.（同書、一一五頁）
380 *Ibid.*, p. 994.（同書、一八〇頁）
381 DS243/CE1170.
382 DS243-244/ CE1170.
383 DS244/CE1171.
384 Jean de la Croix, *La montée du Mont Carmel*, in *Œuvres complètes, op. cit.*, p. 232. 訳文は、鶴岡によるもの（鶴岡『十字架のヨハネ研究』前掲書、二九頁、註4）を参照した。
385 DS233/CE1162.
386 DS99/CE1057.
387 DS245/CE1171-1172.
388 DS245-246/CE1172.
389 ベルクソンによるプロティノスへのこうした評価は、講師時代にはすでに定まっている。一八九八年か一八九九年と推定される、高等師範学校時代のプロティノスに関する講義では、行動が「観相」の弱まりである、というプロティノスの言葉が引用される。Cf. BERGSON Henri, *Cours IV*, Presses universitaires de France, 2000, pp. 33-34.（アンリ・ベルクソン『ベルクソン講義録：ギリシャ哲学講義』合田正人、高橋聡一郎訳、法政大学出版局、二〇〇一年、二三～二四頁）
390 DS234/CE1163.
391 PM217/CE1425.
392 DS246/CE1172.
393 Cf. DERRIDA Jacques, *Foi et savoir, suivi de Le Siècle et le Pardon*, Seuil, 2001, p. 63.（ジャック・デリダ『信と知：単なる理性の限界における「宗教」の二源泉』湯浅博雄、大西雅一郎訳、未來社、一〇八頁）付言すれば、この著作内には、現代における戦争の技術的・機械的性格についての分析が散見される。

394 この面会において、フランスは「神秘的な雰囲気」に包まれており、アメリカからの「メッセージ」、つまり参戦の意向を聞く準備があるとベルクソンはウィルソンに対して発言している。Cf. SOULEZ Philippe, *Bergson politique*, Presses universitaires de France, 1989, p. 55.

395 M1107.

396 M1108.

397 Cf. BECKER Jean-Jacques et KRUMEICH Gerd, *La Grande Guerre : une histoire franco-allemande*, Édition Tallandier, 2012, p. 105.（ジャン＝ジャック・ベッケール、ゲルト・クルマイヒ『仏独共同通史 第一次世界大戦』〈上〉、剣持久木、西山暁義訳、岩波書店、二〇一二年、一二七頁）フランスの立場を正当化するこうしたプロパガンダ的性格の強い言説の成立には、ベルクソンの影響が指摘されている。

398 M1108.

399 *Ibid.*

400 *Ibid.*

401 M1109.

402 EC142/Œ614.

403 *Ibid.*

404 M1115.

405 *Ibid.*

406 EP446/M1151.

407 EP448/M1153.

408 EP449/M1154-1155.

409 EP449-450/M1154-1155.

410 EP450/M1155.

411 Cf. WATERLOT Ghislain, « Situation de guerre et état d'âme mystique chez Bergson. Ce que peut nous apprendre une « analogie lointaine » », in *La mystique face aux guerres mondiales*, Presses universitaires de France, 2010, p. 135.

412 Cf. *ibid.*, p. 140. ワテルロはこのように国境に限定されないという観点を取るが、フランスを起点に据えつつ、ベルクソンがこの「アナロジー」を措定していることもまた事実だ。一九一六年五月六日のマドリッド講演でも、この「アナロジー」が語られるが、そこで関係づけられるのは、「フランス国家の心理状態」と神秘経験中の神秘家の内的状態である。このマドリッド講演では、一九一五年の演説とほとんど同一とも言える論理を展開しつつ、フランスそのものと神秘家の状態が並列される。Cf. M1235.

413 Cf. *ibid.*, p. 150.

414 ワテルロの議論の問題は、『二源泉』の枠組みを一九一五年のベルクソンの言葉に当てはめることで、二つの言説を同質であるかのように扱う点にある。この立場を取った場合、ピエール・トロティニョンが指摘するように、この発言が仮にベルクソンによる「戦争プロパガンダ」であれば、『二源泉』の論理も「戦争プロパガンダ」と同等のものだという非難を受けかねない。Cf. TROTIGNON Pierre, « Bergson et la propagande de guerre » in *La réception de la philosophie allemande en France aux XIXe et XXe siècles*, Lille, Presses universitaires de Lille, 1994, pp. 207-215.

415 DS51/CE1019.

416 M1214-1215.

417 DS153/CE1099.

418 DS212/CE1146.

419 ベルクソンが兵士の姿勢を称揚し、愛国的発言を繰り返した理由は、彼のユダヤ的出自に求められるかもしれない。彼の父はポーランド系のユダヤ人であり、母もイギリスのユダヤ人の医師や知識層の家系の子孫である。Cf. SOULEZ Philipe et WORMS Frédéric, *Bergson : biographie*, Presses universitaire de France, 2002, p. 295. ベルクソンは、彼個人のユダヤ性について発言する機会はほとんどないが、フランス社会全体におけるユダヤ人の立場については、ドレフュス事件の際に語っている。そのときベルクソンは、ユダヤ人によるフランスへの同化を重要視し、国益に反してユダヤ人のみで連帯することに反対の意志を示す。Cf. MAIRE Gilbert, *Bergson mon maître*, Édition Bernard Grasset, 1935, p. 157. こうしたベルクソンの姿勢は、とりわけ第一次世界大戦の勃発によってさらに高まったと考えられる。フランス全体の状況においても、第一次世界大戦はユダヤ人たちのフランスへの帰属意識を強化し、元々同化を推進していたパリの長老会は戦争参加を呼びかけ、外国人志願兵受付初日には二万五千人以上が駆けつけた。Cf. LANDAU Philippe-E, *Les juifs de France et la Grande guerre*, CNRS, 2008, p. 40. だがベルクソンは、ユダヤ人への連帯意識を捨てたわけではない。死の二年前の一九三八年、ナチス政権による反ユダヤ主義が拡大するなか、カトリックに入信しない理由として、「ユダヤ人迫害のとてつもない波」が押し寄せているときにユダヤ人の側に残るほうがより宗教的だから、とベルクソンは述べる。Cf. CHEVALIER, *Entretiens avec Bergson*, *op. cit.*, p. 282.（シュヴァリエ『ベルクソンとの対話』前掲書、三一五頁）。このように、ユダヤ人に対するベルクソンの考えは、単に両義的という言葉では言い表せない。とはいえ、第一次大戦時点での愛国的発言の背景には、同化を重視する彼の姿勢が入り込んでいることは疑いえないだろう。

420 DS306-307/Œ1220.
421 DS302/Œ1216.
422 *Ibid.*
423 DS302/Œ1217.
424 DS302-303/Œ1217.
425 ROUSSEAU Jean-Jacques, *Discours sur l'origine et les fondements de l'inégalité parmi les hommes* (1755), in *Œuvres complètes*, tome V, sous la direction de Raymond TROUSSON et Frédéric S. EIGELDINGER, Édition Slatkine, Genève : Édition Champion, Paris, 2012, p. 144.（ジャン＝ジャック・ルソー『人間不平等起源論』本田喜代治、平岡昇訳、岩波文庫、改訳版、一九七二年、九〇頁）『人間不平等起源論』第二部では、狩りのための道具や耕作のための道具、また住居をつくる際の道具などが挙げられているが、各道具が、土地の囲い込みや家族を形成することによる私有財産の所有へと結びついている。
426 DS304/Œ1218.
427 DS305/Œ1219.
428 DS307/Œ1220.
429 ルソーの「所有」論や、「われわれの文明の産業的性格」に戦争の原因を探ろうとするベルクソンの姿勢に、フローレンス・ケメックスは注目する。第一次世界大戦時のベルクソンの言説では、当時、その只中にあった戦争がどのような「意味」をもつのかが問われていた。それに対して『二源泉』では、戦争がなぜ生じるのかという「原因」に視線が移されていると指摘される。この点もまた、ベルクソンの第一次世界大戦中の言説と『二源泉』との差異と言える。Cf. CAEYMAEX Florence, « Les discours de guerre (1914-1918), propagande et philosophie » in *Annales bergsoniennes VII : Bergson, l'Allemagnes, la guerre de 1914*, édité par Arnaud FRANÇOIS et Camille RIQUIER, coédité par Catrina ZANFI et Nadia Yala KISUKIDI, Presses universitaires de France, 2014.
430 DS307/Œ1221.
431 DS307-308/Œ1221.
432 LOMBROSO Gina, *La Rançon du machinisme*, traduite par Henri WINCKLER, Payot, 1931, p. 211.
433 MANTOUX Paul, *La Révolution industrielle au XIIIe siècle : essai sur les commencements de la grande industrie moderne en Angleterre* (1906), Édition Génin, 1959, p. 3.（ポール・マントゥ『産業革命』徳増栄太郎、井上孝治、遠藤輝明訳、東洋経済新報社、一九六四年、五〜六頁）
434 DS310/Œ1223.

435 DS249-250/CE1175.
436 DS250/CE1175.
437 DS316/CE1227.
438 DS317/CE1227.
439 DS329-330/CE1238.
440 DS329/CE1238.
441 Cf. DS52/1020, DS120CE/1073, DS179/CE1120, DS208/CE1143.
442 Cf. DS3/CE985-986.
443 『二源泉』でスペンサーが評価されるのは彼の社会進歩説に関してだが、同じく彼が主張した「社会有機体論」の影響を、『二源泉』に読み取ることも可能である。スペンサーは、社会を動物の体に比較して、社会における道徳を肉体を支える骨に譬える。Cf. SPENCER Herbert, *Social statics : or The conditions essential to human happiness specified, and first of them developed* (1851), A. M. Kelly, 1969, p. 239.
444 DS219/CE1152.
445 DS219/CE1152.
446 DS327-328/CE1237.
447 DS330/CE1238.
448 DS330/CE1239.
449 DS330-331/CE1239.
450 DS32-33/CE1005.
451 DS97/CE1056.
452 伊藤淑子は、エラン・ヴィタルとエラン・ダムールを区別し、神秘家を、あくまでもエラン・ヴィタルを乗り越えてエラン・ダムールを実現する存在として提示する。神秘家は、「「新しい種」と言われることになる。生命進化において、新しい種とは新しい有機体であり、新しい有機体が可能にする新しい行動と意識であった」と指摘される。エラン・ダムールの実現に関して神秘家の行動が重視されている。Cf. 伊藤淑子『ベルクソンと自我：自我論を通して生命と宇宙、道徳と宗教を問う』晃洋書房、二〇〇三年、一五七頁。

あとがき

本書は、二〇一九年三月に立教大学大学院に提出された博士学位申請論文『アンリ・ベルクソンにおける神秘主義――〈事実の複数線〉〈創話機能〉〈機械〉――』をもとにして、これを全面的に改稿したうえで書籍化したものである。同論文の審査を務めていただいたのは、澤田直先生、桑瀬章二郎先生、杉山直樹先生である。先生方にはここで改めて心から感謝を申し上げたい。口頭試問の際には、論文の根幹に関わる質問をいくつも頂戴した。そうした質問への応答として本書を書き上げる作業をおこなったのだが、いただいた質問に明確に回答できているか否か、いまだに不安が残っているのが正直な気持ちである。博士学位申請論文を構成したもの、または本書の一部となっているものは、以下の既発表論文である。

・「L'analogie entre le soldat et le mystique chez Bergson」（修士学位論文）トゥールーズ第二大学、二〇一二年。
・「ベルクソンにおける〈仮構作用〉と神秘経験」『立教大学フランス文学』四五号、二〇一六年、八十七～一〇五頁。
・「20世紀前半期フランスにおける神秘主義研究の諸相」『立教大学フランス文学』四七号、二〇一八年、九十三～一一七頁。

・「神秘家が機械になるとき――ベルクソンにおける生命進化と暗夜における単純性」『フランス哲学・思想研究』二五号、二〇二〇年、一六〇～一七二頁。

いずれの論文においても、博士学位申請論文に組み入れる際、そして本書にまとめる際に、大幅な加筆・修正、論旨の組み換えもおこなった。

本書を書き上げたあとでも、力が及ばない部分が多いことは認めざるを得ない。突き詰めて考えるべき点もいまだ残されている。それでも本書が、日本のベルクソン研究にわずかでも資することを願うばかりである。

著者がベルクソンと初めて出会ったのは、前田英樹先生の著作を読んだときだった。前田先生が記すベルクソンの哲学に興味を持ち、立教大学に入学したのちには、ベルクソンを講読する大学院の授業に出席を許していただいた。講読されていたのは『物質と記憶』の第四章だったのを憶えている。前田先生には、ベルクソンを読むことがどれほど充実した学びであるかを教わった。前田先生が学部を移られるタイミングで、新しく立教大学に赴任されたのが澤田直先生だった。それ以来、澤田先生には、留学などを挟みながら、ずっと指導していただいた。ベルクソンに限らず、より広い視野で哲学・人文学を研究することを教えていただいたように思う。博士論文執筆では、指導教授として絶えず的確な助言をくださり、論文の完成まで導いていただいた。

留学先の大学でのベルクソンをめぐるシンポジウムで初めてお会いしたのが、合田正人先生である。合田先生のおかげで、ベルクソンの『笑い』の翻訳に参加することができた。翻訳作業は、それまで読んでいたベルクソンの姿が、また別の角度から照らされたような発見の連続だった。そして中村弓子先生には、学会での発表のコメンテーターを務めていただき、投稿論文への感想のお手紙を頂戴した。ベルクソンの神秘主義において、トンケデクとの出会いの重要性をご指摘いただいたのも中村先生である。

　その他にも、学部生時代から変わらずお世話になっている立教大学文学部フランス文学専修の先生方にも、改めて感謝を述べたい。また同専修の先輩、同輩、後輩からも日頃から影響を受け、研究の励みとなることが大変多かった。そして、ベルクソン哲学研究会に携わる先生方、同年代の研究者の方々にも感謝を捧げたい。とりわけ藤田尚志先生、平井靖史先生、村山達也先生には発表の機会を設けていただき、司会を務めていただくなど、さまざまな場面でお力添えをいただいた。研究会で交わされる刺激的な意見は、本書を執筆するうえでも大変参考になるものばかりだった。

　また周囲の友人たちにもここで感謝したい。黒木秀房、森本悠人両氏には博士論文を執筆する際に原稿に目を通していただき、さまざまなアドバイスをいただいた。

　そして本書を出版するにあたって、論創社の志賀信夫氏に一貫してご尽力いただいた。本書が読者にとって少しでも読みやすいものとなったのであれば、氏の助言のおかげである。

平賀裕貴

本書は令和三年度の立教大学出版助成により刊行された。関係者各位に感謝したい。

参考文献一覧

引用・言及したものの他に、本書を執筆するうえで示唆を受けたものを含めて記載している。

1．【ベルクソンの著作】

（1）書籍

Essai sur les données immédiates de la conscience (1889), édition critique, Presses universitaires de France, 2007.

Matière et mémoire (1896), édition critique, Presses universitaires de France, 2010.

Le rire (1900), édition critique, Presses universitaires de France, 2010.

L'évolution créatrice (1907), édition critique, Presses universitaires de France, 2009.

L'énergie spirituelle (1919), édition critique, Presses universitaires de France, 2009.

Les deux sources de la morale et de la religion (1932), édition critique, Presses universitaires de France, 2008.

La pensée et le mouvant (1934), édition critique, Presses universitaires de France, 2009.

Œuvres (1959), textes annotés par André ROBINET, introduction par Henri GOUHIER, Presses universitaires de France, 1984.

（2）死後刊行論集、講義録、書簡集、その他

Écrits et paroles, vol.3, textes rassemblés par Rose-Marie MOSSÉ-BASTIDE, Presses universitaires de France, 1957-1959.

Mélanges (1972), textes publiés et annotés par André ROBINET, avec la collaboration de Rose-Marie MOSSÉ-BASTIDE, Martine ROBINET et Michel GAUTHIER, avant-propos par Henri GOUHIER, Presses universitaires de France, 1984.

Cours I, Leçons de psychologie et de métaphysique, édition par Henri HUDE avec la collaboration de Jean-Louis DUMAS, avant-propos par Henri GOUHIER, Presses universitaires de France, 1990.（アンリ・ベルクソン『ベルクソン講義録Ⅰ：心理学講義 形而上学講義』合田正人、谷口博史訳、法政大学出版局、一九九九年）

Cours II, Leçons d'esthétique : Leçons de morale, psychologie et métaphysique, édition par Henri HUDE avec la collaboration de Jean-Louis DUMAS, Presses universitaires de France, 1992.（アンリ・ベルクソン『ベルクソン講義録Ⅱ：美学講義　道徳学・心理学・形而上学講義』合田正人、谷口博史訳、法政大学出版局、二〇〇〇年）

Cours III, Leçons d'histoire de la philosophie moderne : Théories de l'âme, édition par Henri HUDE, avec la collaboration de Jean-

Louis DUMAS, Presses universitaires de France, 1995.（アンリ・ベルクソン『ベルクソン講義録Ⅲ：近代哲学史講義 霊魂論講義』合田正人、江川隆男訳、法政大学出版局、二〇〇〇年）
Cours IV, Cours sur la philosophie grecque, édition par Henri HUDE, avec la collaboration de Françoise VINEL, Presses universitaires de France, 2000.（アンリ・ベルクソン『ベルクソン講義録Ⅳ：ギリシャ哲学講義』合田正人、高橋聡一郎訳、法政大学出版局、二〇〇一年）
Correspondances, textes publiés et annotés par André ROBINET, avec la collaboration de Nelly BRUYÈRE, Brigitte SITBON-PEILLON, Suzanne STERN-GILLET, Presses universitaires de France, 2002.（アンリ・ベルクソン『ベルクソン書簡集Ⅰ』合田正人監修、ボアグリオ治子訳、法政大学出版局、二〇一二年）
Écrits philosophiques, édité par Frédéric WORMS, Presses universitaires de France, 2011.
Histoire de l'idée de temps : cours au collège de France, 1902-1903, édition par Camille RIQUIER, sous la direction de Frédéric WORMS, Presses universitaires de France, 2017.（アンリ・ベルクソン『時間観念の歴史：コレージュ・ド・フランス講義 1902-1903年度』藤田尚志、平井靖史、岡嶋隆祐、木山裕登訳、書肆心水、二〇一九年）
L'évolution du problème de la liberté : cours au collège de France, 1904-1905, édition par Arnaud FRANÇOIS, sous la direction de Frédéric WORMS, Presses universitaires de France, 2017.
Histoire des théories de la mémoire : cours au collège de France, 1903-1904, édition par Arnaud FRANÇOIS, sous la direction de Frédéric WORMS, Presses universitaires de France, 2018.
L'idée de temps : cours au collège de France, 1901-1902, édition par Gabriel MEYER-BISCH, sous la direction de Frédéric WORMS, Presses universitaires de France, 2019.

2.【ベルクソン研究】

（1）ベルクソン研究・年鑑

Études bergsoniennes : Hommage à Henri Bergson (1859-1941) (1941), Presses universitaires de France, 1942.
Les études bergsoniennes I (1948), Presses universitaires de France, 1968.
Les études bergsoniennes II (1949), Presses universitaires de France, 1968.
Les études bergsoniennes III (1952), Presses universitaires de France, 1968.
Les études bergsoniennes IV (1956), Presses universitaires de France, 1968.

Les études bergsoniennes V, Presses universitaires de France, 1960.
Les études bergsoniennes VI, Presses universitaires de France, 1961.
Les études bergsoniennes VII, Presses universitaires de France, 1966.
Les études bergsoniennes VIII, Presses universitaires de France, 1968.
Les études bergsoniennes IX, Presses universitaires de France, 1970.
Les études bergsoniennes X, Presses universitaires de France, 1973.
Les études bergsoniennes XI, Presses universitaires de France, 1976.
Annales bergsoniennes I, Bergson dans le siècle, édité et présenté par Frédéric WORMS, Presses universitaires de France, 2002.
Annales bergsoniennes II, Bergson, Deleuze, la phénoménologie, édité et présenté par Frédéric WORMS, Presses universitaires de France, 2004.
Annales bergsoniennes III, Bergson et la science, édité et présenté par Frédéric WORMS, Presses universitaires de France, 2007.
Annales bergsoniennes IV, L'évolution créatrice 1907-2007 : épistémologie et métaphysique, édité et présenté par Anne FAGOT-LARGEAULT et Frédéric WORMS, avec Arnaud FRANÇOIS et Vincent GUILIN, Presses universitaires de France, 2008.
Annales bergsoniennes V, Bergson et la politique : de Jaurès à aujourd'hui, préface de Vincent PEILLON, édité par Frédéric WORMS, Presses universitaires de France, 2012.
Annales bergsoniennes VI, Bergson, le Japon, la catastrophe, édité par Shin ABIKO, Arnaud FRANÇOIS et Camille RIQUIER, Presses universitaires de France, 2013.
Annales bergsoniennes VII, Bergson, l'Allemagne, la guerre de 1914, édité par Arnaud FRANÇOIS et Camille RIQUIER, coédité par Catrina ZANFI et Nadia Yala KISUKIDI, Presses universitaires de France, 2014.
Annales bergsoniennes VIII, Bergson, la morale, les émotions, édité par Arnaud FRANÇOIS et Camille RIQUIER, coédité par Ghislain WATERLOT et Anthony FENEUIL, Presses universitaires de France, 2017.
Annales bergsoniennes IX, Bergson et les écrivains, édité par Arnaud FRANÇOIS, Clément DIRARDI et Camille RIQUIER, Presses universitaires de France, 2020.

（２）伝記的研究・ベルクソンを主題にした研究

【欧文】

ADOLPHE Lydie, *La dialectique des images chez Bergson*, Presses universitaires de France, 1946.

AZOUVI François, *La gloire de Bergson : essai sur le magistère philosophique*, Presses universitaires de France, 2007.

BAKA OKPOBÉ Christine, *Élan vital et mystique dans la pensée d'Henri Bergson*, Strasbourg, Presses universitaires de Strasbourg, 2016.

BENRUBI Isaac, *Souvenirs sur Henri Bergson*, Delachaux et Niestlé, 1942.

BIANCO Giuseppe, *Après Bergson*, Presses universitaires de France, 2015.

CAEYMAEX Florence, « Les discours de guerre (1914-1918). Propagande et philosophie » in *Annales bergsoniennes VII : Bergson, l'Allemagnes, la guerre de 1914*, édité par Arnaud FRANÇOIS et Camille RIQUIER, coédité par Catrina ZANFI et Nadia Yala KISUKIDI, Presses universitaires de France, 2014.

CARIOU Marie, *Bergson et le fait mystique*, Aubier Montaigne, 1976.

——, *Bergson et Bachelard*, Presses universitaires de France, 1998.

——, *Lectures bergsoniennes*, Presses universitaires de France, 1990,

CHEVALIER Jacques, *Bergson*, Plon, 1926.

——, *Entretiens avec Bergson*, Plon, 1959.（ジャック・シュヴァリエ『ベルクソンとの対話』仲沢紀雄訳、新装版、みすず書房、二〇〇八年）

CORNIBERT Nicolas, *Image et matière : essai sur la notion d'image dans* Matière et mémoire *de Bergson*, Hermann, 2012.

DELATTRE Floris, « Bergson et Proust : accords et dissonances », in *Les études bergsoniennes I*, Presse universitaires de France, 1968.

DELEUZE Gilles, *Le bergsonisme*, 2ème éd., Presses universitaires de France, 1968.（ジル・ドゥルーズ『ベルクソニズム〈新訳〉』檜垣立哉、小林卓也訳、法政大学出版局、二〇一七年）

——, « La conception de la différence chez Bergson » in *L'île déserte et autres textes : textes et entretiens 1953-1974*, édition préparée par David LAPOUJADE, Minuit, 2002.（ジル・ドゥルーズ「ベルクソンにおける差異の概念」前田英樹訳、『無人島』所収、前田英樹監修、河出書房新社、二〇〇三年）

——, « Bergson, 1859-1941 » in *L'île déserte et autres textes : textes et entretiens 1953-1974*, édition préparée par David LAPOUJADE,

Minuit, 2002.（ジル・ドゥルーズ「ベルクソン 1859-1941」前田英樹訳、『無人島』所収、前田英樹監修、河出書房新社、二〇〇三年）
DEVARIEAUX Anne, « Henri Bergson ou la « seconde vie » de l'effort biranien », in *Considérations inactuelles : Bergson et la philosophie française du XIXe siècle*, OLMS, Hildensheim, 2017.
DIDI-HUBERMAN Georges, « La danse de toute chose » in *Mouvements de l'air : Étienne-Jules Marey, photographe des fluides*, Gallimard : Réunion des Musées nationaux, 2004.
FENEUIL Anthony, *Bergson : Mystique et philosophie*, Presses universitaires de France, 2011.
FRADET Pierre-Alexandre, *Derrida-Bergson : sur l'immédiateté*, Hermann, 2014.
GODDARD Jean-Christophe, « Fonction fabulatrice et faculté visionnaire. Le spectre de l'élan vital dans *Les Deux sources* » in *Bergson et la religion : Nouvelles perspectives sur* Les Deux Sources de la morale et de la religion, sous la direction de Ghislain WATERLOT, Presses universitaires de France, 2008.
GOUHIER Henri, *Bergson et le Christ des évangiles*, Fayard, 1961.
——, *Bergson dans l'histoire de la pensée occidentale*, Vrin, 1989.
GUITTON Jean, *La vocation de Bergson*, Gallimard, 1960.
Henri HUDE, *Bergson*, 2 tomes, Éditions universitaires, 1989-1990.
JANKÉLÉVITCH Vladimir, *Henri Bergson* (1959), Presses universitaires de France, 2008.（ウラジーミル・ジャンケレヴィッチ『増補新版：アンリ・ベルクソン』桑田禮彰、阿部一智訳、新評論、一九九七年）
LATTRE Alain de, *Bergson, une ontologie de la perplexité*, Presses universitaires de France, 1990.
LE ROY Édouard, *Une philosophie nouvelle : Henri Bergson* (1912), Alcan, 1914.
LOISY Alfred, *Y a-t-il deux sources de la religion et de la morale ?* (1933), 2ème édition revue et augmentée, Nourry, 1934.
MAIRE Gilbert, *Bergson mon maître*, Edition Bernard Grasset, 1935.
MARITAIN Jacques, *La philosophie bergsonienne : études critiques*, seconde édition (1914), M. Rivière, 1930.
MOSSÉ-BASTIDE Rose-Marie, *Bergson éducateur*, Presses universitaires de France, 1955.
PHILONENKO Alexis, *Bergson ou De la philosophie comme science rigoureuse*, Cerf, 1992.
POLITZER Georges, *Le bergsonisme, une mystification philosophique*, Éditions sociales, 1959.
——, *La fin d'une parade philosophique, le bergsonisme*, édité par Jean-Jacques PAUVERT, Libertés nouvelles, 1967.
——, *Contre Bergson et quelques autres écrits philosophiques*, Flammarion, 2013.

MERLEAU-PONTY Maurice, *L'Union de l'âme et du corps, chez Malebranche, Biran et Bergson* (1968), recueillies et rédigées par Jean DEPRUND, 1978.（モーリス・メルロ＝ポンティ『心身の合一：マールブランシュとビランとベルクソンにおける』滝浦静雄、中村史郎、砂原陽一訳、ちくま学芸文庫、二〇〇七年）
RIQUIER Camille, *Archéologie de Bergson : Temps et métaphysique*, Presses universitaires de France, 2009.
SEGOND Joseph, *L'intuition bergsonienne* (1913), Alcan, 1930.
SOULEZ Philippe et WORMS Frédéric, *Bergson : biographie,* Presses universitaires de France, 2002.
SOULEZ Philippe, *Bergson politique,* Presses universitaires de France, 1989.
THIBEAUDET Albert, *Le bergsonisme*, 2 tomes, Nouvelle revue française, 1923.
TONQUÉDEC Joseph de, *Sur la philosophie bergsonienne*, Beauchesne, 1936.
TROTIGNON Pierre, *L'idée de vie chez Bergson et la critique de la métaphysique*, Presses universitaires de France, 1968.
——, « Bergson et la propagande de la guerre » in *La Réception de la philosophie allemande en France aux XIXe et XXe siècles*, édité par Jean QUILLIEN, Lille, Presses universitaires de Lille, 1994.
VERDEAU Patricia, *La personnalité au centre de la pensée bergsonienne*, Louvain, Éditions Peetres, 2011.
VIOLETTE René, *La spiritualité de Bergson : Essai sur l'élaboration d'une philosophie spirituelle dans l'œuvre d'Henri Bergson*, Toulouse, Éditions Édouard Privat, 1968.
WATERLOT Ghislain, « Dieu est-il transcendant ? Examen critique des objections du P. de Tonquédec adressées à « l'auteur de L'Évolution créatrice » », *Archives de Philosophie*, tome 71, Centre Sèvres, 2008. Mis en ligne le 20 octobre 2008, consulté le 20 août 2018. URL : https://doi.org/10.3917/aphi.712.0269
WORMS Frédéric, *Introduction à matière et mémoire de Bergson*, Presses universitaires de France, 1997.
——, *Bergson ou les deux sens de la vie*, Presses universitaires de France, 2004.
——, « Bergson et ses contemporains : le problème philosophique de l'homme entre vie et connaissance » in *Le moment 1900 en philosophie*, réunis sous la direction de Frédéric WORMS, Lille, Presses universitaires du Septentrion, 2004.
——, « La conversion de l'expérience », ThéoRémes［En ligne］, Philosophie. Mis en ligne le 12 juillet 2010, consulté le 24 juillet 2017. URL : http://theoremes.revues.org/76 ; DOI : 10.4000/theoremes.76
ZANFI Caterina, *Bergson et la philosophie allemande : 1907-1932*, Armand Colin, 2013.

【邦文】

石井敏夫『ベルクソン化の極北：石井敏夫論文集』理想社、二〇〇七年。

伊東俊彦「創造としての自由：ベルクソン『道徳と宗教の二源泉』における社会論」『社会思想史学会年報』四〇号所収、社会思想史研究、二〇一六年。

澤瀉久敬『ベルクソンの科学論』（一九六八年）、中央公論新社、一九七九年。

菊池和宏『「社会」の誕生：トクヴィル、デュルケーム、ベルクソンの社会思想』講談社、二〇一一年。

篠原資明『漂流思考：ベルクソン哲学と現代芸術』（一九八七年）、講談社、一九九八年。

清水誠『ベルクソンの霊魂論』創文社、一九九九年。

杉山直樹『ベルクソン：聴診する経験論』創文社、二〇〇六年。

鈴木幹雄「ベルクソンと第一次世界大戦――哲学・哲学者」『政治哲学論集』大谷大学哲学会、一九九二年。

檜垣立哉『ベルクソンの哲学：生成する実在の肯定』勁草書房、二〇〇〇年。

藤田尚志「「大いなる生の息吹…」：ベルクソン『道徳と宗教の二源泉』における呼びかけ・情動・二重狂乱」〈上〉〈中〉『仏語仏文学研究』三四～三五号所収、東京大学仏語仏文学研究会、二〇〇七年。

――「ベルクソンと目的論の問題――『創造的進化』百周年を迎えて」『フランス哲学・思想研究』第一二号所収、二〇〇七年。

前田英樹『ベルクソンの遺言』岩波書店、二〇一三年。

中田光雄『ベルクソン哲学 実在と価値』東京大学出版会、一九七七年。

中村弓子『心身の合一：ベルクソン哲学からキリスト教へ』東信堂、二〇〇九年。

三宅岳史『ベルクソン哲学と科学との対話』京都大学出版局、二〇一二年。

米虫正巳「フランス技術哲学の中のベルクソン」『思想：ベルクソン生誕一五〇年』所収、岩波書店、二〇〇九年。

渡辺哲夫『ベルクソンとフロイト』岩波書店、二〇一二年。

（2）共同研究・雑誌特集

【欧文】
Henri Bergson : essais et témoignages, recueillis par Albert BÉGUIN et Pierre THÉVENAZ, Éditions de la Baconnière-Neuchatel, 1943.
Bergson et nous : actes du Xe Congrès des sociétés de philosophie de langue française, Paris, 17-19 mai 1959, Armand Colin, 1959.
Bergson et nous : actes du Xe Congrès des sociétés de philosophie de langue française, Paris, 17-19 mai, 1959 : Discussions, Armand

Colin, 1960.
Bergson : naissance d'une philosophie : actes du colloque de Clermont-Ferrand, 17 et 18 novembre 1989, Presses universitaires de France, 1989.
Bergson et la religion : Nouvelles perspectives sur Les Deux Sources de la morale et de la religion, édité par Ghislain WATERLOT, Presses universitaires de France, 2008.
Les deux sources de la morale et de la religion, Bergson, Frédéric WORMS, Arnaud BOUANICHE et Frédéric KECK, Ellipses Marketing, 2004.
Bergson, sous la direction de Camille RIQUIER, Cerf, 2012.
Disséminations de l'évolution créatrice de Bergson, édité par Shin ABIKO, Hisashi FUJITA, Naoki SUGIYAMA, OLMS, Hildensheim, 2012.
Tout ouvert : l'évolution créatrice en tous sens, édité par Shin ABIKO, Hisashi FUJITA, Masato GODA, OLMS, Hildensheim, 2015.
Considérations inactuelles : Bergson et la philosophie française du XIXe siècle, édité par Shin ABIKO, Hisashi FUJITA, Yasuhiko SUGIMURA, OLMS, Hildensheim, 2017.
Mécanique et mystique : sur le quatrième chapitre des Deux sources de la morale et de la religion *de Bergson*, édité par Shin ABIKO, Hisashi FUJITA, Yasuhiko SUGIMURA, OLMS, Hildensheim, 2018.

【邦文】

『現代思想：臨時創刊号 ベルクソン』青土社、一九九四年。

『ベルクソン読本』久米博、中田光雄、安孫子信編、法政大学出版局、二〇〇六年。

『生の哲学の彼方：ベルクソン『宗教と道徳の二源泉』再読』東京大学大学院人文社会系研究科、二〇〇八年。

『思想：特集ベルクソン生誕一五〇年』岩波書店、二〇〇九年。

『ベルクソン『物質と記憶』を解剖する：現代知覚論・時間論・心の哲学との接続』平井靖史、藤田尚志、安孫子信編、書肆心水、二〇一六年。

『ベルクソン『物質と記憶』を診断する：時間経験の哲学・意識の科学・美学・倫理学への展開』平井靖史、藤田尚志、安孫子信編、書肆心水、二〇一七年。

『ベルクソン『物質と記憶』を再起動する：拡張ベルクソン主義の諸展望』平井靖史、藤田尚志、安孫子信編、書肆心水、二〇一八年。

3.【神秘主義研究】
（1）神秘家の著作
【欧文】
Ignace de Royola, *Exercices spirituels : Texte définitif* (1548), Seuil, 2004.
Jean de la Croix, *Œuvres complètes de Saint Jean de la croix*, traduites par André BORD, Desclée de Brouwer, 2016.
Thérèse d'Àvila, *Œuvres complètes,* traduites par Mère Marie du SAINT-SACREMENT, préface de Tomás ÀLVAREZ et commentées par Bernard SESÉ, Cerf, 2015.

【邦文・邦訳】

アビラの聖テレサ（聖テレジア）『霊魂の城』鈴木宣明監修、高橋テレサ訳、聖母文庫、一九九二年。

――『完徳の道』カルメル会訳、岩波文庫、一九五二年。

イグナチオ・デ・ロヨラ『霊操』門脇佳吉訳、岩波文庫、一九九五年。

十字架の聖ヨハネ『カルメル山登攀』奥村一郎訳、改訂版、ドン・ボスコ社、二〇一二年。

――『暗夜』山口女子カルメル会訳、ドン・ボスコ社、一九八七年。

――『霊の賛歌』東京女子カルメル会訳、ドン・ボスコ社、一九六三年。

――『愛の生ける炎』ペドロ・アルペ、井上郁二訳、山口女子カルメル会（改訳）、新装改訂版、ドン・ボスコ社、二〇一六年。

――『小品集』東京女子跣足カルメル会訳、ドン・ボスコ社、一九六〇年。

（2）神秘主義・宗教研究
【欧文】
BARUZI Jean, *Saint Jean de la Croix et le problème de l'expérience mystique,* 2ème édition, (1931), introduction de Émile POULAT, Salvator, 1999.
――, « Introduction à des recherches sur le langage mystique » (1932) in *Encyclopedie des mystiques*, sous la direction de Davy MARIE-MAGDELEINE, Laffont, 1972.
――, *L'intelligence mystique*, textes choisis et présentés par Jean-Louis VIEILLARD-BARON, Berg international, 1991.

BASTIDE Roger, *Les problèmes de la vie mystique* (1931), Presses universitaires de France, 1996.
BLONDEL Maurice et LABERTHONNIÈRE Lucien, *Correspondance philosophique*, texte présenté par Claude TRESMONTANT, Seuil, 1961.
BOUTROUX Émile, « La psychologie du mysticisme » (1902) in *La nature de l'esprit*, Vrin, 1926.
BORD André, *Jean de la Croix en France*, Beauchesne, 1993.
CERTEAU Michel de, « Mystique » in *Encyclopædia Universalis*, t. 12, 1984-1985.
——, *La fable mystique I : XVIe - XVIIe siècle*, Gallimard, 1987.
——, *La fable mystique II : XVIe - XVIIe siècle*, Gallimard, 2013.
——, *Le Lieu de l'autre : Histoire religieuse et mystique*, Seuil, 2005.
COUSIN Victor, *Cours de l'histoire de la philosophie, histoire de la philosophie du XVIIIe siècle*, Pichon et Didier, 1829.
——, « Du mysticisme » in *Revue des deux mondes*, t. XI, Bureau de la revue des deux mondes, 1845.
CULLMANN Oscar, *Immortality of the soul or resurrection of the dead ? : the witness of the New Testament*, London, Epworth Press, 1958.（オスカー・クルマン『霊魂の不滅か死者の復活か：新約聖書の証言から』岸千年、間垣洋助訳、日本キリスト教団出版社、二〇一七年）
CUGNO Alain, *Saint Jean de la Croix*, Fayard, 1979.
CUVILLER Armand, *Essai sur la mystique de Malebranche*, Vrin, 1954.
DELACROIX Henri, *Essai sur le mysticisme spéculatif en Allemagne au XIVe siècle*, Alcan, 1900,
——, *Études d'histoire et de psychologie du mysticisme : Les grands mystiques chrétiens*, Alcan, 1908.
DERRIDA Jacques, *Foi et Savoir, suivi de Le Siècle et le Pardon*, Seuil, 2001.（ジャック・デリダ『信と知：たんなる理性の限界における「宗教」の二源泉』湯浅博雄、大西雅一郎訳、未來社、二〇一六年）
FLOUCAT Yves, *Pour une philosophie chrétienne : Éléments d'un débat fondamental*, Téqui, 1981.
FONTENELLE, *De l'origine des fables*, in *Œuvres complètes*, tome III, édités par Alain Nidert, 1989,
GILSON Étienne, *Le philosophe et la théologie* (1960), Vrin, 2005.
GODDARD Jean-Christophe, *Mysticisme et la folie*, Desclée de Brouwer, 2002.
GREISCH Jean, « Philosophie et mystique » in *Encyclopédie Philosophique Universelle*, vol. I, Presses universitaires de France, 1990.
HALBWACHS Maurice, *La Mémoire collective* (1950), Presses universitaires de France, 1968.（モーリス・アルヴァックス『集合的記憶』

小関藤一郎訳、一九八九年、行路社）
JAMES William, *Principles of psychologie*, vol. I, Macmillan, 1891.
——, *The varieties of religious experience* (1901-1902), Cambridge, Harvard University Press, 1985.（ウィリアム・ジェイムズ『宗教的経験の諸相』〈上〉〈下〉、桝田啓三郎訳、岩波文庫、一九六九〜七〇年）
——, *A pluralistic universe : Hibbert lectures at Manchester College on the present situation in philosophy*, Longmans, Green & Co, 1909, p. 325.（ウィリアム・ジェイムズ「多元的宇宙論」『純粋経験の哲学』所収、伊藤邦武編訳、二〇〇四年）
——, « A suggestion about mysticism » in *Journal of philosophy, psychology and scientific methods*, New York, Journal of philosophy Inc., 1910.
MARITAIN Jacques, *Distinguer pour unir ou Les degrés du savoir* (1932), Desclée de Brouwer, 1959.
POULAT Émile, *L'Université devant la mystique*, Salvator, 1999.
RUSSELL Bertrand, *Mysticism and logic and other essays* (1918), Unwin Books, 1963.（バートランド・ラッセル『バートランド・ラッセル著作集4：神秘主義と論理』江森巳之助訳、みすず書房、一九五九年）
SAGERET Jules, *La vague mystique* (1920), Bélénos, 2002.
AQUINAS Thomas, *Summa theologiæ : Latin text and English translation, introductions, notes, appendices, and glossaries*, Vol.35, édité par Thomas GILBY, Blackfriars : McGraw-Hill : Eyer & Spottiswoode, 1979.
KECK Frédéric, « Le primitif et le mystique chez Lévy-Bruhl, Bergson et Bataille » in *Methodos* 3, 2003.
UNDERHILL Evelyn, *Mysticism : a study in the nature and development of man's spiritual consciousness* (1911), Methuen, 1960.
VALÉRY Paul, « La crise de l'esprit » in *Œuvres*, t. I, « Bibliothèque de la Pléiade » Gallimard, 1957.（ポール・ヴァレリー「精神の危機」『精神の危機 他十五篇』所収、恒川邦夫訳、岩波文庫、二〇一〇年）
WILMER Heiner, *Mystique entre Action et Pensée*, traduite par Félicien LE DOUARON et Jean DUBRAY, Avant-propos de Jean DUBRAY, BoD, 2014.

【邦文】


アクィナス、トマス『神学大全〈17〉』大鹿一正監訳、大森正樹、小沢孝訳、創文社、一九九七年。

アリストテレス『アリストテレス全集〈18〉弁論術 詩学』堀尾耕一、野津悌、朴一功訳、岩波書店、二〇一七年。

石脇慶總『神秘との合一を求めて：J・マリタンにおける神実在の認識に関する研究』エンデルレ書店、二〇〇三年。

岩田文昭『フランス・スピリチュアリスムの宗教哲学』創文社、二〇〇一年。

ヴェンツラッフ、エッゲベルト『ドイツ神秘主義』横山滋訳、国文社、一九七九年。

宇都宮芳明『カントと神』岩波書店、一九九八年。

オットー、ルドルフ『聖なるもの』久松英二訳、岩波書店、二〇一二年。

カント、イマニュエル『カント全集 第九巻 宗教論』飯島宗享、宇都宮芳明訳、理想社、一九七四年。

桑原直己「トマス・アクィナスにおける親和的認識について」『哲学・思想論集』所収、一九九九年。

伊達聖伸『ライシテ、道徳、宗教学：もうひとつの19世紀フランス宗教学』勁草書房、二〇一〇年。

鶴岡賀雄『十字架のヨハネ研究』創文社、二〇〇〇年。

――「神秘主義」の本質に向けて」『東京大学宗教学年報一八号』所収、東京大学文学部宗教学研究室、二〇〇一年。

シュタイナー、ルドルフ『ルドルフ・シュタイナー著作全集一三神秘学概論』人智学出版社、一九八二年。

セルーヤ、アンリ『神秘主義』深谷哲訳、白水社、一九七五年。

ブーバー、マルティン編『忘我の告白』田口義弘訳、法政大学出版局、一九九四年。

古野清人『古野清人著作集七 宗教の社会学・心理学』三一書房、一九七二年。

――『原始宗教』角川文庫、一九六四年。

宮本久雄『宗教言語の可能性：愛智の一風景・中世』勁草書房、一九九二年。

山内志朗『感じるスコラ哲学：存在と神を味わった中世』慶應義塾大学出版局、二〇一六年。

吉永進一「ウィリアム・ジェイムズと宗教心理学」『宗教心理学の探究』所収、島薗進、西平直編、東京大学出版会、二〇〇一年。

渡辺優『ジャン＝ジョゼフ・シュラン：一七世紀フランス神秘主義の光芒』慶應義塾大学出版局、二〇一六年。

（3）共同研究、雑誌特集、辞書

【欧文】

Chant nocturne, textes réunis et présentés par Marie-Jeanne COUTAGNE et Yvette PÉRICO, Éditions universitaires, 1991.
Dictionnaire historique de la langue française, 2 tomes, sous la direction de Alain REY, Le Robert, 1992-1993.
Expérience philosophique et expérience mystique, édité par Philippe CAPELLE, Cerf, 2005.
Grand dictionnaire universel du XIXe siècle (1866-1876), sous la direction de Pierre LAROUSSE, Nîmes, Lacour, 1990-1992.
La mystique face aux guerres mondiales, sous la direction de Dominique de COURCELLES et Ghislain WATERLOT, Presses

universitaires de France, 2010.
L'Expérience religieuse : Approches empiriques, enjeux philosophiques, sous la direction de Anthony FENEUIL, Beauchesne, 2012.

【邦文】
島薗進・西平直編『宗教心理の探究』東京大学出版会、二〇〇一年。
上智大学中世思想研究所翻訳・監修『近代の霊性』平凡社、一九九八年。
ディンツェルバッハ、ペーター編『神秘主義事典』植田兼義訳、教文館、二〇〇〇年。

4．【その他の著作】
【欧文】
Alain, *Vingt leçons sur les beaux-arts*, in *Les arts et les dieux*, « Bibliothèque de la Pléiade », Gallimard, 1958.（アラン『芸術論20講』長谷川宏訳、光文社古典新訳文庫、二〇一五年）
BACHELARD Gaston, *La psychanalyse du feu* (1938), Gallimard, 1949.（ガストン・バシュラール『火の精神分析』前田耕作訳、せりか書房、一九六九年）
BAILLET Adrien, *Vie de Monsieur Descartes* (1691), La table ronde, 1992.（アドリアン・バイエ『デカルト伝』井澤義雄、井上庄七訳、講談社、一九七九年）
BATAILLE Georges, *L'expérience intérieure* (1943), Gallimard, 1978.（ジョルジュ・バタイユ『内的経験』出口裕弘、平凡社ライブラリー、一九九八年）
BECKER Jean-Jacques et KRUMEICH Gerd, *La Grande Guerre : une histoire franco-allemande*, Édition Tallandier, 2012.（ジャン＝ジャック・ベッケール、ゲルト・クルマイヒ『仏独共同通史：第一次世界大戦』〈上〉〈下〉、剣持久木、西山暁義訳、岩波書店、二〇一二年）
BIRAN Maine de, *Journal*, 3 tomes, édition intégrale publiée par Henri GOUHIER, Neuchatel, Éditions de la Bacconnière.
CLÉMENT Bruno, *La voix verticale*, Belin, 2012.（ブリュノ・クレマン『垂直の声：プロソポペイア試論』郷原佳以訳、水声社、二〇一六年）
DELEUZE Gilles, *Différence et répétition*, Presses universitaires de France, 1968.（ジル・ドゥルーズ『差異と反復』〈上〉〈下〉、財津理訳、河出文庫、二〇〇七年）

DELEUZE Gilles et GATTARI Félix, *L'Anti-Œdipe*, Minuit, 1961.（ジル・ドゥルーズ『アンチ・オイディプス：資本主義と分裂症』〈上〉〈下〉、宇野邦一訳、河出文庫、二〇〇六年）

——, *Mille plateaux*, Minuit, 1980.（ジル・ドゥルーズ『千のプラトー：資本主義と分裂症』〈上〉〈下〉、宇野邦一、小沢秋弘、田中敏彦、豊崎光一、宮林寛、守中高明訳、河出文庫、二〇一〇年）

DERRIDA Jacques, *De la grammatologie*, Minuit, 1967.（ジャック・デリダ『根源の彼方に：グラマトロジーについて』〈上〉〈下〉、足立和浩訳、現代思潮社、一九七二年）

DESCARTES René, *Correspondances IV : Œuvres de Descartes*, Vrin, publiées par Charles ADAM & Paul TANNERY, 1996.（デカルト『デカルト全書簡集 第六巻（1643-1646)』倉田隆、山田弘明、久保田進一、クレール・フォヴェルグ訳、知泉書館、二〇一五年）

——, *Les passions de l'âme* in *Œuvres et lettres*, textes présents par André BRIDOUX, « Bibliothèque de la Pléiade », Gallimard, 1953.（ルネ・デカルト『情念論』谷川多佳子、岩波文庫、二〇〇八年）

——, *Correspondances IV : Œuvres de Descartes*, Vrin, publiées par Charles ADAM & Paul TANNERY, 1996.

DIDI-HUBERMAN Georges, *Image malgré tout*, Minuit, 2003.（ジョルジュ・ディディ＝ユベルマン『イメージ、それでもなお』橋本一径訳、平凡社、二〇〇六年）

DURKHEIM Émile, *Les formes élémentaires de la vie religieuse : le système totémique en Australie* (1912), Presses universitaires de France, 1990.（エミール・デュルケム『宗教生活の原初形態』〈上〉〈下〉、古野清人訳、岩波文庫、一九七五年）

ELLENBERGER Henri, *The Discovery of the Unconscious*, BasicBooks, 1970.（アンリ・エレンベルガー『無意識の発見』〈上〉〈下〉、木村敏、中井久夫監訳、弘文堂、一九八〇年）

FONTANIER Pierre, *Les figures du discours* (1821-1830), introduction par Gérard GENETTE, Flammarion, 1977.

FRISCH Andrea, *The Invention of the Eyewitness : Witnessing and Testimony in Early Modern France*, North Carolina, the university of North Carolina press, 2017.

JAMES Williams, *A pluralistic universe : Hibbert lectures at Manchester College on the present situation in philosophy*, Longmans, Green & Co, 1909.

JANET Pierre, *De l'angoisse à l'extase* (1926), vol. I, L'Harmattan, 2008.

——, *L'évolution de la mémoire et la notion du temps* (1928), L'Harmattan, 2006.

JANET Paul, *Principes de métaphysique et de psychologie : leçons professées à la faculté des lettres de Paris 1888-1894*, tome I, Librairie CH. Delagrave, 1897.

JANICAUD Dominique, *Le tournant théologique de la phénoménologie française*, Combas, l'Éclat, 1991.（ドミニク・ジャニコー『現代フランス現象学：その神学的転回』北村晋、阿部文彦、本郷均訳、文化書房博文社、一九九四年）
——, *Ravaisson et la métaphysique : une généalogie du spiritualisme français*, Vrin, 2000.
LANDAU Philippe-E., *Les juifs de France et la Grande Guerre : Un patriotisme républicain*, CNRS, 2008.
LÉVY-BRUHL Lucien, *Les fonctions mentales dans les sociétés inférieures* (1910), Alcan, 1922.（レヴィ＝ブリュル『未開社会の思惟』〈上〉〈下〉、山田吉彦訳、岩波文庫、一九五三年）
——, *La mentalité primitive* (1922), édition présentée et annotée par Frédéric KECK, Flammarion, 2010.
——, *L'expérience mystique et les symboles chez les primitifs* (1938), préface de Frédéric KECK, Dunod, 2014.
——, *Carnets* (1949), Presses universitaires de France, 1998.
LOMBROSO Gina, *La Rançon du machinisme*, traduite par Henri WINCKLER, Payot, 1931.
MALEBRANCHE Nicolas de, *De la recherche de la vérité* in *Œuvres*, tome I, édition établie par Geneviève RODIS-LEWIS, avec collaboration de Germain MALBREIL, Gallimard, « bibliothèque de la Pléiade », 1979.
MANTOUX Paul, *La Révolution industrielle au XIIIe siècle : essai sur les commencements de la grande industrie moderne en Angleterre* (1906), Édition Génin, 1959.（ポール・マントゥ『産業革命』徳増栄太郎、井上孝治、遠藤輝明訳、東洋経済新報社、一八六四年）
ROUSSEAU Jean-Jacques, *Discours sur l'origine et les fondements de l'inégalité parmi les hommes*, in *Œuvres complètes*, tome V, sous la direction de Raymond TROUSSON et Frédéric S. EIGELDINGER, Genève, Édition Slatkine : Paris, Édition Champion, 2012.（ジャン＝ジャック・ルソー『人間不平等起源論』本田喜代治、平岡昇訳、岩波文庫、改訳版、一九七二年）
——, *Les Rêveries du promeneur solitaire*, in *Œuvres complètes III*, sous la direction de Raymond TROUSSON et Frédéric S. EIGELDINGER, Genève, Édition Slatkine : Paris, Édition Champion, 2012.（ジャン＝ジャック・ルソー『孤独な散歩者の夢想』今野一雄訳、岩波文庫、一九六〇年）
MAURAS Michael R., *Les Juifs de France à l'époque de l'affaire Dreyfus*, Calmann-Lévy, 1972.
NANCY Jean-Luc, *La communauté désœuvrée* (1986), Christian Bourgeois, 1990.（ジャン＝リュック・ナンシー『無為の共同体：哲学を問い直す分有の思考』西谷修、安原伸一朗訳、以文社、二〇〇一年）
——, *Au fond des images*, Gallimard, 2003.（ジャン＝リュック・ナンシー『イメージの奥底で』西山達也、大道寺玲央訳、以文社、二〇〇六年）

PASCAL Blaise, *Pensées*, édité par Léon BRUNSCHVICG, Hachette, 1897.（ブレーズ・パスカル『パンセ』、『パスカル著作集』〈Ⅵ〉〈Ⅶ〉所収、田辺保訳、教文館、一九八一～八二年）
PÉGUY Charles, *Notre Jeunesse* (1916), précédé par *De la raison*, préface de Jean BASTAIRE, Gallimard, 1993.（シャルル・ペギー『われわれの青春：ドレフュス事件を生きたひとびと』磯見辰典訳、中央出版社、一八七六年）
GOUHIER Henri, *Le théâtre et l'existence* (1952), Vrin, 2001.（アンリ・グイエ『演劇と実在』佐々木健一訳、未來社、一九九〇年）
GUÉNO Jean-Pierre, *Paroles de Poilus : Lettres et carnets du front 1914-1918*, Librio, 2003.
KECK Frédéric, *Lévy-Bruhl : Entre philosophie et anthropologie*, CNRS, 2008.
PICK Arnold, « Sur la confabulation et ses rapports avec la localisation spatiale des souvenirs », *Archives de psychologie*, tome VI, Genève, Librairie Naville, 1907.
PROUST Marcel, *Le Coté de Guermantes*, in *À la recherche du temps perdu* (1919), tome II, édité par Jean-Yves TADIÉ, 1988, « Bibliothèque de la Pléiade », Gallimard, 1954.（マルセル・プルースト『失われた時を求めて 5〈ゲルマントのほうⅠ〉』吉川一義訳、岩波文庫、二〇一六年）
RAVAISSON Félix, *De l'habitude* (1838), Fayard, 1984.（フェリックス・ラヴェッソン『習慣論』野田又夫訳、岩波文庫、一九三八年）
——, *La philosophie en France au XIXe siècle* (1867), Hachatte, 1889.（フェリックス・ラヴェッソン『十九世紀フランス哲学』杉山直樹、村松正隆訳、知泉書院、二〇一七年）
——, « Dessin » in *Dictionnaire de pédagogie et d'instruction primaire*, partie I, tome I, Hachette, 1887.
——, *Testament philosophique* (1901), Édition Allia, 2008.
RICŒUR Paul, *Temps et récit*, 3 tomes, Seuil, 1983-1985.（ポール・リクール『時間と物語』〈全3巻〉、久米博訳、新曜社、一九八七～九〇年）
——, *La mémoire, l'histoire, l'oubli*, Seuil, 1990.（ポール・リクール『記憶・歴史・忘却』〈上〉〈下〉、久米博訳、新曜社、二〇〇四～〇五年）
SERRES Michel, *La distribution*, Minuit, 1977.（ミシェル・セール『分布』豊田彰訳、法政大学出版局、一九九〇年）
——, *Le passage du Nord-Ouest*, Minuit, 1980.（ミシェル・セール『北西航路』青木研二訳、法政大学出版局、一九九一年）
SOULEZ Philippe (sous la direction de), *Les Philosophes et la guerre de 14*, Presses universitaires de Vincennes, 1988.
WEIL Simone, *L'enracinement*, Gallimard, 1949.（シモーヌ・ヴェイユ『根をもつこと』〈上〉〈下〉、冨原眞弓訳、岩波文庫、二〇一〇年）
——, *La connaissance surnaturelle*, Gallimard, 1950.（シモーヌ・ヴェイユ『超自然的認識』田辺保訳、勁草書房、一九七六年）

【邦文・邦訳】

有田英也『ふたつのナショナリズム：ユダヤ系フランス人の「近代」』みすず書房、二〇〇〇年。

伊東道生『哲学史の変奏曲：文学と哲学、ドイツとフランスが交錯する一九世紀』晃洋書房、二〇一五年。

井筒俊彦『井筒俊彦全集 第二巻 神秘哲学』慶應大学出版会、二〇一三年。

岩野卓司『ジョルジュ・バタイユ：神秘経験をめぐる思想の限界と新たな可能性』水声社、二〇一〇年。

江口重幸「臨床現場における物語と声――ジャネの「想話機能」を手がかりに」『ナラティブと医療』所収、江口重幸、斎藤清二、野村直樹編、金剛出版、二〇〇六年。

小倉貞秀『ペルソナ概念の歴史的形成：古代からカント以前まで』以文社、二〇一〇年。

カント、イマニュエル『純粋理性批判』〈上〉〈中〉〈下〉、原佑訳、平凡社ライブラリー、二〇〇五年。

合田正人『思想史の名脇役たち：知られざる知識人群像』河出書房新社、二〇一四年。

――『フラグメンテ』法政大学出版局、二〇一五年。

桜井哲夫『戦争の世紀：第一次世界大戦と戦争の世紀』平凡社新書、一九九九年。

――『「戦間期」の思想家たち：レヴィ＝ストロース・ブルトン・バタイユ』平凡社新書、二〇〇四年。

――『占領下パリの思想家たち：収容所と亡命の時代』平凡社新書、二〇〇七年。

シュル、ピエール＝マクシム『機械と哲学』栗田賢三訳、岩波書店、一九七二年。

杉本隆司『民衆と司祭の社会学：近代フランス〈異教〉思想史』白水社、二〇一七年。

澤田直『〈呼びかけ〉の経験』人文書院、二〇〇二年。

――『サルトルのプリズム：二十世紀フランス文学・思想編』法政大学出版局、二〇一九年。

互盛央『エスの系譜：沈黙の西洋思想史』講談社学術文庫、二〇一六年。

――『言語起源論の系譜』講談社、二〇一四年。

パスカル、ブレーズ「メモリアル」『パスカル著作集』〈Ⅰ〉、田辺保訳、教文館、一九九〇年。

松永澄夫『哲学史を読む』〈Ⅰ〉〈Ⅱ〉、東信堂、二〇〇八年。

三嶋唯義『人格主義の原理』行路社、一九九六年。

『社会統合と宗教的なもの：十九世紀フランスの経験』宇野重規、伊達聖伸、髙山裕二編、白水社、二〇一一年。

平賀裕貴（ひらが・ひろたか）
1983年生まれ。専門はフランス文学・哲学。エラスムス・ムンドゥス・プログラム（ユーロフィロソフィー）によりトゥールーズ第二大学大学院に留学。同大学大学院修士課程修了。立教大学大学院博士課程修了。博士（文学）。現在、立教大学兼任講師。共訳書にアンリ・ベルクソン『笑い』（ちくま学芸文庫、2016年）がある。

アンリ・ベルクソンの神秘主義

2022年2月20日　初版第1刷印刷
2022年2月28日　初版第1刷発行

著　者　平賀裕貴
発行人　森下紀夫
発行所　論 創 社
〒101-0051 東京都千代田区神田神保町 2-23　北井ビル 2F
TEL : 03-3264-5254　FAX : 03-3264-5232　振替口座　00160-1-155266
装幀／宗利淳一
印刷・製本／中央精版印刷
組版／フレックスアート
ISBN978-4-8460-2139-9　